孙秋鹏／著

农村宅基地征收中的利益分配问题研究

——基于马克思地租理论

知识产权出版社

全国百佳图书出版单位

—北京—

图书在版编目（CIP）数据

农村宅基地征收中的利益分配问题研究：基于马克思地租理论 /
孙秋鹏著 . —北京：知识产权出版社，2020.6

ISBN 978-7-5130-6878-9

Ⅰ.①农… Ⅱ.①孙… Ⅲ.①马克思主义政治经济学—地租—研究
②农村住宅—土地管理—利益分配—研究—中国 Ⅳ.①F301.4②F321.1

中国版本图书馆 CIP 数据核字（2020）第 060415 号

责任编辑：刘 江   责任校对：王 岩
封面设计：博华创意·张冀   责任印制：刘译文

农村宅基地征收中的利益分配问题研究
——基于马克思地租理论

孙秋鹏 著

出版发行：**知识产权出版社** 有限责任公司		网　址：http：//www.ipph.cn	
社　址：北京市海淀区气象路 50 号院		邮　编：100081	
责编电话：010-82000860 转 8344		责编邮箱：liujiang@cnipr.com	
发行电话：010-82000860 转 8101/8102		发行传真：010-82000893/82005070/82000270	
印　刷：天津嘉恒印务有限公司		经　销：各大网上书店、新华书店及相关专业书店	
开　本：720mm×1000mm 1/16		印　张：14.5	
版　次：2020 年 6 月第 1 版		印　次：2020 年 6 月第 1 次印刷	
字　数：212 千字		定　价：68.00 元	
ISBN 978-7-5130-6878-9			

鸣　　谢

　　本书受到中国社会科学院登峰计划马克思主义原理优势学科和北京高校中国特色社会主义理论研究协同创新中心项目（中国政法大学）的支持，为其阶段性成果，特在此表示感谢！

目　　录

第一章　导　　论 ……………………………………………………（1）

第一节　研究的背景和意义 …………………………………………（1）

第二节　文献综述 ……………………………………………………（7）

一、宅基地流转相关文献 …………………………………………（7）

二、土地征收相关文献 ……………………………………………（40）

第三节　研究思路与方法 ……………………………………………（61）

一、研究思路 ………………………………………………………（61）

二、研究方法 ………………………………………………………（63）

第二章　基于马克思地租理论的地方政府与农户的租金分配 ………（65）

第一节　马克思地租理论与相关研究 ………………………………（65）

一、马克思地租理论 ………………………………………………（65）

二、国内外的发展和应用 …………………………………………（67）

第二节　制度框架与宅基地增值部分的地租属性 …………………（73）

一、制度框架 ………………………………………………………（73）

二、宅基地增值部分的地租属性 …………………………………（74）

第三节　相关主体供求函数 …………………………………………（76）

一、农户的宅基地供给函数 ………………………………………（76）

二、地方政府收益函数 ……………………………………………（78）

三、中央政府利益 …………………………………………………（79）

四、土地使用者利益 ………………………………………………（80）

第四节　征收过程与租金分配 ……………………………… （80）

　　一、自由交易条件下的土地增值分配 ………………… （80）

　　二、地方政府双边垄断与角点解 ……………………… （81）

　　三、地方政府差别化定价与棘轮效应 ………………… （89）

　　四、地方政府商业用途土地供应的控制 ……………… （91）

　　五、地方政府间过度竞争与土地过度供给 …………… （92）

第五节　相关问题讨论 ……………………………………… （94）

第六节　本章小结 …………………………………………… （98）

第三章　农户个体"软抗争"、地方政府策略与租金分配 ……… （101）

第一节　农户"软抗争"与地方政府应对 ………………… （101）

　　一、农户的"软抗争" ………………………………… （102）

　　二、地方政府应对 …………………………………… （104）

第二节　农户个体"软抗争"、地方政府不惩罚与租金分配 …… （105）

　　一、主要假设 ………………………………………… （106）

　　二、农户"软抗争"策略下的租金分配 ……………… （108）

第三节　农户"软抗争"、地方政府惩罚与囤地行为 ……… （117）

　　一、主要假设 ………………………………………… （118）

　　二、农户"软抗争"与地方政府惩罚 ………………… （119）

第四节　本章小结 …………………………………………… （133）

第四章　农户个体"硬抗争"、地方政府强弱与强拆行为 ……… （139）

第一节　农户个体"硬抗争"与地方政府应对措施 ………… （139）

　　一、农户个体"硬抗争" ……………………………… （139）

　　二、地方政府应对 …………………………………… （142）

第二节　"钉子户"的行为分析 …………………………… （144）

　　一、国内外对"钉子户"的相关研究 ………………… （145）

　　二、农户和地方政府的收益函数 …………………… （147）

　　三、"钉子户"行为、地方政府惩罚与市场均衡 ……… （150）

第三节　地方政府惩罚能力强弱、信号传递与强拆行为 ……… （155）

　　一、农户不拥有地方政府惩罚能力信息 ……………………（157）

　　二、信号传递与分离均衡 ………………………………………（166）

　第四节　本章小结 ………………………………………………（171）

第五章　群体抗争、地方政府应对与租金分配 …………………（175）

　第一节　群体抗争与地方政府应对措施 ………………………（175）

　　一、群体抗争 ……………………………………………………（175）

　　二、地方政府应对 ………………………………………………（178）

　第二节　主要假设与争夺的租金 ………………………………（179）

　　一、主要假设 ……………………………………………………（181）

　　二、争夺的土地增值收益 ………………………………………（182）

　第三节　讨价还价过程：基于纳什讨价还价理论 ……………（184）

　　一、无出价顺序的讨价还价 ……………………………………（184）

　　二、政府强弱与惩罚力度 ………………………………………（187）

　第四节　讨价还价过程：基于鲁宾斯坦轮流出价理论 ………（188）

　　一、一期讨价还价 ………………………………………………（189）

　　二、大于一期的有限期讨价还价 ………………………………（190）

　　三、无限期讨价还价 ……………………………………………（193）

　　四、地方政府和抗争群体耐心对比 ……………………………（195）

　　五、谈判破裂 ……………………………………………………（198）

　第五节　本章小结 ………………………………………………（199）

参考文献 ……………………………………………………………（203）

第一章 导　　论

宅基地是我国城乡二元土地所有制下的一种特殊的制度安排。宅基地的土地性质是农村集体所有，农户对集体所有的宅基地上的房屋和附属设施拥有所有权，对宅基地拥有排他的使用权，可以利用宅基地上的房屋获得经济利益，上述权益可以继承并在本村集体内部转让。但是宅基地不能转让给本村集体以外的经济主体，更不能转让给城市居民。在我国现有土地制度安排下，农村集体所有的性质决定了：宅基地要转化为城市建设用地，必须经过政府征收。宅基地征收过程中各主体之间土地增值租金的分配，就成为一个具有研究价值的经济问题。

第一节　研究的背景和意义

我国正处于城镇化高速发展阶段，农村人口向城市转移，小城镇人口向大城市转移，仍然是一个长期趋势。我国城镇人口比重已经由 2000 年的 36.22% 增长到 2018 年的 59.58%，平均每年增长 1.30%，同期城镇人口的数量也从 4.5906 亿人增长到 8.3137 亿人，增长 81.10%，年均增长高达 4.51%，尤其是近几年城镇人口的增长速度有加快的趋势，年均增长接近 1.5%。❶ 完成城镇化的发达国家经验表明，城镇化中期阶段，城镇人口占总人口的比重为 30% ~ 70%，这一阶段的显著特征是农村人口快速向城镇迁移，工业和服务业成为拉动经济增长的主要动力。尤其是在城镇化率达

---

❶ 通过历年《中国统计年鉴》和《2018 年国民经济和社会发展统计公报》相关数据计算。

1

到 40% 之后，会出现进一步加速的过程，城镇人口的比重会快速提高。城镇化的快速发展阶段，会随着工业和服务业的快速发展，也会显著地拉动城市房地产业和基础设施建设。

房地产业高速发展增加了对城市建设用地的需求，城镇化快速发展会带来城镇居民的住房需求增长。1998 年之前，我国城镇居民获得住房的主要途径是单位或组织的福利分房，房地产市场规模非常小。1998 年，我国城镇居民人均住宅建筑面积为 18.66 平方米，农村居民人均住宅建筑面积为 23.3 平方米。取消福利分房制度，催发了中国的房地产市场。从 1998 年开始，我国房地产开发企业购置土地的规模快速增加，1998 年土地购置规模为 10 109.32 万平方米，2007 年迅速增加到 40 245.85 万平方米，2011 年达到最高值 44 327.44 万平方米。近几年因为土地价格上涨较快，土地购置面积有所减少。经过 20 年发展，我国城镇居民的居住条件得到了显著改善，到 2016 年，城镇居民人均住房建筑面积为 36.6 平方米，农村居民人均住房建筑面积为 45.8 平方米。❶

城镇化的快速发展也伴随着城市工商业的发展和对公共设施需求的增加，这些都会增加对城市土地的需求，直接表现为房地产开发中非住宅部分的增长和城市基础设施投入的增加。1998 年，房地产企业新开工面积中非住房面积仅为 3750.4 万平方米，2017 年则增加到 50 555.99 万平方米。❷面对城镇人口增加和房地产业的快速发展，政府必须提供相应的基础设施，即使保持原有人均水平不变的情况下，也会形成大规模的土地需求。农村人口向城镇迁移，小城镇、小城市人口向大城市和都市圈迁移以及城镇居民对居住条件改善的需求，使城市土地变得越发紧张。除此之外，我国地方政府还要承担本地经济发展的责任，本地 GDP 增长成为考核政府政绩的重要指标。吸引投资是短期内快速提高本地 GDP 增长速度的直接有效的手段。各地政府纷纷通过低价提供土地的方式来吸引投资，地方政府需要获得新增土地的迫切性更为强烈。

---

❶❷ 通过历年《中国统计年鉴》和《2018 年国民经济和社会发展统计公报》相关数据计算。

21 世纪初以来，我国城市规模快速增长。2006～2017 年[1]，我国市区面积从 194.50 万平方公里增加到 219.62 万平方公里，短短 11 年就增加了 25 万平方公里，城区面积从 16.65 万平方公里增加到 19.84 万平方公里，城市建设用地面积从 3.63 万平方公里增加到 5.52 万平方公里。2000～2017 年，城市建成区面积从 2.24 万平方公里增加到 5.62 万平方公里，城市建设用地面积从 2.21 万平方公里增加到 5.52 万平方公里，城市居住用地面积从 8661.09 平方公里增加到 16 979.27 平方公里，工业用地面积从 5768.9 平方公里增加到 11 083.70 平方公里，而同期我国城市数量（包括地级市和县级市）从 633 个增加到 661 个，县城及其他从 1674 个减少到 1526 个。同期征用土地成为补充城市建设用地不足的主要手段。2002～2016 年，城市总征用土地面积为 26 972.46 平方公里，其中征用耕地的面积为 12 440.75 平方公里。[2]

任何国家和地区的城市化、工业化发展都伴随着农村土地减少、农村居民大量向城市转移、城市边界扩张的情况。从土地利用角度而言，农村土地转化为城市用地，是在市场机制推动下的资源优化配置，是提高土地综合利用水平、提高土地利用效率、挖掘土地价值的过程。但是，我国是一个人均耕地资源极为紧缺的国家，必须保证基本的耕地面积。《2013 中国国土资源公报》披露了第二次全国土地调查结果："2009 年年底，全国耕地面积为 13 538.5 万公顷，比基于'一调'的 2009 年变更调查数多出 1358.7 万公顷（约 2 亿亩），这主要是由于调查标准、技术方法的改进和农村税费政策调整等因素影响。"基于第二次全国土地调查的数据，2016 年，全国耕地面积为 13 488.12 万公顷，耕地面积略有下降。

我国在城市化、工业化快速发展中之所以没有出现耕地大规模减少的

---

[1] 因统计口径调整，"城区面积" 2005 年及以前年份为 "城市面积"，不具有可比性，所以使用 2006 年以后的数据，数据来源《中国城市建设统计年鉴（电子版）》，载 http://www.mohurd.gov.cn/xytj/tjzljsxytjgb/jstjnj/index_ 2.html。本书所使用的历年《中国城市建设统计年鉴》数据均来自该网站。

[2] 根据《中国城市建设统计年鉴》历年数据整理。

情况，主要原因是实行了严格的耕地保护政策。1997 年颁布的《中共中央、国务院关于进一步加强土地管理切实保护耕地的通知》中明确提出："实行占用耕地与开发、复垦挂钩政策"，"非农业建设确需占用耕地的，必须开发、复垦不少于所占面积且符合质量标准的耕地"。1998 年新修订的《土地管理法》明确规定："国家实行占用耕地补偿制度。非农业建设经批准占用耕地的，按照'占多少，垦多少'的原则，由占用耕地的单位负责开垦与所占用耕地的数量和质量相当的耕地；没有条件开垦或者开垦的耕地不符合要求的，应当按照省、自治区、直辖市的规定缴纳耕地开垦费，专款用于开垦新的耕地。"之后，中央有关部门也相继颁布和印发了耕地保护的相关规定和通知。《全国国土规划纲要（2016~2030 年）》提出：到 2020 年和 2030 年，我国耕地保有量要分别保持在 18.65 亿亩、18.25 亿亩以上，这是硬性要求，要严格执行，不能突破。

在严格的耕地保护政策下，增加城市建设用地的主要渠道就只有：提高原有城市建设用地的利用效率、直接征收农村建设用地、"占补平衡"将农村建设用地复垦为耕地，通过置换出的指标来征用城市周边的农地。在挖掘现有城市建设用地潜力成本过高的情况下，征用农村土地就成为增加城市建设用地规模的最主要的方式。在严格的耕地保护制度下，占用农地需要通过复垦的方式予以补偿，因为农村未利用土地的比例已经很低并且未利用土地开发的成本一般较高，通常就需要征收农村建设用地来补偿。因此，目前我国城市征收农村土地增加城市建设用地，无论是否征收农用地以及耕地，都要征收基本相同面积的农村建设用地。

对占用农地的严格限制，致使几乎所有地区都出现用地紧张的情况，出于既保证农用地不减少又能够为城镇经济建设提供土地支持的目的，国家出台了"增减挂钩"的政策。"增减挂钩"最早出现于 2004 年国务院出台的《关于深化改革 严格土地管理的决定》，"鼓励农村建设用地整理，城镇建设用地增加要与农村建设用地减少相挂钩"。2008 年，国土资源部颁布的《城乡建设用地增减挂钩试点管理办法》明确提出："城乡建设用地增减挂钩（以下简称挂钩）是指依据土地利用总体规划，将若干拟整理复垦为耕地的农村建设用地地块（即拆旧地块）和拟用于城镇建设的地块（即建新地块）等面积共同组成建新拆旧项目区（以下简称项目区），通过建新拆旧和土地整理复垦等措施，在保证项目区内各类土地面积平衡的基础上，最终实现增加耕地有效面积，提高耕地质量，节约集约利用建设用地，城乡用地布局更合理的目标。"该办法的推出，指明了城镇征收农村土地的路径选择：（1）通过直接征收农村建设用地的方式来增加城镇建设用地；（2）征收农地，并将农村建设用地复耕为同等数量和质量的农地，在农地面积不变的前提下，增加城市建设用地。因为我国内陆城市（沿海城市可以通过填海的方式增加城市建设用地）周边的土地基本上不是农用地就是农村建设用地，征用农用地需要复耕，复耕土地来源主要是农村建设用地，所以，征收的土地基本上直接或者间接来自农村建设用地。

宅基地占到农村建设用地的 70% 左右，是征收农村建设用地的主要来源。农村集体建设用地分为三大类：集体经营性建设用地、公益性公共设施用地和宅基地。集体经营性建设用地主要用于生产经营，主要是农村兴办的乡镇企业和农村招商引资用地。乡镇企业兴起的时期，集体经营性建设用地的规模占农村建设用地有一定的比例，但随着乡镇企业的衰落，其占农村建设用地的比例只有 10% 左右。农村公益性公共设施用地，主要是农村的一些公用设施占地，其中最主要的是公路用地和一些农村基础设施用地，这些用地一般与农村的宅基地面积成比例，与宅基地的比例在 1∶4 左右。我国并没有公布农村建设用地和宅基地的总体规模数据，可以通过相关数据进行推算。2016 年，我国建设用地 3859.33 万公顷，其中城镇村及工矿用地 3142.98 万公顷，占比为 81.3%，交通设施用地占比为 9.5%，水利设施用地为 9.2%。《2016 年城乡建设统计年鉴》公布的我国城市建设用地的规模为 527.61 万公顷，建制镇建成区面积为 397.00 万公顷，村庄现状用地面积 1392.2 万公顷，其中村庄现状用地面积指村庄现状范围内的实际用地，包括生活、生产用地，村旁树和村内道路用地以及空地在内的全部用地。农村建设用地概念覆盖的内容和村庄现状用地的统计口径基本相同，可以大致将村庄现状用地面积看作农村建设用地的总规模。村庄现状用地面积远大于城市建设用地和建制镇建成区面积之和。农村建设用地转换为城镇建设用地和复垦为农地的潜力较大。宅基地是农村建设用地的主要部分，有些学者估计，农村建设用地中宅基地占 70% 左右，就是采用村庄现状用地面积保守估计，我国宅基地的占地面积也要达到 900 万公顷以上，此面积是现有城市建设用地规模的 2 倍。❶ 近五年来，我国城市征地的规模基本维持在 16 万公顷左右，相对于现有的宅基地面积或村庄现状用地面积而言，规模有些偏小，说明征地的总量和每年的规模都有较大的增长空间。所以，从现有的农村土地管理制度、土地征收制度和可利用的土地面积来看，以农村宅基地为主的农村建设用地都成为政府增加城市建设用地的主要来源。❷

在农村宅基地已经成为增加城市建设用地的主要来源的情况下，如何在宏观上高效征收宅基地就成为一个重要的问题。宏观上的高效是指使得征收宅基地带来的全社会福利最大化，某些征收方式能够使得地方政府，或者农户或者村集体的利益最大化，在宏观上却是低效的。宅基地征收过程中，涉及的主体主要有地方政府、农户、村集体，还有中央政府等，其中各主体之间的土地增值收益分配是核心，如果处理不好，就会降低征收效率，造成不必要的效率损失。宅基地转化为城市建设用地，无论是直接征收转变为城市建设用地，还是复垦为农用地获取用地指标，都会导致地价大幅上升。在征收宅基地过程中，如何分配土地增值就成为各方关注的

---

❶ 宋伟等（2008）著文指出：我国 2005 年年底宅基地为 911.61 万公顷，户均农村宅基地面积达 361.43 平方米，此数据并非为估算数据。该文并没有给出数据的来源，因作者的工作单位可获得相关的统计数据，本书认为该数据为基本准确数据。该数据与本书估算的数据基本接近。具体参见：宋伟，陈百明，杨红，等. 我国农村宅基地资源现状分析［J］. 中国农业资源与区划，2008（3）.

❷ 在城市居民和工商业等对土地需求日益增加的情况下，城市范围内可供给的土地已经非常紧张，通过征收农村土地已经成为城市提供新增土地的主要来源。征收的农村土地主要有两种：农用地和农村建设用地，如果直接征收农用地，还需要复垦出相应数量和质量的农用地，目前我国农村基本上没有未利用土地，这就需要征收大致相等的农村建设用地用于复垦，只要通过征收的方式增加城市建设用地，最终的征收对象就是农村建设用地，征收农村建设用地就成为当前增加城市建设用地的最主要来源。

焦点。土地增值分配的方式成为影响参与主体收益的最主要因素，也成为直接影响土地征收效率的最主要因素，进而在宏观上也会成为影响土地资源配置效率的最主要因素。

宅基地征收中的利益分配问题不只是一个经济问题，在我国已经上升为一个社会问题，对其进行深入研究也具有较强的社会意义。农村出现的大量上访事件和群体性事件多与地方政府宅基地征地或置换相关，主要原因是农户和地方政府无法就征地补偿标准达成一致意见。在宅基地置换和征收过程中，农户和地方政府的地位并不对等，农户处于劣势地位，获得的土地增值份额也相对较少，为了获得更多的收益，农户就会采取抗争行为，如上访、扩大事件影响等方式与地方政府的征地行为抗争，然而农户的这些对抗行为和地方政府的惩治行为有时会失控，甚至引发群体事件，更为严重的会出现人员伤亡。

第二节　文献综述

依据本书研究的核心问题——宅基地征收中的利益分配，主要涉及的研究文献分两个方面：宅基地流转相关文献、土地征收相关文献。下面就这两个方面对相关文献进行述评。

一、宅基地流转相关文献

20世纪90年代后，中国进入城镇化快速发展阶段，城市建设用地的需求快速增长，出现了地方政府大规模占用农地的情况。为了防止城市扩张对农用地的大规模占用，影响我国农业生产和粮食供应，中央政府实行了严格的农用地转用限制。在农用地转用为城市建设用地被严格限制的约束下，考虑到城市化和经济、社会发展的现实需求，中央政府出台了"占补平衡"政策。但是，由于一方面我国能用于农业生产的未利用土地较少，另一方面各地普遍出现了占优补劣、多占少补、占而不补的情况，农用地快速减少的势头并没有被遏制住。同时，我国存在大量的农村建设用地，规模在 4 亿亩左右，庞大的农村建设用地成为增加城市建设用地的一个重要来源。中央政府出台城市建设用地增加与农村建设用地减少相挂钩的政策，即"增减挂钩"。由于我国农村建设用地中主要是农民的宅基地，占农村建设用地的 70% 左右，向农村宅基地要城市建设用地就成为地方政府的现实选择。从 21 世纪初开始，全国各地普遍出现宅基地整理、征收、置换后形成指标流转的做法。学术界对这一经济现象以及由此引发的问题进行了广泛、深入的研究。本书将从存在的问题、各地改革实践、流转的意愿、流转过程中的博弈和利益分配、对农户的福利影响和改革措施进行总结和评价，并对宅基地流转需要进一步深入研究的领域进行展望。

（一）管理、使用和流转存在的问题

我国农村宅基地的产权性质是属于农村集体所有，农户只有永久使用权而没有所有权。农户为了满足自身居住、生活，可以向集体组织申请无偿获得一块不超过规定面积的宅基地。政策规定一户只能拥有一处宅基地。对宅基地的使用和流转也进行了严格限制，只能满足居住、生活用途，不得用于其他经济用途，宅基地只能在本集体经济组织内部流转，不能出售给本经济组织以外的成员，更不能出售给城市居民。在以上制度安排下，宅基地的管理、使用和流转出现了一系列问题。

宅基地无偿获得的制度安排造成宅基地申请的数量远超于实际需求，一户多宅和面积超标的情况相当普遍。20 世纪 80 年代，我国开启了农村经济体制改革，农民收入增长，农户对住宅的需求也出现了增长。宅基地无偿、无限期使用制度造成了宅基地大量占用农田，村镇规划管理混乱，建房热居高不下，[1] 也出现了分配不均、纠纷多、处理难，已经成为农村土地管理的难点。[2] 宅基地用地分散、一户多宅、面积严重超标、房屋空

---

[1] 高波. 农村宅基地使用制度改革思考 [J]. 农业现代化研究，1990（6）：15-17.

[2] 周志湘. 山东省农村宅基地使用制度改革初探 [J]. 中国土地科学，1991, 5（3）：10-16, 22.

置现象突出，拆旧难度大。❶ 宅基地的无偿取得制度也使得住宅建设比较零散，建筑层次低，土地集约利用程度低，用地浪费严重，直接影响土地的利用率和利用效果，削弱了国家对土地资源的管理，不利于维护集体土地所有权。❷ 另外的后果是农民住房消费过高，消费结构不合理，致使生产性建设投资不足。❸ 随着我国城市化进程的快速推进，大量农民进入城市，在很多以传统农业生产为主的地区出现了农村居民迅速减少的情况，宅基地闲置比例上升，"空心村"大量出现，但是这些闲置的宅基地难以收回，也难以复垦为耕地，造成了土地资源的浪费。❹ 城市化进程中，农村人口向城市转移，应当出现的是农村宅基地减少，至少不应当增加，但是，由于宅基地的无偿使用制度，导致了农村人口减少、村庄用地反而扩大的反常情况。❺

宅基地审批、管理中也存在混乱、分配不公、腐败等情况。农村部分土地用途没有严格界定，造成村集体较易改变土地用途，将其他农用地移作宅基地。❻ 为了保证农民土地权益，21世纪初，全国开始对宅基地进行确权颁证工作，但是宅基地初始登记发证工作进展缓慢。农户获得宅基地

---

❶ 赵哲远，戴韫卓，沈志勤，等. 农村居民点土地合理利用初步研究——以浙江省部分县市为例 [J]. 中国农村经济，1998 (5)：69-74；叶艳妹，吴次芳. 我国农村居民点用地整理的潜力、运作模式与政策选择 [J]. 农业经济问题，1998 (10)：54-57.

❷ 郑润梅. 论农村宅基地有偿使用的运行机制 [J]. 山西农业大学学报，1992 (4)：333-335，373；赵之枫. 城市化背景下农村宅基地有偿使用和转让制度初探 [J]. 农业经济问题，2001 (1)：42-45；徐日辉，倪才英，曾珩. 浅析农村宅基地整理 [J]. 中国土地科学，2001 (5)：39-42.

❸ 赵之枫. 城市化背景下农村宅基地有偿使用和转让制度初探 [J]. 农业经济问题，2001 (1)：42-45.

❹ 薛力. 城市化背景下的"空心村"现象及其对策探讨——以江苏省为例 [J]. 城市规划，2001 (6)：8-13；徐日辉，倪才英，曾珩. 浅析农村宅基地整理 [J]. 中国土地科学，2001 (5)：39-42.

❺ 韩康，肖钢. 积极探索建立有中国特色的农村宅基地市场——启动农村宅基地市场化改革研究 [J]. 理论前沿，2008 (13)：5-9.

❻ 谌种华. 耕地保护新举措——浅谈农村宅基地的清理整顿 [J]. 农村经济，2004 (S1)：18-20.

要通过申请和村干部批准，而分配过程中不可避免地会遇到地块优劣、位置、面积等问题，由于缺乏必要的制约，难免出现不正之风，导致农民与农民之间、农民与村干部之间产生矛盾。❶ 一些地区在新农村建设中，还出现了盲目推行农宅公寓化。❷

实际的调研数据也说明宅基地无偿获得、无限期使用制度造成一系列问题。于华江、王瑾调研后认为，农村宅基地管理中存在的问题有：宅基地审批缺乏公示公告，村民知情度低；宅基地使用权证发放不规范，行政审批自由裁量权过大；基层审批管理能力有待提高，存在执法不严、违法不究和监督不力的情况。❸ 有研究用北京宅基地调研的数据说明，农村居民点用地总量大、人均超标严重，宅院散乱，空闲地多，用地浪费严重，最突出的问题是集体土地的变相城市开发。❹ 宋伟等通过 1996~2005 年统计数据分析得出，农户规模的小型化和农村住宅形式的日益楼房化是造成户均宅基地面积减少和农村宅基地容积率增加的主要原因，并且通过数据反映出我国户均宅基地的超标现象普遍且超标幅度大，一户多宅和户宅基地实际使用面积过大是主要原因。❺

限制宅基地流转范围的制度安排，对农民利益、宅基地管理和土地资源配置效率产生了诸多负面影响。现有的限制农村宅基地等建设用地入市和政府垄断城市建设用地一级市场的制度增加了搜寻费用、谈判费用、履约和监督费用，抑制了农村集体非农建设用地市场供给和需求，导致市场

---

❶ 赵之枫. 城市化背景下农村宅基地有偿使用和转让制度初探 [J]. 农业经济问题，2001（1）：42-45.

❷ 魏西云，唐健. 新形势下的农村宅基地管理 [J]. 中国土地，2006（4）：38-39.

❸ 于华江，王瑾. 我国农村宅基地管理调查分析——基于陕西、浙江和河南等地的农户问卷调查 [J]. 中国农业大学学报（社会科学版），2008（2）：155-162.

❹ 刘庆，张军连，张凤荣. 解决城市化进程中农村宅基地问题——北京农村宅基地问题透视 [J]. 国土资源，2004（1）：31-33.

❺ 宋伟，陈百明，杨红，等. 我国农村宅基地资源现状分析 [J]. 中国农业资源与区划，2008（3）：1-5.

失灵，造成严重的效率损失。❶ 农民有变现宅基地财产权利的需求，对宅基地流转的限制会催生宅基地地下买卖，黑市交易普遍。由于缺乏明确的法律依据，交易的风险较高，购买方将面临"敲竹杠"的风险。❷ 隐形土地市场导致集体资产流失，空闲宅基地难以管理，宅基地连同房屋出租的现象尤为普遍，城市周边尤其是大城市周边人口过分集聚。❸ 农民自发的宅基地交易已促成城乡分割非农建设用地市场结构的形成。❹ 由于宅基地流转的限制，农村宅基地的非商品化、非资本化和非市场化造成农民财产利益损失。❺ 农民为了实现宅基地的财产权利，不仅出租、私下买卖宅基地，还在城市郊区出现了大量"小产权"房。包括小产权房在内的宅基地自发"入市"的实践探索，体现着民间利益的自发诉求。❻ 城乡二元土地政策和对宅基地流转的限制，降低了农民资产变现的收益，阻碍了农民进城发展的资金积累。宅基地产权的限制性规定，使"小产权"性质的新聚

---

❶ 马凯，钱忠好.农村集体非农建设用地直接上市：市场失灵与其政策矫正［J］.中国土地科学，2010，24（3）：65-69，80；诸培新，曲福田，孙卫东.农村宅基地使用权流转的公平与效率分析［J］.中国土地科学，2009，23（5）：26-29.

❷ 高波.农村宅基地有偿使用：理论与对策［J］.东岳论丛，1991（6）：46-49；郑润梅.论农村宅基地有偿使用的运行机制［J］.山西农业大学学报，1992（4）：333-335，373；叶艳妹，彭群，吴旭生.农村城镇化、工业化驱动下的集体建设用地流转问题探讨——以浙江省湖州市、建德市为例［J］.中国农村经济，2002（9）：36-42；张竟竟，高建华.河南省农村宅基地流转问题初探［J］.河南大学学报（自然科学版），2003（4）：82-86；程世勇，江永基.农村宅基地流转中的市场失灵和政府行为［J］.农村经济，2010（6）：9-12.

❸ 郭青霞，张前进.关于建立农村宅基地市场的思考［J］.山西农业大学学报，2001（3）：288-290.

❹ 钱忠好，马凯.我国城乡非农建设用地市场：垄断、分割与整合［J］.管理世界，2007（6）：38-44.

❺ 韩康，肖钢.积极探索建立有中国特色的农村宅基地市场——启动农村宅基地市场化改革研究［J］.理论前沿，2008（13）：5-9.

❻ 陶然，汪晖.中国尚未完成之转型中的土地制度改革：挑战与出路［J］.国际经济评论，2010（2）：93-123，5；李宁，陈利根，龙开胜.农村宅基地产权制度研究——不完全产权与主体行为关系的分析视角［J］.公共管理学报，2014，11（1）：39-54，139.

居区成为禁锢农民的一种形式。❶ 宅基地使用权流转限制，将农民紧紧捆绑在土地上。农民普遍不愿改变身份，也很少有举家迁移，在农村建房，再返回城市工作，农村房屋基本处于闲置状态，同时流转的限制，置换、复垦、整理政策配套不健全，也导致农户退出宅基地的动力完全丧失。❷

（二）各地改革探索

21世纪初，全国各地出现了多种地方政府主导下的宅地基置换、集中、征收等流转形式，形成学术界后来概括的多种模式，包括浙江的"两分两换"、天津的"宅基地换房"、成都的"宅基地整理"、深圳的"宅基地入股"、重庆的"地票"以及一些地区实行的"新型农村社区"等。纵观这些模式，实质上是三种主要模式：第一种模式是宅基置换和征收，采用的是将分散的宅基地进行直接征用或复垦为农用地，补偿的方式是依据宅基地面积置换成新型社区或者小城镇的住宅，地方政府也可以直接以现金的方式对农民给予补偿；第二种模式是通过宅基地入股的方式来获得土地增值收益，这种模式在全国只有很少的地区实行，不具有普遍性；第三种模式是重庆的"地票"模式，农民将宅地基复垦为农用地，经验收合格后形成地票，地票可以在交易所进行交易，用指标收益对农民退出宅基地给予补偿，其实质就是建设用地指标在更广的范围流通。

1. 宅基地的置换模式和入股模式

宅基地置换模式在全国实行的地区较为广泛。比较典型的是天津的"宅基地换房"、浙江的"两分两换"、上海的"宅基地整理"。宅基地置换是指农民以"三地"（承包地、宅基地和自留地）换取具有商品属性的城镇公寓和城镇保险。进行宅基地置换的地区需要具备两个条件：物质条件

---

❶ 徐万刚，杨少垒. 城市化视角下的农村宅基地流转制度分析 [J]. 社会科学家，2009（3）：67-70.

❷ 汪庆. 我国农村荒旧宅基地资源复垦现状分析与建议 [J]. 科技创业月刊，2005（7）：14-15；胡传景，沈士芹，张洪武. 建立农村宅基地使用权自由流转制度的构想 [J]. 广东土地科学，2007（5）：21-25；欧阳安蛟，蔡锋铭，陈立定. 农村宅基地退出机制建立探讨 [J]. 中国土地科学，2009，23（10）：26-30.

雄厚，拥有投入所需的大量资金，能提供充分的就业机会，确保失地农民就业；宅基地置换须在法规允许的框架内进行。❶ 这种模式主要适用于城乡接合部和近郊地区，不适合边远地区。❷ 是否成功的主要因素有，是否兼顾农民的利益，能否形成以工促农的可持续发展，政府能否有相应的财政实力和运营管理水平。❸ 由于制度约束导致村集体对宅基地置换供应不足，地方政府能够借助其垄断权力获得土地增值收益，有推动宅基地置换的强烈动机。❹ 现实中行政力量过于强大，农民只是条件的接受者，利益受到损失；没有形成市场定价，不能反映宅基地的价值；地方官员为了追求政绩，盲目加大宅基地置换数量。宅基地置换中普遍存在资金缺乏的情况，也存在置换出的土地绝大部分没有开发利用的情况，以及在置换之前没有考虑农民的选择自由，置换之后没有充分考虑农民的就业问题和跟进社会保障工作的情况。❺ 有些地区出现了农民"被上楼"，农民生活状况不佳等农民权益受损问题。❻

还有研究根据调研和实证分析的方法，得出结论认为，宅基地整理中，村集体、农户和地方政府存在以土地发展权价值争夺为核心的利益冲突，其根源在于现行集体土地产权设计与治理结构的内在缺陷。❼ 在农民被排除在金融市场和土地市场之外的情况下，地方政府会利用自身优势条件压

---

❶ 朱林兴. 农村宅基地置换的若干问题 [J]. 上海市经济管理干部学院学报, 2006 (2)：1-6.

❷ 蔡玉胜, 王安庆. 城乡一体化进程中土地利用存在的问题与对策——以"宅基地换房"模式为例 [J]. 经济纵横, 2010 (1)：79-81.

❸ 何源源. 宅基地换房模式分析及金融支持建议 [J]. 中国房地产, 2008 (12)：55-58.

❹ 施建刚, 黄晓峰, 王万力. 对发达地区农村宅基地置换模式的思考 [J]. 农村经济, 2007 (4)：26-28.

❺ 陈修玲. 完善我国农村宅基地置换制度的策略思考 [J]. 实事求是, 2010 (1)：33-35.

❻ 冯双生, 张桂文. 宅基地置换中农民权益受损问题及对策研究 [J]. 农业经济问题, 2013, 34 (12)：31-39, 110-111.

❼ 严金海. 农村宅基地整治中的土地利益冲突与产权制度创新研究——基于福建省厦门市的调查 [J]. 农业经济问题, 2011, 32 (7)：46-53, 111.

低宅基地补偿价格,农民利益受到侵害,农民上楼后生活成本大幅上升,过低的补偿价格也不利于耕地质量保护。❶

对各地宅基地置换的研究中,天津的"宅基地换房"成为研究的重点。天津"宅基地换房"采取的是农民以其宅基地(包括村庄用地)按照规定的置换标准无偿换取小城镇中的一套住宅,对相当于建设农民还迁住房占地面积大小的土地进行复耕,节约出来的建设用地一部分整理后进入土地市场拍卖,以弥补为农民建设小城镇所需各项费用,另一部分作为地区经济社会建设的储备用地。❷ 天津"宅基地换房"模式改善了农民生活,提高了农民财产性收入,提高了土地利用效率,在城乡接合部具有一定的推广意义。❸ 天津"宅基地换房"模式中,政府充当了中介,有效地降低了交易成本,保护了农民利益。❹

一些研究以对天津华明镇的调研来分析"宅基地换房"模式。胡运霞认为,天津"宅基地换房"还需要解决失地农民从事农业所必需的土地,引导失地农民参与农业产业结构调整,加强入驻企业保障农民权益,加强村民生活指导,加强农村民主监督体制建设。❺ 周京奎等得出的结论为,农民居住环境、保障体系有所完善,但没有得力措施保障农民权益,最终导致农民对宅基地换房政策同意但不满意。❻ 程同顺、杜福芳指出,天津华明镇"宅基地换房"中存在的问题有:农民一直处在被动地位,置换方

❶ 伍振军,张云华,孔祥智. 宅基地置换增值收益分配——基于 J 市的案例研究[J]. 江汉论坛,2010(9):11-16.

❷ 吴苓. 以宅基地换房——解决大城市近郊区城市化建设中资源瓶颈的新探索[J]. 宏观经济研究,2007(2):41-43.

❸ 崔宝敏. 天津市"以宅基地换房"的农村集体建设用地流转新模式[J]. 中国土地科学,2010,24(5):37-40,46.

❹ 张红星. 城郊土地交易中的政府功能与农民利益保护——对天津"宅基地换房"模式的思考[J]. 城市,2009(4):50-53.

❺ 胡运霞. 农村宅基地换房流转绩效研究——以天津市华明镇宅基地换房为例[J]. 小城镇建设,2008(4):77-81.

❻ 周京奎,吴晓燕,胡云霞. 集体建设用地流转模式创新的调查研究——以天津滨海新区东丽区华明镇宅基地换房为例[J]. 调研世界,2010(7):24-26.

法存在不公平, 置换比例较低; 搬入新居后, 生活就业问题较多; 考虑少数农户权益不足。❶ 穆向丽、巩前文以天津市华明镇的 "宅基地换房" 项目为案例, 对宅基地土地增值进行估算, 得出的结论为, 通过招拍挂方式用于居住用途增值最高。❷ 马林靖等通过调研和理论分析得出, 换房后农民收入有所增加, 但消费增加更快, 失业情况显著增加, 一次性货币补偿过多或提供的失业保障过多, 都会降低换房后农民的就业意愿, 政府如提供有效的就业服务可促进换房后农民就业。❸

其他地区的研究主要有浙江、上海等地的宅基地置换和深圳宅基地入股。浙江嘉兴的 "两分两换" 是指 "宅基地和承包地分开、征地和拆迁分开, 以土地承包经营权置换社保, 以宅基地置换城镇住房"。❹ "两分两换" 有利于拓展城市发展空间、统筹城乡发展, 有利于集约利用土地, 有利于促进农业规模经营, 有利于改善农民居住环境。❺ "两分两换" 在实施过程中存在一些问题和困难, 主要有: 所需的资金难以解决, 土地流转中存在制度性制约、保障性制约和服务性制约, 社会保障水平低, 很难保证居民的日常生活需要。❻ 实行 "两分两换" 的基本条件之一是地方政府要拥有雄厚的财力, 当地土地价格未来会上涨。由于涉及土地承包经营权流转, 农民的生产方式也需要转变, 需要给农民提供更多的非农就业机会。❼ 在

---

❶ 程同顺, 杜福芳. 快速城市化进程中的失地农民问题——以天津市华明镇 "宅基地换房" 为例 [J]. 重庆社会主义学院学报, 2011, 14 (3): 93-96.

❷ 穆向丽, 巩前文. 城乡建设用地增减挂钩中农民宅基地增值收益形成及估算 [J]. 华中农业大学学报 (社会科学版), 2014 (3): 110-116.

❸ 马林靖, 王燕, 苑佳佳. 快速城镇化中政府行为对失地农民就业的影响——基于天津 "宅基地换房" 试点镇调查的博弈分析 [J]. 西部论坛, 2015, 25 (1): 1-7.

❹ 莫晓辉, 林依标, 吴永高. 鼓励农民勇于放弃——浙江省嘉兴市 "两分两换" 试点调查 [J]. 中国土地, 2008 (8): 50-52.

❺ 沈俊. 优化土地使用制度的改革探索——以嘉兴市 "两分两换" 试点工作为例 [J]. 浙江国土资源, 2009 (8): 42-45.

❻ 朱兴祥. 法律突破与利益均衡——农村土地使用权 "两分两换" 制度路径探索 [J]. 法治研究, 2009 (8): 20-26.

❼ 扈映, 米红. 经济发展与农村土地制度创新——浙江省嘉兴市 "两分两换" 实验的观察与思考 [J]. 农业经济问题, 2010, 31 (2): 70-76.

具体运作中，"两分两换"还存在补偿标准偏低，土地经营权置换的社会保障水平低，农民权益受到侵害等问题。❶ 还有的问题是需要调整的基本农田和耕地面积大，受到土地利用总体规划限制和增减挂钩指标周转的影响，资金平衡压力大。❷ 在政府强势而农民弱势的情况下，这种土地流转极易演化为政府谋取利益的工具。❸ 也有研究使用置换征收成本收益实际数据计算得出，"两分两换"使得农户、企业和地方政府的收益都增加了，是一种帕累托改进。❹ 农户意愿是影响"两分两换"绩效的主要因素。在农户宅基地和农地流转意愿都高的情况下，制度创新的绩效最高；在农户宅基地流转意愿高、农地流转意愿不高和宅基地流转意愿低、农地流转意愿高的情况下，制度创新的绩效无显著差别；在农户宅基地和农地流转意愿都不高的情况下，制度创新的绩效最差。❺ 还有的研究从行为特征角度对地方政府、普通农户、农业规模经营主体和农村集体经济组织进行分析后认为，地方政府的主要特点是逐利性，农户的主要特点是被动性、"羊群行为"和容易被行政力量强制，农业规模经营主体主要是经济利益和服务的需求，农村集体经济组织存在侵害农民利益、土地非法非农化和决策不确定性大等特点。❻

上海郊区宅基地置换在盘活存量土地、改善农民生活、优化郊区建设用地布局等方面取得了成绩。存在的问题有，政策优惠资金返还困难，部

---

❶ 方芳，周国胜 . 农村土地使用制度创新实践的思考——以浙江省嘉兴市"两分两换"为例 [J] . 农业经济问题，2011，32（4）：32-35.

❷ 徐保根，杨雪锋，陈佳骊 . 浙江嘉兴市"两分两换"农村土地整治模式探讨 [J] . 中国土地科学，2011，25（1）：37-42.

❸ 孟祥远 . 城市化背景下农村土地流转的成效及问题——以嘉兴模式和无锡模式为例 [J] . 城市问题，2012（12）：68-72.

❹ 佘明龙，翁胜斌，李勇 . 农村土地制度创新的成本收益分析——以浙江省嘉兴市"两分两换"为例 [J] . 农业经济问题，2013，34（3）：33-39.

❺ 李勇，杨卫忠 . 农户农地经营权和宅基地使用权流转意愿研究——以浙江省嘉兴市"两分两换"为例 [J] . 农业技术经济，2013（5）：53-60.

❻ 李勇，杨卫忠 . 农村土地流转制度创新参与主体行为研究 [J] . 农业经济问题，2014，35（2）：75-80，111-112.

分试点地区出现空置房，有些新区选址缺乏区位优势，农民利益受到侵害等。❶ 上海宅基地置换多出现于经济较发达、工业化程度较高的近郊地区，村庄归并模式多出现于经济欠发达、工业化程度较低的远郊地区。❷ 也有用实证数据分析上海宅基地置换效果的影响因素，分析得出职业培训、受教育程度、征求意见、安置房面积、政策感知、社会保障、原家庭年总收入、区位交通 8 个因素均与置换效果呈现正相关关系。❸

深圳市宅基地入股模式是村民以其宅基地入股，改造完成后，村民可以分配获得相应的住宅，依据各村民原商铺的位置、租金的高低，也同样可以分得相应的商业面积，项目的其余收益按项目持股比例进行分配。这种方式通常仅适用于城中村和城市近郊宅基地，对绝大多数远郊宅基地尤其是复耕的宅基地并不适用。❹ 这种方式能够使农民分享到工业化和城市化的成果，对农民的利益起到了较好的保护作用。❺ 存在的潜在问题有，宅基地作价入股无法可依，宅基地的价值容易被低估，房屋产权登记无法解决，股份制运行风险较大，收益不确定。❻

❶ 张祎娴，王仲谷．上海郊区宅基地置换试点运作模式研究 ［J］．苏州科技学院学报（工程技术版），2008，21（4）：56-61；孙建伟．涉地农民住房权与生存权保障实证研究 ［D］．上海：华东政法大学，2011；戴燕燕．上海农村宅基地退出机制研究 ［J］．上海国土资源，2012，33（1）：28-34.

❷ 张正峰，杨红，吴沅箐，等．上海两类农村居民点整治模式的比较 ［J］．中国人口·资源与环境，2012，22（12）：89-93.

❸ 周小平，王情，谷晓坤，等．基于 Logistic 回归模型的农户宅基地置换效果影响因素研究——以上海市嘉定区外冈镇宅基地置换为例 ［J］．资源科学，2015，37（2）：258-264.

❹ 杨丽媪．宅基地入股：城中村改造新模式 ［J］．科学决策，2006（12）：26-27.

❺ 梁亚荣，朱新华，邓明辉．农村宅基地使用权流转的理论与实践探析 ［J］．河南省政法管理干部学院学报，2008（3）：151-155.

❻ 么贵鹏，李昌宇．深圳市宅基地作价入股的经验借鉴及创新 ［J］．经济前沿，2008（Z1）：64-67.

2. 重庆"地票"模式

2008 年 12 月 1 日实施的《重庆农村土地交易所管理暂行办法》标志着地票交易模式诞生。地票交易包括以下几个部分：农民将宅基地复垦为耕地并经验收合格后，产生等面积的建设用地指标；众多指标在交易所被打包组合成地票，进行公开交易；开发者通过竞标购入地票；政府将开发者所选耕地征收转为城镇建设用地；对该建设用地实行招拍挂，实现指标落地；该开发者如果在指标落地时竞标失败，则地票按原价转给竞标成功者；地票冲抵新增建设用地有偿使用费和耕地开垦费。

地票作为一种新兴的宅基地流转和增加城市建设用地指标的方式，受到学术界高度关注。地票交易使农民、开发者、政府之间实现了帕累托改进，存在的问题有：可以通过操纵打包组合方式来操纵指标选择权价格，农户数量众多存在搭便车效应，开发商属于小集团，有充分的激励操纵地票价格。❶ 地票产生过程中经过村委会审批和开发公司进行复垦，会导致寻租行为和收益损失。地方政府既是复垦耕地质量验收者，又是复垦成本的支付者，也是指标的受益者，很难保证复垦耕地的质量。地票交易还面临指标的"落地困境"与"供给困境"。❷ 地票制度设计中忽视了用地额度的市场价值，不能保证土地使用效率的最大化和地票生产成本的最小化。保护农民利益的核心是保障农民的自主选择权，与地方政府地票提成无关。❸ 有研究从发展权转移角度分析认为，地票交易机制实质上是一种跨区补偿机制，农村土地发展权补偿价格是土地发展权的转移价格，地票价格尚不能完全显示土地发展权转移价值，而征地补偿价格更是远低于土地

---

❶ 王守军，杨明洪. 农村宅基地使用权地票交易分析 [J]. 财经科学，2009（4）：95–101.

❷ 吴义茂. 建设用地挂钩指标交易的困境与规划建设用地流转——以重庆"地票"交易为例 [J]. 中国土地科学，2010，24（9）：24–28.

❸ 谢新. 指标控制下城乡土地流转微观机制分析——以成渝地票实践为例 [J]. 中国农村经济，2012（12）：17–31.

出让价格。❶ 从调研情况来看，农民从地票中获得的收益有限。❷ 实证研究结果显示农户在土地非农化中获益比例低于 20%，各级政府是收益的主要获得者。❸ 主要原因是退地补偿偏低，次要原因是复垦成本偏高，区位条件好的地区农民退地损失比收益大。❹ 还有的研究是通过土地竞拍模型得出地票的最优投入比例与选择权收益、成功拍得土地的概率正相关，与固定成本、土地出让金、市场利率负相关。❺ 地票交易规模的空间集聚效应明显，与重庆市"一圈两翼"主体功能分区高度吻合，短期内助推了重庆市主体功能分区的实现和发展，但也要防止为短期利益过度出让农村建设用地指标，出现区域发展失衡的情况。❻

3. 不同模式间的对比

对于各种模式之间的对比是研究的重点之一，但是不同研究由于对模式的分类不同，研究的侧重点也不同。多数比较研究是按照现有实施的模式进行分析。肖碧林等将宅基地置换分为四种模式：城乡统筹模式、城中村和园区村改造模式、宅基地整理模式、增减挂钩模式。四种模式都是政府主导自上而下推动，差别主要体现在拆迁补偿水平和集中居住标准上。存在的问题有，政府获得了主要收益，农户只获得少量补偿，未充分尊重农民意愿和保障其长远利益，复垦的耕地质量偏低，难以做到占补平衡。❼

❶　文兰娇，张安录 . 地票制度创新与土地发展权市场机制及农村土地资产显化关系 [J]. 中国土地科学，2016，30（7）：33-40，55.

❷　胡显莉，陈出新 . 重庆宅基地地票交易中的农民权益保护问题分析 [J]. 重庆理工大学学报（社会科学），2011，25（11）：57-61.

❸　肖轶，王爱民，尹珂 ."宅基地换住房、承包地换社保"流转模式的生成动因研究——基于重庆城乡统筹试验区的实证研究 [J]. 农村经济，2012（7）：26-28.

❹　王兆林，杨庆媛，王娜 . 重庆宅基地退出中农民土地收益保护研究——基于比较收益的视角 [J]. 中国土地科学，2016，30（8）：47-55.

❺　陆林 . 地票制度指标落地环节存在的问题及其改进路径——基于开发商参与地票和土地竞拍的模型 [J]. 管理世界，2016（10）：178-179.

❻　顾汉龙，刚晨，王秋兵，等 . 重庆市地票交易的空间分布特征及其影响因素分析 [J]. 中国土地科学，2018，32（2）：48-54.

❼　肖碧林，王道龙，陈印军，等 . 我国农村宅基地置换模式、问题与对策建议 [J]. 中国农业资源与区划，2011，32（3）：37-41.

蔡国立、徐小峰分析了各种模式指出：上海宅基地置换存在财政负担重、农民生活成本增加、复垦成本高、缺乏积极性的问题；浙江嘉兴的"两分两换"模式应对宅基地和房屋价格进行合理的评估，防止出现估价过低损害农民利益的情况；天津的"宅基地换房"模式复垦土地归农民，留给了农民较大的自由空间，项目运作的资金平衡是关键，农民就业和生活成本提高；"转权让利"与现有法律相一致，"保权让利"与现有法律存在冲突；"转权让利"增加了政府的负担，一定程度上抑制了土地流转，"保权让利"实际上实现了城乡统一的土地市场，加快了土地流转，但冲击了国有土地市场；"地票交易"模式通过用地指标远距离、大范围置换，盘活了农村闲置的建设用地资源；宅基地收储模式需要地方政府有足够的财力支持。❶ 黄晶晶等比较了重庆"地票"和增减挂钩，两者的区别在于挂钩对于耕地是采取"先占后补"，"地票"是采取"先补后占"，"地票"对耕地的保护力度更大、效果更好；挂钩指标只能是小范围的置换，不能突破项目区的范围，"地票"指标能够大范围、远距离地置换，落地范围受限小，对于解决城市建设用地紧张与耕地保护的矛盾更有效，"地票"挂钩收益分配的主体包括农民、集体组织和当地政府，"地票"收益主要是在农民和集体组织之间分配。❷ 上官彩霞等分析了置换宅基地、置换小产权房、置换商品房，采取不同置换模式的原因为区域土地稀缺程度、非农就业机会大小、农地流转稳定程度和农村社会保障稳定程度。❸ 冯蓉晔对天津"宅基地换房"、浙江"两分两换"和重庆"地票"模式从产生背景、运行路径、补偿方式、资金来源以及优缺点等方面进行了对比，并给出了

---

❶ 蔡国立，徐小峰. 地方宅基地退出与补偿典型模式梳理与评价 ［J］. 国土资源情报，2012（7）：37-41.

❷ 黄晶晶，张坤，魏朝富. 重庆市农村建设用地流转模式比较 ［J］. 中国人口·资源与环境，2013，23（S2）：376-379.

❸ 上官彩霞，冯淑怡，吕沛璐，曲福田. 交易费用视角下宅基地置换模式的区域差异及其成因 ［J］. 中国人口·资源与环境，2014，24（4）：107-115.

各类模式的适用范围。❶ 魏后凯、刘同山比较了宅基地换房、宅基地收储和市场化交易三种退出方式，得出市场化交易能够更好地体现土地价值，农民会获得更高收益，而宅基地换房实质上是拆迁安置，存在与民争利的嫌疑。❷ 毛春悦等经过对置换商品房、置换小产权房、置换宅基地三种模式的影响因素分析得出，人均城镇建设用地面积对置换商品房模式影响为负，农地流转比率、非农就业人口所占比重、乡镇企业个数、外来人口数以及参加有偿农保人数占总人口的比重对置换商品房模式有正向影响，人均宅基地面积对于置换宅基地模式影响为正，农地流转比率、乡镇企业个数以及参加有偿农保人数占总人口的比重对于置换宅基地模式影响为负。❸ 张梦琳考察了农民自发流转、"宅基地换房"、"指标捆绑挂钩"和"地票"交易后指出，其内在动力是经济主体寻求土地报酬最大化或土地收益分配格局调整的结果。❹

　　有些研究依照所要研究的问题采取了不同的分类标准。以补偿方式不同作为分类标准，主要分为实物补偿、现金补偿和股权补偿。三种方式的好处有，增加了农民获得财产性收益的渠道，提高住房质量、降低改善居住条件的成本，推进了土地的集约节约利用，遏制了农村闲置住房增加的趋势。存在的问题有：事实上突破了以保障为目标的制度设计初衷，经济发达是改革能够推进的重要原因，落后地区难以效仿。❺ 从宅基地的权属变化和利益让度角度分为：转权让利就是国家征收方式；保权分利是在不改变产权性质的情况下政府参与土地收益分配；保权保利是国家不参与土

　　❶　冯蓉晔. 我国典型宅基地置换模式比较 ［J］. 江西农业学报, 2015, 27 (1)：113-118.

　　❷　魏后凯, 刘同山. 农村宅基地退出的政策演变、模式比较及制度安排 ［J］. 东岳论丛, 2016, 37 (9)：15-23.

　　❸　毛春悦, 上官彩霞, 冯淑怡. 农村宅基地置换模式的差异性及其机理分析 ［J］. 干旱区资源与环境, 2017, 31 (10)：31-37.

　　❹　张梦琳. 农村宅基地流转模式演进机理研究 ［J］. 农村经济, 2017 (5)：13-18.

　　❺　刘李峰. 农村宅基地使用权制度面临的问题及对策 ［J］. 城市发展研究, 2008 (4)：53-56, 75.

地收益分配。只有保权保利最能保证农民的利益。❶ 依照政府和市场在宅基地流转中发挥的作用不同，可以分为政府主导、市场主导、政府中介等类型以及介于中间的类型。政府充当中介实行的宅基地回购，对宅基地自由流转的限制，不符合宅基地流转的现实需求，很难大规模推广；政府主导的宅基地整理，有利于改善农民生产生活条件，提高土地集约利用，但容易出现农民、村集体和政府之间利益分配不均的情况；土地合作社模式可以保障集体经济组织和农民获得较稳定的土地收益，但容易出现管理不到位、收益分配不合理的情况。❷ 也有不同的研究认为国家征地剥夺了农民的选择权和谈判权，地方政府获得了最大利益，农民利益严重受损；分散交易需要承担交易成本，是农民和全社会利益的损失；政府承担中介职能，既降低了交易成本和机会主义行为，又能够提高农民谈判能力，保障农民的利益。❸ 也有的研究认为，政府主导型流转模式中，收益最大的主体仍是政府，市场主导型流转模式中，基本上达到了农业开发业主、政府、农户和农民集体之间的收益平衡。在市场主导流转模式中，政府更多履行的是管理和服务职能。❹ 经济发展水平、集体经济组织健全程度也是一个比较各种流转模式选择的标准。在经济发达、集体经济组织健全的情况下，集体推动宅基地流转模式最有利于保障农民权益，具备条件的地区仍可选择政府主导或农民自发模式，但需要提高拆迁补偿标准或规范隐形流转，最终增加农民福利的有效路径是实行宅基地自由流转。❺ 各种模式之间也具有一致性，其核心就是建设用地指标的稀缺性。在城乡建设用地增减平

---

❶ 王延强，陈利根．基于农民权益保护的宅基地权益分析——从不同流转模式对农户集中居住影响的角度 [J]．农村经济，2008（3）：6-10.

❷ 李文谦，董祚继．质疑限制农村宅基地流转的正当性——兼论宅基地流转试验的初步构想 [J]．中国土地科学，2009，23（3）：55-59.

❸ 张红星，桑铁柱．农民利益保护与交易机制的改进——来自天津"宅基地换房"模式的经验 [J]．农业经济问题，2010，31（5）：10-16，110.

❹ 倪静，杨庆媛，鲁春阳，等．重庆市江津区农村宅基地流转收益分配探析 [J]．西南大学学报（自然科学版），2010，32（12）：150-153.

❺ 陈利根，成程．基于农民福利的宅基地流转模式比较与路径选择 [J]．中国土地科学，2012，26（10）：67-74.

衡制度下，从"宅基地换房""挂钩"项目到"地票"交易所的演进路径，就是为了寻求更多的建设用地指标，"地票"交易所的功能在于增加了指标的挂钩范围和交易范围。❶

（三）宅基地流转、退出意愿

宅基地流转、退出意愿是近些年的一个研究热点，在研究方法上除了少数采用描述性统计之外，基本上都采用计量方法，其中有 Probit 模型、Logit 模型、Ordered Logit 模型、二元 Logistic 模型、Spearman 相关分析、多元排序选择模型、联立方程组等。早期的研究主要集中在对宅基地流转、退出的影响因素分析，一般使用的影响因素主要有年龄、文化程度、家庭人口数量、参与社会保障、宅基地数量、人均居住面积、宅基地距离中心城镇的距离、收入水平、兼业程度、非农收入比重等。随着研究的深入，有些研究开始将农民对政策的知情情况、补偿情况、对宅基地产权的认知、确权办证、私人信息、公共信息以及一些认知等因素加入研究。近几年的研究开始侧重比较研究，农民工之间代际的比较、经济发展水平不同地区的比较、近郊和远郊之间的比较、是否愿意进城落户之间的比较等。

宅基地流转、退出意愿影响因素研究的主要文章如表 1-1 所示。

表 1-1 宅基地流转、退出意愿影响因素

作者	研究主题	正向影响	负向影响	地点、有效问卷	研究方法
赵亚萍等❷	宅基地流转影响因素	收入水平、学历、非农工作经验、家庭财产	供养系数	重庆市，314 份	Probit
赵国玲、杨钢桥❸	宅基地流转影响因素	非农收入占比、距县城距离、对政策了解程度	户主年龄、户主学龄	武汉市、黄石市、590 份	Logistic

❶ 周立群，张红星. 农村土地制度变迁的经验研究：从"宅基地换房"到"地票"交易所 [J]. 南京社会科学，2011（8）：72-78.

❷ 赵亚萍，邱道持，冯玲玲，等. 农村宅基地流转的障碍因素分析及激励措施——以重庆市璧山县为例 [J]. 广东土地科学，2008（1）：34-38.

❸ 赵国玲，杨钢桥. 农户宅基地流转意愿的影响因素分析——基于湖北二县市的农户调查研究 [J]. 长江流域资源与环境，2009，18（12）：1121-1124.

续表

作者	研究主题	正向影响	负向影响	地点、有效问卷	研究方法
陈美球等[1]	农户集中居住意愿	文化程度、人均年收入	人口数量、与邻院的最近距离、人均宅基地面积、离县城的距离	江西省5市8县，432份	Logistic
周婧等[2]	农户兼业对流转的影响	纯农业农户	老龄人口、非农业型农户	重庆市云阳县，568份	参与式农村评估方法
刘旦[3]	宅基地置换意愿	非农就业情况、补偿情况、知情权	年龄、乡村干部的寻租行为	江西省都昌县，286份	Logistic
张怡然等[4]	农民工进城落户与宅基地退出影响因素	经济补偿期望值、家庭经济收入状况、技能培训状况	宅基地的保障功能、家庭赡养人口	重庆市开县，357份	Probit
田克明等[5]	宅基地流转意愿	户主文化程度、家庭非农人口比例、房屋使用年限、家庭拥有房屋数量	距县城中心距离、宅基地距主干道距离	湖北省罗田县，189份	Logistic
黄忠华、杜雪君[6]	农户宅基地流转需求的影响因素	教育程度、办证意愿、借贷需求、本地区经济发展水平	年龄、非农收入比重	浙江省10个县（市、区），619份	Logit
陈荣清等[7]	外出务工农户宅基地流转意愿	宅地所有权、农地	祖业、退路	江西、浙江和山西，131份	Logit

❶ 陈美球，何维佳，刘桃菊，等．当前农户农村居民点用地集约利用意愿的实证分析——以江西省为例 [J]．中国农村经济，2009（8）：63-69．

❷ 周婧，杨庆媛，张蔚，等．贫困山区不同类型农户对宅基地流转的认知与响应——基于重庆市云阳县568户农户调查 [J]．中国土地科学，2010，24（9）：11-17．

❸ 刘旦．基于 Logistic 模型的农民宅基地置换意愿分析——基于江西的调查和农户视角 [J]．首都经济贸易大学学报，2010，12（6）：43-48．

❹ 张怡然，邱道持，李艳，等．农民工进城落户与宅基地退出影响因素分析——基于重庆市开县357份农民工的调查问卷 [J]．中国软科学，2011（2）：62-68．

❺ 田克明，王建设，陈白淼．农户宅基地流转意愿影响因素定量研究 [J]．安徽农业科学，2011，39（8）：4781-4783．

❻ 黄忠华，杜雪君．农户非农化、利益唤醒与宅基地流转：基于浙江农户问卷调查和有序 Logit 模型 [J]．中国土地科学，2011，25（8）：48-53．

❼ 陈荣清，张明，陈宏斐．基于农户视角的农村宅基地流转实证分析 [J]．资源与产业，2011，13（5）：67-71．

续表

作者	研究主题	正向影响	负向影响	地点、有效问卷	研究方法
魏凤、于丽卫❶	宅基地换房意愿	户主受教育程度、改善住房及交通出行条件、家人意见、已经换房者意见、社会保障	户主年龄、收入状况	天津市宝坻区，298 份	Logistic
宁涛等❷	宅基地流转影响因素	受教育程度、非农收入、务工距离、社会保障水平、宅基地距城镇距离、宅基地流转政策满意度、宅基地流转收益、人均住房面积	户主年龄、宅基地利用情况	重庆市 10 个区县，300 份	Logistic
彭长生、范子英❸	宅基地退出意愿及其影响因素	住房安置、社会保障程度、距离城镇越近	就业、养老、生活费用、农业生产不便、年龄	安徽省 6 县，1413 份	描述性统计
赵强军、赵凯❹	宅基地退出意愿影响因素	家庭人均收入、宅基地数量、社保参与程度、政策认知程度	户主年龄、户主工作稳定程度、未婚男性比例、人口数、对耕地的依赖程度	陕西省杨凌区、武功县，214 份	Logistic
吴明发等❺	广东各地区宅基地流转意愿对比	男性和年龄（广东、粤西、粤东）、文化程度（广东、珠三角）、非农收入（广东）、家庭年纯收入（广东、珠三角、粤北、粤东）、宅基地面积（广东、珠三角、粤东、粤北）	年龄（粤北）、外出打工比例（粤西）	广东省 19 个县（市、区），544 份	Logistic

❶ 魏凤，于丽卫. 基于 Logistic 模型的农户宅基地换房意愿影响因素分析——以天津市宝坻区为例 [J]. 经济体制改革，2012（2）：90-94.

❷ 宁涛，杨庆媛，苏康传，等. 农村宅基地流转影响因素实证分析——基于重庆市 300 户农户调查 [J]. 西南师范大学学报（自然科学版），2012，37（2）：119-125.

❸ 彭长生，范子英. 农户宅基地退出意愿及其影响因素分析——基于安徽省 6 县 1413 个农户调查的实证研究 [J]. 经济社会体制比较，2012（2）：154-162.

❹ 赵强军，赵凯. 农户退出宅基地意愿影响因素分析——基于陕西杨凌、武功 214 家农户的调研 [J]. 广东农业科学，2012，39（6）：193-196.

❺ 吴明发，欧名豪，钟来元，等. 宅基地流转农户行为影响因素的实证研究——基于广东省 19 个县市 34 个行政村的抽样调查 [J]. 广东海洋大学学报，2012，32（2）：63-69.

续表

作者	研究主题	正向影响	负向影响	地点、有效问卷	研究方法
陈霄❶	宅基地退出意愿的影响因素	年龄、受教育程度、家庭收入、赡养的老人数量、补偿方式的多样性	务工工作变换、抚养子女数量、住房面积、宅基地面积	重庆市"两翼"地区，1012 份	Probit
廖阳、刘晓君❷	宅基地退出意愿的影响因素	教育程度、人均收入、相对贫困、人均耕地、长期收益	农户年龄、人均宅基地面积	杨凌示范区、西安市户县、周至县，294 份	Probit
许恒周❸	宅基地退出意愿的影响因素	年龄、外出务工年限、家庭农业收入占比、家庭供养系数、对宅基地政策是否了解、住房在养老中的作用	参加新农合或其他保险、区位变量、非农就业稳定性	山东省临清市，317 份	CVM 法和 Tobit 计量模型
彭长生❹	宅基地产权认知状况对宅基地退出意愿的影响	宅基地继承权认知状况、宅基地抵押权认知状况、处于远郊农村、子女在上大学或在城镇工作、房产没有确权	家庭常住人口	安徽省 6 个县，1413 份	Logistic
彭长生❺	农户是否选择货币补偿的影响因素	非农就业、家庭年收入、在城镇中拥有住房、参加新型农村养老保险	户主的空间流动、年龄、学历是否为高中及以上、家庭人口数、子女中是否有男孩	安徽省 6 个县，582 份	Logistic
胡银根、张曼❻	宅基地退出要求的现金补偿标准	宅基地产权认知、农业收入比重、	农民工、农业收入比重、技能培训、宅基地面积、教育年限、家庭收入	武汉市，286 份	Spearman 相关分析法

❶ 陈霄. 农民宅基地退出意愿的影响因素——基于重庆市"两翼"地区 1012 户农户的实证分析 [J]. 中国农村观察，2012（3）：26-36，96.

❷ 廖阳，刘晓君. 农村宅基地统筹型流转模式实证研究——基于关中地区 294 户农户调查 [J]. 西安建筑科技大学学报（自然科学版），2012，44（4）：572-577.

❸ 许恒周. 基于农户受偿意愿的宅基地退出补偿及影响因素分析——以山东省临清市为例 [J]. 中国土地科学，2012，26（10）：75-81.

❹ 彭长生. 农民宅基地产权认知状况对其宅基地退出意愿的影响——基于安徽省 6 个县 1413 户农户问卷调查的实证分析 [J]. 中国农村观察，2013（1）：21-33，90-91.

❺ 彭长生. 农民分化对农村宅基地退出补偿模式选择的影响分析——基于安徽省的农户调查数据 [J]. 经济社会体制比较，2013（6）：133-146.

❻ 胡银根，张曼. 农民工宅基地退出的补偿意愿及影响因素研究——基于武汉市城市圈的问卷调查 [J]. 华中农业大学学报（社会科学版），2013（4）：90-95.

作者	研究主题	正向影响	负向影响	地点、有效问卷	研究方法
许恒周等[1]	宅基地确权对第一代和新生代农民工宅基地流转意愿的影响	宅基地证（全部）、教育程度（第一代）、非农收入比重（全部）、社保（全部）、宅基地距城镇距离（第一代）、对宅基地政策了解程度（全部）	年龄（第一代）、男性（新生代）、非农就业率（新生代）	天津市，248 份	Logistic
许恒周等[2]	第一代和新生代农民工宅基地流转意愿影响因素	教育程度（全部）、专业培训经历或证书（全部）、劳动合同（全部）、距城区距离（全部）、单位性质（全部）、是否同城里的人交过朋友（新生代）、外出务工时所利用的方式（全部）	年龄（第一代）、男性（新生代）、供养系数（全部）、宅基地在住房养老中的作用（第一代）、对农村基础设施满意度（全部）	天津市，613 份	Probit
黄贻芳[3]	宅基地退出影响因素	宅基地数量、对政策的了解程度、是否支持宅基地退出政策、对参与退地收益的认知	家庭抚养的小孩数、是否远郊区	重庆市梁平县，219 份	Logistic
黄贻芳、钟涨宝[4]	农户兼业程度对宅基地退出的影响	户主年龄（纯农户）、房屋数量（纯农户）、对政策支持度（纯农户、Ⅰ兼业、Ⅱ兼业）、退出收益（全部）、宅基地面积（Ⅰ兼业）	户主年龄（非农户）、小孩数（Ⅱ兼业）、户主文化程度（非农户）、家庭人口（非农户）、宅基地面积（非农户）	重庆市梁平县，219 份	Logistic

[1] 许恒周，吴冠岑，郭玉燕，等. 宅基地确权对不同代际农民工宅基地退出意愿影响分析——基于天津 248 份调查问卷的实证研究 [J]. 资源科学，2013，35（7）：1423-1429.

[2] 许恒周，殷红春，石淑芹. 代际差异视角下农民工乡城迁移与宅基地退出影响因素分析——基于推拉理论的实证研究 [J]. 中国人口·资源与环境，2013，23（8）：75-80.

[3] 黄贻芳. 农户参与宅基地退出的影响因素分析——以重庆市梁平县为例 [J]. 华中农业大学学报（社会科学版），2013（3）：36-41.

[4] 黄贻芳，钟涨宝. 不同类型农户对宅基地退出的响应——以重庆梁平县为例 [J]. 长江流域资源与环境，2013，22（7）：852-857.

续表

作者	研究主题	正向影响	负向影响	地点、有效问卷	研究方法
胡方芳等❶	宅基地流入、流出意愿影响因素	家庭年人均收入（综合、流入）、宅基地使用时间（全部）、合作医疗（综合、流入）、流转收入（综合、流入）、租赁（流入）	流转范围（综合、流出）、流转时间（综合、流入）	新疆四地州（市），340份	Probit
郭贯成、李金景❷	近郊和远郊农户宅基地流转意愿	教育（全部）、家庭支出（全部）、社会治安（近郊）、住房数量（全部）、社会保障（全部）	非农就业（全部）、社会治安（远郊）、家庭人数（全部）	河北省张家口市，220份	Logit
朱新华❸	户籍制度对农户宅基地退出意愿的影响	户籍制度改革、家庭人均非农就业收入、补偿标准	人均住房面积、家庭所在村是否小康村、是否城镇郊区	重庆市、武汉市，1037份	"双差"分析法
朱新华、王晗❹	不同主导模式下农户宅基地退出意愿的影响因素	教育程度（总体、市场主导）、参保人数（全部）、非农就业（总体、市场主导、农户自主）、非农收入比例（总体、市场主导、农户自主）、宅基地数（市场主导）、经济发展水平（市场主导）、对政府行为评价（全部）、对宅地基改革预期（总体、市场主导、农户自主）	年龄（总体、农户自主）、宅基地距城镇距离（总体、政府主导、市场主导）、人均住房面积（全部）	天津市、广东省、成都市，1014份	Logistic

❶ 胡方芳，蒲春玲，陈前利，等．欠发达地区农民宅基地流转意愿影响因素［J］．中国人口·资源与环境，2014，24（4）：116-126.

❷ 郭贯成，李金景．经济欠发达地区农村宅基地流转的地域差异研究——以河北省张家口市为例［J］．资源科学，2014，36（6）：1229-1234.

❸ 朱新华．户籍制度对农户宅基地退出意愿的影响［J］．中国人口·资源与环境，2014，24（10）：129-134.

❹ 朱新华，王晗．不同农村宅基地资本化模式中农户参与意愿及其影响因素［J］．资源科学，2016，38（9）：1702-1710.

续表

作者	研究主题	正向影响	负向影响	地点、有效问卷	研究方法
杨雪锋、董晓晨❶	第一代和新生代农民工宅基地流转影响因素	文化程度（第一代）、社保（全部）、宅基地在住房养老中的作用（第一代）、打工收入比重（新生代）、区位（全部）、劳动合同（新生代）、城镇定居（全部）	年龄（第一代）、对农村基础设施的满意度（新生代）	杭州市，360 份	Logistic
王丹秋等❷	宅基地置换意愿	教育程度、职业技能、宅基地置换政策了解度、新区公共服务设施	—	湖北省鄂州市、洪湖市、钟祥市，117 份	Logistic
夏敏等❸	不同经济发展水平地区农民宅基地退出意愿	教育程度（总体、苏南、苏中）、非农就业（总体、苏北）、是否有财产性收入（总体、苏南、苏中）、宅基地面积（总体）、城镇住所（总体）、宅基地（房屋）居住时间（全部）、区位交通（全部）、家庭人口（苏南、苏中）、宅基地面积（苏北）、区位生态（苏南、苏中）、占用耕地建房（苏北）	年龄（总体、苏南、苏中）、宅基地（房屋）使用情况（总体、苏南、苏中）、宅基地（房屋）重置成本（总体、苏南、苏中）、农业补贴金额（总体、苏北）、新农保险金额（全部）、产权证（苏南、苏中）	江苏省7个市，1238 份	Logit
范建双、虞晓芬❹	宅基地空间置换意愿的影响因素	是否了解"三权"、承包地确权、承包地是否转租、宅基地是否确权	集体资产量化到个人、是否了解置换政策、家庭劳动人口数量、户主学历、房屋优质状况、家庭人均可支配收入	浙江省，780 份	Logistic

❶ 杨雪锋，董晓晨. 不同代际农民工退出宅基地意愿差异及影响因素——基于杭州的调查 [J]. 经济理论与经济管理，2015（4）：44-56.

❷ 王丹秋，廖成泉，胡银根，等. 微观福利视角下农户宅基地置换意愿及其驱动因素研究——基于湖北省4个典型村的实证分析 [J]. 中国土地科学，2015，29（11）：40-47.

❸ 夏敏，林庶民，郭贯成. 不同经济发展水平地区农民宅基地退出意愿的影响因素——以江苏省7个市为例 [J]. 资源科学，2016，38（4）：728-737.

❹ 范建双，虞晓芬. 浙江农村"三权"改革背景下农户宅基地空间置换意愿的影响因素 [J]. 经济地理，2016，36（1）：135-142.

续表

作者	研究主题	正向影响	负向影响	地点、有效问卷	研究方法
于伟等[1]	愿意进城落户与不愿意农户宅基地流转意愿影响因素	非农就业（全部）、家庭年收入（全部）、宅基地面积（总体）、补偿方式（全部）、落户城镇预期（全部）	人口数量（全部）	山东省，256 份	Probit
高欣等[2]	非农收入预期对宅基地流转意愿的影响	城镇保障、教育程度、非农收入预期、拥有城市住宅、补偿合理程度、基础设施变化程度	区位	上海市，168 份	Logistic
杨卫忠[3]	私人信息和公共信息对农户宅基地流转的影响	整村搬迁奖励、农地经营权流转、户主受教育程度、兼业、区位、私人信息、公共信息	村人均可支配收入	浙江省嘉兴市，1476 份	Logit
吴郁玲等[4]	宅基地使用权确权对不同区域农户宅基地流转意愿的影响	年龄（远郊纯农村）、文化程度（近郊）、宅基地面积（远郊风景秀丽）、确权（全部）、经济收益预期（全部）、住房保障预期（全部）	年龄（远郊风景秀丽）、非农就业人数占比（全部）、非农就业收入占比（近郊）、宅基地面积（近郊）	湖北省武汉市、仙桃市、恩施市，361 份	Probit

[1] 于伟，刘本城，宋金平. 城镇化进程中农户宅基地退出的决策行为及影响因素 [J]. 地理研究，2016，35（3）：551-560.

[2] 高欣，张安录，李超. 社会保障，非农收入预期与宅基地退出决策行为——基于上海市金山区、松江区等经济发达地区的实证分析 [J]. 中国土地科学，2016，30（6）：89-97.

[3] 杨卫忠. 农户宅基地使用权流转中的羊群行为：私人信息还是公共信息？[J]. 中国土地科学，2017，31（4）：43-51.

[4] 吴郁玲，杜越天，冯忠垒，等. 宅基地使用权确权对不同区域农户宅基地流转意愿的影响研究——基于湖北省 361 份农户的调查 [J]. 中国土地科学，2017，31（9）：52-61.

续表

作者	研究主题	正向影响	负向影响	地点、有效问卷	研究方法
胡银根等❶	宅基地有偿退出与有偿使用	有偿退出：家庭人口、住宅数量、收取费用用途、宅基地所有权归属认知、退出对实际生活水平影响、使用费对家庭收入影响、有偿退出政策满意度； 有偿使用：宅基地与集镇距离、村庄基础设施发达程度、退出补偿标准、城市农村生活偏好、有偿使用政策满意度	—	宜城市，246 份	Logistic

还有的研究将置换、流转的意愿细化到各种安置、补偿模式选择、退出意愿和行为之间的差异、抗风险能力对退出意愿的影响等方面。龙开胜等对全国 9 省 551 份问卷的分析得出，年老的农民和主要从事非农产业的农民接受无偿收回的意愿高，农民拥有宅基地处数越多，接受撤并零散居民点和有偿收回方式的意愿越高，初中及以上教育程度和了解"一户一宅及面积控制"政策的农民更倾向于接受无偿收回和撤并的方式，东部地区农民更愿意接受流转方式，中部地区农民更愿意接受撤并和有偿收回方式，郊区农民更愿意接受流转和撤并方式。❷ 彭长生对安徽省 6 县 444 户农户的有效问卷调查分析得出，健康状况越差、承包土地数量越多、在城镇中拥有住房、参加农村居民养老保险和距离镇政府越远的农户，选择县城或集镇住房安置的意愿越强，年龄越大、在省外工作、从事非农就业和收入水平越高的农民，选择就近住房安置的意愿越强。❸ 朱新华、陆思璇对江苏

---

❶ 胡银根，吴欣，王聪，等 . 农户宅基地有偿退出与有偿使用决策行为影响因素研究——基于传统农区宜城市的实证 [J]. 中国土地科学，2018，32（11）：22-29.

❷ 龙开胜，刘澄宇，陈利根 . 农民接受闲置宅基地治理方式的意愿及影响因素 [J]. 中国人口·资源与环境，2012，22（9）：83-89.

❸ 彭长生 . 中部地区农村劳动力跨区流动选择的影响因素分析——基于安徽省 6 县 582 个农户的问卷调查 [J]. 华中科技大学学报（社会科学版），2014，28（5）：132-140.

和安徽的 1094 户农户问卷调研得出，农户的风险认知、抗险能力对其宅基地退出意愿有显著影响，农户抗险能力与退出意愿之间存在非常明显的倒 U 形特点。❶ 万亚胜等指出，退出意愿是农户处于理想状态下的选择，其影响因素为行为态度、主观规范和知觉行为控制；退出行为是农户处于现实状态下的选择，其影响因素为主观规范和知觉行为控制。❷

（四）福利变化

政府置换、征收宅基地后，通常会建设集中的社区用于农民居住，有的社区位于农村集体建设用地之上，有的则是城镇小区。流转后的福利变化就成为一个重要的研究领域。采用的研究方法主要有两种，一种是采用对比分析或者描述性分析的方法，另一种是依据阿玛提亚·森（Amartya Sen）的理论，通过调研的方式来确定农户各项福利水平变化和总体福利水平变化。这里首先介绍对比分析或者描述性分析方法的研究成果。

郑风田、傅晋华指出，通过集中居住，地方政府既可以赚取高额的土地收益，又可以获得"政绩"，所以，集中居住很快由自发试验变成了地方政府强制推动的"政府工程"。但其存在不尊重农民意愿强制推行，房屋宅基地补偿低、不到位，脱离农村经济发展阶段导致农民"上楼致贫"等问题。❸ 上官彩霞等使用结构方程模型，对江苏省"万顷良田建设"项目区中参与置换宅基地模式、置换小产权房模式、置换商品房模式农户福利变化情况分析后得出：置换宅基地模式下，对家庭经济状况的影响较小；置换小产权房模式下的农地处置方式和置换房屋套数会提升农民福利；置换商品房模式下，农地及房产置换状况较好，提高了农民福利，但降低了家庭经济状况和居住面积状况两方面的福利；三种模式下农民的知情权、

---

❶ 朱新华，陆思璇. 风险认知、抗险能力与农户宅基地退出［J］. 资源科学，2018，40（4）：698-706.

❷ 万亚胜，程久苗，吴九兴，等. 基于计划行为理论的农户宅基地退出意愿与退出行为差异研究［J］. 资源科学，2017，39（7）：1281-1290.

❸ 郑风田，傅晋华. 农民集中居住：现状、问题与对策［J］. 农业经济问题，2007（9）：4-7，110.

参与权和谈判权均没有得到有效保障。❶ 易小燕等运用双重倍差模型分析江苏省泗洪县土地整理政策试点区和非试点区农民集中居住前后生活支出状况后，得出集中居住显著增加了农户生活成本的结论。❷ 胡小芳等对湖北省农户宅基地置换后的满意度进行调研后得出，农户对公共设施、精神文明满意度相对较高，对房屋条件满意度较低，务农的男性比女性满意度高，兼业农户比纯农业农户满意度高。❸

农户宅基地征收、置换、流转、集中后福利变化研究主要情况如表1-2所示。

表1-2 农户宅基地征收、置换、流转、集中居住后福利变化

作者	研究主题	总体福利	上升方面	下降方面	影响因素	地点、有效问卷	研究方法
贾燕等❹	集中居住后福利变化	上升	家庭经济状况、居住水平、发展空间、心理	社会保障、社区生活、环境	—	江都市，92份	模糊综合评价法
马贤磊、孙晓中❺	不同经济发展水平地区集中居住后福利变化	下降	居住条件和环境	家庭经济状况、社会资本、参与决策自由、社会保障	—	江苏省高淳县、盱眙县，159份	模糊综合评价法
关江华等❻	不同生计资产配置的农户宅基地流转家庭福利变化	上升（总体、资产均衡型）、下降（资产缺乏型）	家庭经济状况（总体、资产均衡型）、社会保障（全部）、居住条件（全部）、发展机遇（资产均衡型）	家庭经济状况（资产缺乏型）、社区环境（全部）、发展机遇（总体、资产缺乏型）、心理状况（全部）	—	武汉市潜江市、仙桃市，243份	模糊综合评价法

---

❶ 上官彩霞，冯淑怡，陆华良，等．不同模式下宅基地置换对农民福利的影响研究——以江苏省"万顷良田建设"为例 [J]．中国软科学，2017（12）：87-99.

❷ 易小燕，陈印军，刘时东．土地整理政策下集中居住对农户生活负担的影响——基于双重倍差模型的实证分析 [J]．农业技术经济，2013（10）：100-105.

❸ 胡小芳，刘凌览，张越，等．新型城镇化中农村宅基地置换满意度研究——基于湖北省彭墩村的调查 [J]．中国土地科学，2014，28（12）：63-70.

❹ 贾燕，李钢，朱新华，等．农民集中居住前后福利状况变化研究——基于森的"可行能力"视角 [J]．农业经济问题，2009（2）：30-36.

❺ 马贤磊，孙晓中．不同经济发展水平下农民集中居住后的福利变化研究——基于江苏省高淳县和盱眙县的比较分析 [J]．南京农业大学学报（社会科学版），2012，12（2）：8-15.

❻ 关江华，黄朝禧，胡银根．不同生计资产配置的农户宅基地流转家庭福利变化研究 [J]．中国人口·资源与环境，2014，24（10）：135-142.

续表

作者	研究主题	总体福利	上升方面	下降方面	影响因素	地点、有效问卷	研究方法
成程、陈利根❶	—	—	—	—	学历、职业、经济状况、居住、保障、环境和心理	苏州，577份	结构方程
伽红凯、王树进❷	集中居住后福利变化及影响因素	上升	家庭经济状况、居住条件、社会保障、社区活动、社会机会	居住环境	正向：教育、居住时间、经济发展水平、非农就业；负向：抚养人口比重、劳动力年龄	江苏省苏州市常熟市、扬州市、宿迁市，468份	模糊综合评价法、OLS方法
蒋和胜等❸	不同经济发展水平下集中居住前后农民的福利变化	上升（总体、高、中），下降（低）	家庭经济状况（中）、居住条件（全部）、社会保障（全部）、社区活动（全部）、社会资源（全部）	家庭经济状况（总体、高、低）、居住环境（全部）	—	成都市，313份	模糊综合评价法
易小燕等❹	集中居住后福利变化	下降	环境质量	家庭经济状况、居住条件、社区生活、社会保障、心理	—	苏南惠山区、苏中如皋经济开发区、苏北新沂县，156份	模糊综合评价法
张梦琳❺	宅基地流转前后农户福利差异及其影响因素	下降	房屋居住、社区生活、社区环境	家庭经济状况、社会保障、心理状况	正向：教育水平、非农就业、参加社保、宅基地使用权证书、参与流转意愿、补偿满意度	河南省新乡、焦作、新郑、信阳，410份	模糊综合评价法、分位数回归法

❶ 成程，陈利根.经济发达地区集中居住农民福利水平影响因素分析——基于可行能力理论与结构方程模型［J］.安徽农业大学学报（社会科学版），2014，23（2）：1-9.

❷ 伽红凯，王树进.集中居住前后农户的福利变化及其影响因素分析——基于对江苏省农户的调查［J］.中国农村观察，2014（1）：26-39，80.

❸ 蒋和胜，费翔，唐虹.不同经济发展水平下集中居住前后农民的福利变化——基于成都市不同圈层的比较分析［J］.经济理论与经济管理，2016（4）：87-99.

❹ 易小燕，方琳娜，陈印军.新型城镇化背景下农户退出宅基地集中居住的福利变化研究——基于江苏省农户调查数据［J］.环境与可持续发展，2016，41（6）：19-23.

❺ 张梦琳.农村宅基地流转前后农户福利差异及其影响因素分析——以河南四市为例［J］.南京农业大学学报（社会科学版），2017，17（2）：92-101，152-153.

续表

作者	研究主题	总体福利	上升方面	下降方面	影响因素	地点、有效问卷	研究方法
徐建军[1]	生计资产异质性视角下农户宅基地流转后的福利变化	下降	经济、居住条件、休闲健康、生计资产缺乏型农户:休闲健康、发展机遇;生计资产富裕型农户:心理认同	社会保障、生态环境、发展机会、心理认同;生计资产缺乏型农户:心理认同;生计资产富裕型农户:休闲健康、发展机遇	—	浙江省宁波市、绍兴市、嘉兴市、湖州市,402份	模糊综合评价法
杨丽霞等[2]	宅基地退出的农户福利变化	上升	近郊:经济状况、住房状况、心理状况;远郊:经济状况、装房状况、心理状况	家庭支出 (全部)	—	义乌市,186份	模糊综合评价法

(五) 改革建议

1. 管理制度改革

关于宅基地管理制度改革的建议主要有以下几种观点。余国扬等提出,要加强宅基地登记工作,明细宅基地产权,制定宅基地面积统一标准,实行一户一宅,实行宅基地总量控制,不新增宅基地面积,试行宅基地流转。[3] 盛荣、许惠渊给出的改革方案为:农户拥有宅基地使用权,所有权归国家,由乡镇政府代为管理;宅基地可以继承,新增人口不再有权获得无偿划拨的居住用地;对超标宅基地实行超标收费制和累进收费制;宅基地使用权出让费由乡镇政府和村集体按比例收取;进城农民可以出售自己的宅基地。[4] 谌种华指出,各级地方政府要明确农村集体土地的权属关系;开展农村房地产产权产籍普查;建立更加严格的用地审批制度和土地监管

---

[1] 徐建军. 生计资产异质性视角下浙江农户宅基地流转后的福利评价与比较 [J]. 宁波大学学报 (人文科学版), 2017, 30 (5): 110-116.

[2] 杨丽霞, 朱从谋, 苑韶峰, 等. 基于供给侧改革的农户宅基地退出意愿及福利变化分析——以浙江省义乌市为例 [J]. 中国土地科学, 2018, 32 (1): 35-41.

[3] 余国扬, 张双喜, 白景坤. 试行流转政策对农村村民宅基地管理的影响及相应对策研究 [J]. 广东土地科学, 2004 (4): 4-8.

[4] 盛荣, 许惠渊. 城乡一体化背景下农村宅基地制度改革探索 [J]. 国土资源, 2004 (10): 32-34.

体系；严格限制其他建设占用耕地，鼓励村民建房少占耕地。❶ 汪庆认为，对于宅基地复垦为农地，从法律上确保复垦者的利益，并兼顾国家和集体利益，以"谁复垦、谁受益"的原则，在国家、集体和复垦者之间合理分配土地收益。❷

一部分学者认为，应当取消宅基地无偿获得的分配制度，取而代之以宅基地的有偿获得和使用制度。高波认为，对宅地实行有偿使用，征收合理的宅地使用费，起用地租、地价机制是宅地有偿使用制度运行的必要条件。❸ 赵之枫认为，实施宅基地有偿使用制度，是把农村隐性市场导向公开化和规范化的现实途径，有利于加快农村土地制度改革。❹ 郭青霞、张前进认为，应当建立农村宅基地市场，关键是形成合理的价格体系，从而使价格在农村宅基地有效配置中发挥基础性作用。先对参与流转和新增的宅基地实行市场化管理，再对所有宅基地用户实行有偿使用制度。❺ 刘守英认为，以一个时点为界，集体合法成员一次性获取均等的宅基地，新成员或立新户者则采取有偿方式取得。对于发达地区，事实上已经不实行宅基地福利分配制度，宅基地对外出租、转让收益在集体成员之间分配，纯农业地区和欠发达地区先放开村内及村际宅基地交易，限于农民之间的出租、转让。❻

宅基地管制制度中还应当建立起完善、配套的退出机制。欧阳安蛟等给出的退出机制思路为，建立促进农户主动退出宅基地的激励机制和约束

---

❶ 谌种华. 耕地保护新举措——浅谈农村宅基地的清理整顿 [J]. 农村经济，2004 (S1)：18-20.

❷ 汪庆. 我国农村荒旧宅基地资源复垦现状分析与建议 [J]. 科技创业月刊，2005 (7)：14-15.

❸ 高波. 农村宅基地有偿使用：理论与对策 [J]. 东岳论丛，1991 (6)：46-49.

❹ 赵之枫. 城市化背景下农村宅基地有偿使用和转让制度初探 [J]. 农业经济问题，2001 (1)：42-45.

❺ 郭青霞，张前进. 关于建立农村宅基地市场的思考 [J]. 山西农业大学学报，2001 (3)：288-290.

❻ 刘守英. 农村宅基地制度的特殊性与出路 [J]. 国家行政学院学报，2015 (3)：18-24, 43.

机制。引力机制是通过利益补偿的方式引导农户自愿放弃宅基地申请及腾退现有宅基地；压力机制是建立宅基地有偿使用制度、增加保有环节的税费负担，增加多持有和闲置宅基地的成本，诱使其腾退；推力机制是政府或集体主导宅基地整理、置换、复垦，推动农户退出宅基地。❶ 张秀智、丁锐通过调研欠发达地区和边远地区宅基地退出情况后认为，政府投资和推进是宅基地退出的主要影响因素，政府应当考虑的是重点和次序；将宅基地的实际利用收益转化为土地收益；引导农户就业模式变化，有利于推进宅基地退出；推进土地承包权流转有利于宅基地退出。❷

2. 建立宅基地内部流通市场

建立宅基地内部流通市场是指，不突破宅基地需要经过地方政府征收才能转化为城市建设用地和不突破将宅基地出售给城市居民的限制。童亿勤认为，应当实行宅基地的单向流转，就是通过流转的方式使得零散的宅基地向建制镇、中心镇和城市集中，达到降低政府安置成本和集约利用宅基地、节约集体建设用地的目的。❸ 孟祥仲、辛宝海指出，农村建设用地不能大规模流转时，农户都不会放弃宅基地的使用权，即使荒废也不会流转。当宅基地的使用权落实给农户，农户成为宅基地明确的产权主体的情况下，宅基地的级差地租会使部分荒废的宅基地在村庄范围内实现流转，从而提高土地利用效率。❹ 韩康、肖钢给出的方案是，把宅基地的永久使用权交给农民，集体不再分配新的宅基地，集体享有对宅基地的规划权和使用监督权。发达地区和大城市城郊地区可以考虑直接建立区域性宅基地交易市场，欠发达地区和城市远郊地区可以由政府出面，对宅基地及住房

---

❶ 欧阳安蛟，蔡锋铭，陈立定 . 农村宅基地退出机制建立探讨 [J]. 中国土地科学，2009，23（10）：26-30.

❷ 张秀智，丁锐 . 经济欠发达与偏远农村地区宅基地退出机制分析：案例研究 [J]. 中国农村观察，2009（6）：23-30，94-95.

❸ 童亿勤 . 宁波市农村宅基地流转机制初探 [J]. 宁波大学学报（人文科学版），2006（6）：87-92.

❹ 孟祥仲，辛宝海 . 明晰使用产权：解决农村宅基地荒废问题的途径选择 [J]. 农村经济，2006（10）：13-15.

进行整体规划和集中改造。❶ 陈小君、蒋省三也认为，应当实行渐进式的改革方式，先放开宅基地使用权不得用于经营性用途，但要规定不得用于商业性房产开发。❷

3. 建立开放的宅基地流通市场

建立开放的宅基地流通市场，是指破除对宅基地转化为城市建设用地的地方政府垄断征收权，宅基地可以向任何经济主体自由出售，这种观点得到了绝大多数学者的支持。蒋省三、刘守英认为，应当促进农村集体建设用地规范、有序、健康地流转，形成城乡统一的土地市场，政府应当以税收的方式，不应当以土地出让金的方式获得收入。❸ 张建华认为，应当取消原有的限制农村宅基地流转的相关规定，允许农村宅基地及地上房屋与城市商品房、房改房一样，合法上市转让。配套改革措施有：做好现有宅基地普查登记、确权颁证工作；实行购买对象放开、购买区域放开、购买价格放开；鼓励农民向中心村、镇集中；规定使用年限、规范购买者的建房行为。❹ 魏西云、唐健认为，应允许农村宅基地在城乡居民内自由流转，彻底打破城乡二元分割的土地利用机制，宅基地流转中，土地的流转收益即绝对地租应归集体土地所有者，国家应以不动产税、土地保有税及土地流转税（土地交易税）等税收形式分享土地级差收益。❺ 宋宗宇、王热认为，不用担心宅基地自由流转后会出现占用耕地、农民流离失所和冲击国有土地市场。城乡二元壁垒已经被打破的情况，允许宅基地交易符合农民的利益诉求，关键问题是如何对农村宅基地交易中的利益进行合理分

---

❶ 韩康，肖钢. 积极探索建立有中国特色的农村宅基地市场——启动农村宅基地市场化改革研究 [J]. 理论前沿，2008（13）：5-9.

❷ 陈小君，蒋省三. 宅基地使用权制度：规范解析、实践挑战及其立法回应 [J]. 管理世界，2010（10）：1-12.

❸ 蒋省三，刘守英. 农村集体建设用地进入市场势在必行 [J]. 安徽决策咨询，2003（10）：18-19.

❹ 张建华. 农村宅基地使用权流转模式探讨 [J]. 中国房地产，2005（3）：11-15.

❺ 魏西云，唐健. 新形势下的农村宅基地管理 [J]. 中国土地，2006（4）：38-39.

配，使农民在交易中获得尽可能多的利益。❶ 梁亚荣等认为，通过无偿取得或者出让取得的宅基地使用权都已经与成员福利无关，是纯粹的财产权利，都应当可以自由流转。关于收益分配，村集体可以分享无偿取得的宅基地一部分收益，分享比例应当由村集体共同决定，国家以税收的方式参与收益分配。❷ 马凯、钱忠好指出，中国非农建设用地市场中，农民会一直进入市场，但是短期内政府具有较强的优势，采取打击策略是其作为经济人的理性行为。集体非农建设用地直接入市会提高社会福利水平，政府不应当限制。政府要加快农村集体经济组织建设，形成规范化的城乡非农建设用地市场。❸

4. 反对放开宅基地流转限制

有少部分学者并不支持放开宅基流转的限制，而认为应当维持现有宅基地管制制度。陈柏峰认为，宅基地是对农民的一种社会保障福利，如果允许自由交易，农民必定是最终的受损者，而获得利益的将是各类社会强势群体。农村宅基地自由交易以后，会破坏村庄伦理，加剧村庄内部的不平等。❹ 孟勤国认为，农村宅基地不得交易是农村宅基地分配制度的有机组成部分，是农民基本生存权利的重要制度。开禁或变相开禁农村宅基地交易只符合强势群体的利益，不具有正当性和公平性。农民作为弱势群体在宅基地交易中不能够获益，反而会蒙受损失。❺ 丁晶认为，在我国宅基地使用权登记制度和监管制度的法律、法规尚未成熟，宅基地价格评估机制缺失的情况下，允许宅基地使用权流转可能会造成土地交易市场秩序混乱，危及广大农民的居住权。使用权自由流转后会导致农民利益受损，农

---

❶ 宋宗宇，王热．宅基地使用权的制度缺失与现实选择［J］．科学经济社会，2008（1）：100-104.

❷ 梁亚荣，朱新华，邓明辉．农村宅基地使用权流转的理论与实践探析［J］．河南省政法管理干部学院学报，2008（3）：151-155.

❸ 马凯，钱忠好．农村集体非农建设用地直接上市：市场失灵与其政策矫正［J］．中国土地科学，2010，24（3）：65-69，80.

❹ 陈柏峰．农村宅基地限制交易的正当性［J］．中国土地科学，2007（4）：44-48.

❺ 孟勤国．物权法开禁农村宅基地交易之辩［J］．法学评论，2005（4）：25-30.

民既进不了城市也回不去农村，也会由于利益驱使造成大量侵占农田的情况，并且会对社会稳定造成不利影响。❶ 刘锐认为，从国家战略和农民福利的角度考察，我国当前的农村宅基地制度总体合理，但需要不断完善和健全。❷ 刘升认为，"资本下乡"进入宅基地领域会与地方政府勾结，农民的利益会受到严重损失，所以应当坚持现有的农村宅基地制度，对"资本下乡"采取谨慎的态度，让农村承担国家发展的稳定器和蓄水池功能。❸

二、土地征收相关文献

城市化、工业化的快速发展，必然会引发对城市建设用地需求的增加。在严格的耕地保护政策下，增加城市建设用地的主要渠道就只有：提高原有城市建设用地的利用效率，直接征收农村土地或者通过"占补平衡""增减挂钩"形成建设用地指标后征收农村土地。由于城乡未利用土地已经非常稀少，挖掘现有城市建设用地潜力成本过高，要增加城市建设用地就需要直接征收农业用地和农村建设用地，征收农村土地已经成为增加城市建设用地的最主要来源。我国《土地管理法》对农村土地转化为城市建设用地和转变用途实行了严格的限制，禁止农村土地以任何形式转让、出租用于非农建设，而且规定任何单位和个人进行建设，需要使用土地的，必须依法申请使用国有土地。农村土地要用作经济建设，必须转化为城市建设用地，必须经过地方政府征收环节。地方政府在农村土地征收市场和城市土地出让市场都处于垄断地位。这种特殊的土地制度安排和全国大规模的征收、征用农村土地，成为近些年中国经济学界研究的一个热点领域。

（一）存在的问题

现有的土地征收制度存在一系列问题，受到学术界的广泛批评。非公

---

❶ 丁晶. 限制宅基地使用权流转：维护农民利益的最佳选择 [J]. 特区经济, 2010 (3)：170-173.

❷ 刘锐. 农村宅基地性质再认识 [J]. 南京农业大学学报（社会科学版）, 2014, 14 (1)：75-82.

❸ 刘升. 宅基地的资本化运作及政治社会后果 [J]. 华南农业大学学报（社会科学版）, 2015, 14 (4)：29-36.

共利益性质的征地活动仅仅给予集体土地原有用途收益，剥夺了集体土地所有者的土地发展权。征地补偿费越低，土地开发的等候成本就越低，土地开发被延迟，造成资源浪费。低价征地还会造成延迟成本和谈判成本上升。此外还存在征地权滥用、征用范围扩大的情况。❶ 虽然我国《宪法》中规定"国家为了公共利益的需要，可以依法对土地实行征收或者征用并给予补偿"，但是实际上普遍存在征地范围过宽。在低补偿的情况下，地方政府倾向于多征多用土地，获得巨额收益，土地收益已经成为一些地方政府财政收入的主要来源。❷ 政府拥有农地转用的行政垄断权，行政配置和市场配置的特别混合，激励各行政主体成为经营城市土地的牟利组织。❸ 由于土地征用补偿标准偏低，无法有效激发农民对土地征用供给意愿，农民土地产权缺乏有效保障，农民组织化程度偏低、政府的土地征用垄断也导致农民土地供给不足。❹

　　由于农村土地转用特权垄断的制度安排，不仅使征收权滥用和农民利益损失，还产生了其他问题。由于土地征收制度等明规则存在问题，征地拆迁过程中潜规则盛行，表现为政策手段的软约束、政策监控的形式化。❺ 农村土地征收并不是简单的地方政府对农民利益的剥夺，存在的问题是征地拆迁的利益分配不是固定的或规范的，存在巨大的博弈空间。地方政府、

---

❶ 曲福田，冯淑怡，俞红. 土地价格及分配关系与农地非农化经济机制研究——以经济发达地区为例 [J]. 中国农村经济，2001（12）：54-60；黄祖辉，汪晖. 非公共利益性质的征地行为与土地发展权补偿 [J]. 经济研究，2002（5）：66-71，95.

❷ 国土资源部征地制度改革研究课题组. 征地制度改革研究报告 [J]. 国土资源通讯，2003（11）：48-53，55.

❸ 陈江龙，曲福田，陈雯. 农地非农化效率的空间差异及其对土地利用政策调整的启示 [J]. 管理世界，2004（8）：37-42，155；周其仁. 农地产权与征地制度——中国城市化面临的重大选择 [J]. 经济学（季刊），2004（4）：193-210.

❹ 钱忠好. 土地征用：均衡与非均衡——对现行中国土地征用制度的经济分析 [J]. 管理世界，2004（12）：50-59；钱忠好，曲福田. 中国土地征用制度：反思与改革 [J]. 中国土地科学，2004（5）：5-11.

❺ 易成非，姜福洋. 潜规则与明规则在中国场景下的共生——基于非法拆迁的经验研究 [J]. 公共管理学报，2014，11（4）：18-28，140.

用地企业、村集体、农民都围绕着土地发展权收益进行争夺，仅提高农民补偿标准，并不能减少和降低征地过程中的矛盾和纷争。● 在征地拆迁中，地方政府为了规避行政风险和降低时间成本，甚至引入黑恶势力、乡村"混混"来完成土地征迁工作，不仅严重侵害了农民利益，还对乡村政治生态、乡村治理和社会文化风气造成了严重的负面影响。●

（二）原因分析

导致我国农村土地征收中存在众多问题的最主要原因是法律赋予了地方政府垄断征收权和地方政府对土地财政的高度依赖。低价征用、高价出让的土地征用垄断政策，刺激了地方政府的土地征用欲望，诱使地方政府加大征地力度，理性地利用政策漏洞对国家的土地征用政策作出因地制宜的解释和因地制宜的变更，并采取机会主义行为。● 地方政府能够以地生财，大量征收农村土地，主要原因是地方政府的预算软约束和地方政府具有强大的获得体制外资源的能力，即法律赋予地方政府征收农村土地和城市土地一级市场的垄断权。● 在政府拥有土地垄断购买权和土地发展权管控缺失的情况下，土地很容易成为政府官员实现其利益目标的工具，导致土地征收的过度激励。数量众多的地方政府在强大的利益驱使下，会使中

　　● 祝天智. 边界模糊的灰色博弈与征地冲突的治理困境 ［J］. 经济社会体制比较，2014（2）：97-108；杨华. 农村征地拆迁中的利益博弈：空间、主体与策略——基于荆门市城郊农村的调查 ［J］. 西南大学学报（社会科学版），2014，40（5）：39-49，181；金细簪，虞晓芬，胡凤培. 征地拆迁的预期意愿与行为差异研究——以浙江省杭州市为例 ［J］. 中国土地科学，2015，29（6）：11-17.

　　● 耿羽. 征地拆迁中的混混暴力市场化 ［J］. 中国青年研究，2016（7）：13-18；杨华. 农村征地拆迁中的利益博弈：空间、主体与策略——基于荆门市城郊农村的调查 ［J］. 西南大学学报（社会科学版），2014，40（5）：39-49，181；贺雪峰. 征地拆迁背景下的村庄政治 ［J］. 学习与探索，2016（11）：42-48，174.

　　● 钱忠好，曲福田. 中国土地征用制度：反思与改革 ［J］. 中国土地科学，2004（5）：5-11.

　　● 周飞舟. 生财有道：土地开发和转让中的政府和农民 ［J］. 社会学研究，2007（1）：49-82，243-244；周飞舟. 大兴土木：土地财政与地方政府行为 ［J］. 经济社会体制比较，2010（3）：77-89.

央部门的调控不能达到预期的效果。❶

在分税制后，地方财政收入减少，但承担的支出并未减少，中央就默许地方政府拥有一定的非正式税收自主权。地方政府在缺乏监督、制约机制的情况下，这种自主权就很容易被滥用，有充足的激励，利用土地征用体制，通过低价征地剥夺农民。地方政府间存在激烈的招商引资竞争，会出现低价协议出让土地，以通过引资带来更高的 GDP 增长率以及更多本地自留与上缴财政收入。虽然土地收入可能会有损失，但换来了政绩，并且可以通过高价出让商业和住宅用地获得补偿。❷ 低价征收农民土地并转让，成为地方政府获得计划外资金的主要方式。地方政府还借助成立下属的投资公司和土地储备中心，通过银行贷款，大幅提高依靠土地来获得收益的规模。❸ 根本原因是非农用地制度朝着强化城市土地供应的地方政府垄断方向发展和地方政府财政收益最大化发展。❹ 也有观点认为，我国土地财政或地方政府大规模征地的原因并不是因为分税制后财政紧张，无论是否有分税制改革都会出现这种情况，这是建立在农民土地实体法失权和程序法失权的基础上的。政府征地过程中补偿农民标准低于市场价格，就会使得政府征地规模大于社会最优规模，造成政府过度征地的情况。❺

征地拆迁中存在大量违法行为，并且引发大量冲突，有些甚至演变成严重的群体事件，主要原因是征地不遵循法定程序，非法强行征收土地，

---

❶　刘东，张良悦．土地征用的过度激励 [J]．江苏社会科学，2007（1）：47-53.

❷　陶然，袁飞，曹广忠．区域竞争、土地出让与地方财政效应：基于 1999～2003 年中国地级城市面板数据的分析 [J]．世界经济，2007（10）：15-27；陶然，陆曦，苏福兵，等．地区竞争格局演变下的中国转轨：财政激励和发展模式反思 [J]．经济研究，2009，44（7）：21-33；陶然，汪晖．中国尚未完成之转型中的土地制度改革：挑战与出路 [J]．国际经济评论，2010（2）：93-123，5.

❸　周飞舟．生财有道：土地开发和转让中的政府和农民 [J]．社会学研究，2007（1）：49-82，243-244.

❹　刘守英．中国的二元土地权利制度与土地市场残缺——对现行政策、法律与地方创新的回顾与评论 [J]．经济研究参考，2008（31）：2-12.

❺　陈国富，卿志琼．财政幻觉下的中国土地财政——一个法经济学视角 [J]．南开学报（哲学社会科学版），2009（1）：69-78.

土地征收补偿低，补偿款不到位，少数基层干部私自转让土地，节流、贪污土地补偿金，从中牟取暴利，农民上访、阻挠和联合行动并没有得到基层政府合理的回应，甚至遭受强暴处理。❶

（三）征地拆迁中的冲突、利益纷争和博弈

征地拆迁问题已经成为农村群体性事件和农民上访的主要原因，其中的矛盾冲突、利益争夺非常激烈和复杂。对这一问题的研究，学术界主要有两种思路：一种研究思路是运用博弈论、高级微观经济学的研究方法，分析参与主体的行为、收益以及由此导致的土地资源配置效率和社会福利变化；另一种是从社会学和经济学相结合的角度，采取描述性分析和案例分析的研究方法。本书首先介绍第一种研究思路的研究成果。

早期的研究主要集中在少数主体之间的两方静态完全信息博弈，之后发展为多主体的动态不完全信息博弈。最初研究使用两方博弈分析地方政府在合法征地和违法征地，农民在抵制、依从情况下各自的选择。当违法征地被发现概率越高收益越低时，政府会选择合法征地，反之选择违法征地，农民的抵制行为会增加地方政府违法征地被发现的概率。❷ 通过建立地方政府、农村集体组织、用地企业三方完全信息博弈模型得出，地方政府获得了土地地租的绝大部分。与征地模式相比，采取集体建设用地公开流转方式，地方政府的土地收益会减少，但提高了社会总福利水平。❸ 通过把中央政府加入分析，建立集体组织、用地单位、被征地农民和中央政府的多个双边博弈模型得出，被征地农民处于弱势地位只能接受较低的补

---

❶ 谭术魁. 中国频繁暴发征地冲突的原因分析 [J]. 中国土地科学, 2008（6）: 44-50; 谭术魁. 中国频繁暴发土地冲突事件的原因探究 [J]. 中国土地科学, 2009（6）: 44-50.

❷ 柯小兵, 何高潮. 从三层博弈关系看土地征收制度改革——基于某大学城征地案例的分析 [J]. 中国土地科学, 2006（3）: 14-18.

❸ 袁枫朝, 燕新程. 集体建设用地流转之三方博弈分析——基于地方政府、农村集体组织与用地企业的角度 [J]. 中国土地科学, 2009, 23（2）: 58-63.

偿，而巨额利益驱使和信息不对称又使得中央政府的调控失灵。❶ 对于农民直接进入土地市场的行为，短期内政府具有较强的优势，会采取打击策略，但政府并不具有永久的打击先动优势，政府和农民在无限期动态博弈中交替为供给的领导者。❷ 由于土地征收过程中涉及多方主体，通过构建村集体与农户之间，宅基地使用者和农户之间，地方政府、宅基地使用者和农户的多个两方博弈模型得出，宅基地产权设计与治理结构的内在缺陷导致整个社会福利受损，地方政府和农村基层组织会凭借强制手段征收或转让宅基地，农民没有讨价还价的平台，政府本身的强势地位必然侵吞部分农民的利益，农户的宅基地资产在流转过程中极易受到损害。❸ 使用动态模型可以得出，地方政府违法征地的概率随中央政府监查成本、农户维权成本上升而上升，中央政府监查的概率与地方政府违法征地的收益呈正向关系，与对地方政府的处罚呈反向关系，农户维权概率与地方政府违法征地时的收益呈正向关系，与农户维权成本、补偿标准的提高和对政绩的损害呈反向关系。❹ 有些地方政府将征收的具体工作委托给第三方机构，第三方机构利用信息优势，为了自己的利益欺上瞒下，可以虚报整理工作量来领取更多报酬，可以提高宅基地房屋的估价来攫取农民的额外补偿款。❺ 也有不同甚至相反的结论。有研究认为，无论政府以多大的概率禁

---

❶ 王培刚. 当前农地征用中的利益主体博弈路径分析 [J]. 农业经济问题，2007 (10)：34-40，111.

❷ 马凯，钱忠好. 中国农村集体非农建设用地市场长期动态均衡分析 [J]. 中国土地科学，2009，23 (3)：66-71.

❸ 谭术魁，涂姗. 征地冲突中利益相关者的博弈分析——以地方政府与失地农民为例 [J]. 中国土地科学，2009，23 (11)：27-31，37；谭术魁，齐睿. 中国征地冲突博弈模型的构建与分析 [J]. 中国土地科学，2010，24 (3)：25-29，59；关江华，黄朝禧. 农村宅基地流转利益主体博弈研究 [J]. 华中农业大学学报（社会科学版），2013 (3)：30-35.

❹ 邹秀清，钟骁勇，肖泽干，等. 征地冲突中地方政府、中央政府和农户行为的动态博弈分析 [J]. 中国土地科学，2012，26 (10)：54-60.

❺ 易舟，段建南. 农村闲置宅基地整理参与主体利益博弈分析 [J]. 农业科技管理，2013，32 (2)：47-51，76.

止流转，村集体选择流转策略依旧是占优策略，转入方从村集体转入建设用地比从政府转入建设用地获益更高，三者在农村建设用地进入市场自由流转方面具有共同利益。❶

还有的研究基于合作博弈、演化博弈、讨价还价模型、双边垄断模型、委托代理模型、鹰鸽博弈模型展开。农村土地征收的博弈通常是非合作博弈，合作博弈也是一个分析视角。通过建立多个农户与地方政府宅基地退出的合作博弈模型，采用改进的区间 Shapley 值方法来分配土地增值收益，给出农户的宅基地退出补偿标准和政府获取的份额。❷ 通过演化博弈模型给出的是，协商是解决利益冲突的方式，大幅提高被征地农民的补偿不能解决利益冲突问题，可能会加剧利益冲突，补偿接近或者稍低于农户的预期，将可能达到稳定的演化结果。❸ 还有的基于利他视角来应用演化博弈研究农地征收中地方政府和农民之间的行为。❹ 通过使用讨价还价模型可以分析地方政府、农民和企业之间就农地增值在不同时期的分配情况。只要农民有讨价还价能力，或者补偿不能覆盖集中居住或城市化成本，农民就会进行激烈的讨价还价。地方政府采用的策略原则，如功利主义还是平等主义原则，也会对农民讨价还价收益产生影响。❺ 有研究将政府引入压力集团的贝克尔模型，构建农民集团和用地方的压力竞争模型，得出利益

---

❶ 刘艺，李新举. 农村集体经营性建设用地使用权流转产生过程博弈分析 [J]. 山东农业大学学报（自然科学版），2013，44（4）：556-561.

❷ 毛燕玲，曾文博，余国松，等. 基于改进区间 Shapley 值的农村宅基地退出收益分配方法 [J]. 中国地质大学学报（社会科学版），2015，15（5）：104-114.

❸ 程玉龙，柳瑞禹. 土地征收中农民与地方政府的利益博弈分析 [J]. 资源开发与市场，2016，32（2）：196-202.

❹ 洪开荣，刘清. 农地征收利益主体策略选择的演化博弈研究——基于利他偏好视角 [J]. 数学的实践与认识，2018，48（7）：84-94.

❺ 晋洪涛，史清华，俞宁. 谈判权、程序公平与征地制度改革 [J]. 中国农村经济，2010（12）：4-16；王培志，杨依山. 被征农地增值分配的动态合作博弈研究——一个讨价还价理论的视角 [J]. 财经研究，2013，39（3）：87-98；熊金武，黄义衡，徐庆. 农地征收补偿标准的困境解析与机制设计——基于信息不对称下的一个讨价还价框架 [J]. 现代财经（天津财经大学学报），2013，33（1）：3-10.

集团的压力效果和利益分配情况。❶ 地方政府在宅基地征收和土地出让环节处于双边垄断，地方政府能够以极低的价格获得农户土地。地方政府考虑到征收价格只能上升不能下降的棘轮效应，不会轻易提高征收价格。在地方政府信息不完全的情况下，"钉子户"的抵制行为会给非钉子户带来外部正效应。❷ 农村宅基地征收过程中存在委托代理关系，村委会受到地方政府和村民的双重委托代理，但是因为"防范征地冲突外包制"是一种隐性契约，地方政府和村委会之间存在信息不对称，容易发生逆向选择和道德风险，致使委托代理关系破裂。村委会的努力程度与经济奖励呈正相关，也与政治社会激励强度正相关，提高经济激励和政治社会激励能够提高村委会的努力程度。❸ 也有的研究将 RDEU 鹰鸽博弈模型应用于农村征地冲突研究，并进行了数值模拟。❹ 在农村集体经营性建设用地入市中，地方监督机构和村委会之间会存在博弈，通过构建委托代理模型、博弈模型、鹰鸽博弈模型，可以分析农村集体经营性建设用地入市中寻租和监察行为及其影响因素。❺

---

❶ 张元庆. 基于利益集团冲突模型的征地问题研究——一个贝克尔模型的应用与修正 [J]. 技术经济与管理研究，2016 (4)：19-23.

❷ 孙秋鹏. 宅基地流转中的主体行为分析——兼论农民利益保护 [J]. 经济评论，2013 (5)：52-60；孙秋鹏. 农村建设用地征收中的收益分配与效率损失研究——兼评反对自由流转观点 [J]. 北京社会科学，2016 (5)：4-11；孙秋鹏. 宅基地征收中"钉子户"与地方政府行为分析 [J]. 北京社会科学，2018 (10)：109-118.

❸ 谭术魁，赵毅，刘旭玲. 防范征地冲突中地方政府与村委会的委托代理关系研究 [J]. 华中农业大学学报（社会科学版），2018 (3)：130-136，159-160.

❹ 洪开荣，孙丹. 农村征地冲突的 RDEU 鹰鸽博弈均衡分析 [J]. 中南大学学报（社会科学版），2017，23 (5)：95-104；洪开荣，孙丹，赵旭. 参与方情绪对土地征收补偿策略的影响研究——基于 RDEU 演化博弈视角 [J]. 现代财经（天津财经大学学报），2017，37 (9)：40-51.

❺ 刘靖羽，尹奇，陈文宽. 集体建设用地流转中集体经济组织行为分析——基于鹰鸽博弈理论 [J]. 四川农业大学学报，2015，33 (4)：458-463；刘靖羽，尹奇，匡玥. 集体经营性建设用地入市中政府行为的博弈分析 [J]. 河南农业大学学报，2016，50 (6)：844-850；刘靖羽，尹奇，唐宏，等. 农村集体经营性建设用地入市中村委会寻租行为的监督博弈模型 [J]. 中国科学院大学学报，2018，35 (6)：805-813.

　　目前从经济学角度研究农村土地征收博弈问题的文献，主要将村民作为一个整体或者无差别的个体，这与现实情况并不一致，村民内部存在不同的阶层、群体和小集团。近几年，社会学学者在此领域有一些研究成果。在征地中，村干部承担的角色有国家政策的"代理人"、村庄权力的主要掌控者、集体资源的实际操纵者、内部利益分配的主导者，他们可能利用各种角色和权力为自己谋取利益。村干部态度的强硬与否，与背后是否有一个内聚力很强的村干部组织有关。资源越丰富、资产越多的乡村，对村干部职位的争夺越激烈。村民抗争有"合法"形式和"非合法"形式，如果超出村干部所能控制的范围，地方政府和村干部就会采取对村民中的精英实行"招安"，对村民进行内部分化或让步。● 在征地拆迁过程中，地方政府和农民有时互相指责对方的行为不合法，但又以更加不合法的行为加以应对。基层政府采取的主要策略有：给予抵制的个别农民优惠条件；发动乡村各类社会关系网络进行游说；分化农民，通过利益引诱大部分，孤立少数骨干分子，打击带头农民；利用政府暴力工具对顽固者威胁、恐吓，甚至直接使用暴力；运用体制外暴力，包括使用流氓、地痞、"混混"和黑恶势力。农民采取的策略主要有：为增加补偿，突击建房、搭建房屋附属设施、种树等；突击迁移户口、结婚等；贿赂地方官员、村干部，提高补偿面积和标准；自发组成小团体，由核心人员统一指挥实行抵制行为，并且利用外部力量和媒体、舆论的力量；采取"缠""闹"的方式；以法律、政府条例为依据进行抗争，多采取上访和申诉的方式；最激烈的是采取以命相搏的方式。博弈的结果是，"恶人"和"坏人"如在征地拆迁中获得最大收益，可引发博弈和矛盾不断升级。一些地方政府为了规避征地拆迁中的行政风险，将征地拆迁业务承包给拆迁公司，拆迁公司则通过雇

　　● 齐晓瑾，蔡澍，傅春晖. 从征地过程看村干部的行动逻辑——以华东、华中三个村庄的征地事件为例 [J]. 社会，2006（2）：115-135，208.

用"混混"的方式来完成征地拆迁。❶ 与公众和多数学者预想的不同，农户并不反对征地拆迁，相反是盼望能够被征地拆迁。农户的一种重要策略是"闹大"，地方政府面临来自上一级政府和社会舆论的压力，倾向于无原则妥协，就成了"大闹大解决，小闹小解决，不闹不解决"，这就起到了负面的示范效应。❷ 一些地方政府通过"行政包干"的方式将土地征收的具体事务交给村委会，或者将征地拆迁业务承包给拆迁公司，拆迁公司则通过雇用"混混"的方式来完成征地拆迁。这就将矛盾和冲突的发生场域以及相应的政治风险转移出去，地方政府与农民之间的直接政治性对抗在一定程度上被消解，降低了地方政府征收土地的政治风险，却消解了基层组织的公共性，并非一种稳定的治理机制。❸ 将征地拆迁事项委托给村委会，是地方政府通过给村干部剩余索取权的方式来激励村干部完成土地征收和拆迁工作，主要有：增加村干部的补偿额、将土地拆迁包干给村干部、村中公共土地或剩余土地的补偿款、承包土地拆迁和土地平整的相关工程。村干部使用各种手段完成征地拆迁工作，其中既包括正式规则，也包括乡村社会的潜规则，甚至会采用灰色手段和动用黑社会等违法手段。在村干部积极帮助地方政府征地拆迁的情况下，征地拆迁的效率大大提高，但代价是农户的利益可能受到剥夺，农村的政治生态和社会生态可能进一步恶化。❹ 随着征地拆迁次数增多、范围扩大，农民已经由"不按套路出牌"的闹大向现在"套路式"抗争转变。农民的"闹大"不再是盲目的，

---

❶ 祝天智. 边界冲突视域中的农民内部征地冲突及其治理 [J]. 北京社会科学，2014（9）：22-29；祝天智. 边界模糊的灰色博弈与征地冲突的治理困境 [J]. 经济社会体制比较，2014（2）：97-108.

❷ 杨华. 农村征地拆迁中的利益博弈：空间、主体与策略——基于荆门市城郊农村的调查 [J]. 西南大学学报（社会科学版），2014，40（5）：39-49，181；杨华，罗兴佐. 农民的行动策略与政府的制度理性——对我国征地拆迁中"闹大"现象的分析 [J]. 社会科学，2016（2）：77-86.

❸ 郭亮. 土地征收中的"行政包干制"及其后果 [J]. 政治学研究，2015（1）：114-125；耿羽. 征地拆迁中的混混暴力市场化 [J]. 中国青年研究，2016（7）：13-18.

❹ 贺雪峰. 征地拆迁背景下的村庄政治 [J]. 学习与探索，2016（11）：42-48，174.

而是通过"深思熟虑"和"精心挑选"的行为来引起政府关注并将事件和诉求纳入议事议程。在"套路式"抗争中，村中的政治精英和"能人"发挥着组织、带领、策划的作用，抗争不再是情绪宣泄的暴力冲突，也不再是单一农户的单打独斗，而是有组织、有策划、有措施、目的的群体性抗争。❶

征地拆迁经常会存在一些违法情况和灰色地带，通常案例和数据获得非常困难，相关的案例研究和实证研究很少。汪晖、陈簫通过调研并采用Logit 模型得出，在征地过程中农民与地方政府之间的谈判普遍存在，谈判会明显使得农民获得的补偿高于当地制定的补偿标准。除了谈判因素之外，影响实际获得补偿超过当地最高补偿的因素还有，家庭人口多而原宅基地面积或房屋建筑面积小的农户会获得更多的房屋建筑面积安置，有两个以上成年儿子的家庭也可获得更多的补偿，另外还有家人外出打工、家庭人均收入高、家庭中干部人数多以及被访农户的户主所在家族的姓氏在本村为大姓等，都会增加获得的补偿。❷鲍海君等和韩璐等通过两方和三方动态博弈、演化博弈分析了中央政府、地方政府和失地农民之间的博弈行为，主要是对模型结论进行了简要的实证分析，案例为地方政府征收农民土地用于城际铁路建设，结论是农民维权的实际收益与成功概率和成功收益正相关、与维权成本负相关。❸

（四）征地补偿与土地增值分配

我国《土地管理法》规定，对农户的征地补偿按照耕地被征用前 3 年平均年产值的 6~10 倍计算，最高可达 30 倍，其他土地参考耕地补偿标准

---

❶ 郑晓茹，陈如. 征地冲突中农民的"套路式"抗争行为：一个解释的框架 [J]. 湖北社会科学，2017（2）：34-39.

❷ 汪晖，陈簫. 土地征收中的农民抗争、谈判和补偿——基于大样本调查的实证分析 [J]. 农业经济问题，2015，36（8）：63-73，112.

❸ 鲍海君，方妍，雷佩. 征地利益冲突：地方政府与失地农民的行为选择机制及其实证证据 [J]. 中国土地科学，2016，30（8）：21-27，37；韩璐，鲍海君，邓思琪，等. 征地冲突中多元利益主体决策行为的演化博弈模型与实证研究 [J]. 广东农业科学，2018，45（12）：131-136.

执行。2004 年颁布的《国务院关于深化改革严格土地管理的决定》规定
"使被征地农民生活水平不因征地而降低",放宽了征地补偿安置费的上
限。政府征收、征用农村土地的补偿标准依然是按照原有用途给予补偿,
并未考虑土地转用增值部分。农地征用按原用途补偿还是按照市场价格补
偿,本质上是哪一方主体有权分享工业化城市化成果。❶ 土地增值收益不
能完全归公,农民应当获得土地增值收益,这是对土地经营权或使用权所
有者放弃未来产权的补偿。❷

　　总体土地增值分配比例并没有全国平均数据,研究者通过调研的方式
获得分配比例情况,大致是早期农民获得的比例很低,甚至低于 10%。近
几年,由于中央重视土地征收中的农民权益保护,农民获得增值收益的比
重有所上升。曲福田等使用某市的数据得出,农村集体、农民通过征地补
偿分别获得价格收益中的 22.1%、26.7% 的结论。❸ 沈飞等使用实证分析方
法分析了全国 35 个城市农村土地征收收益分配情况,农民获得的收益仅为
政府收益的 1/17.2~1/17.4。❹ 王小映等运用 2001~2004 年江苏、安徽和
四川的 145 个样本进行分析后得出,补偿农民的支出在土地转让收益中占
有的比例很低,在"招牌挂"土地中比例低的在 4%~20%。中央和省一级
政府获土地增值收益很少,主要集中在县、市级政府,绝大部分用于城市
建设和城市土地开发。❺ 肖屹等通过计算江苏三地征地数据得出,农民获

---

❶ 黄祖辉,汪晖. 非公共利益性质的征地行为与土地发展权补偿 [J]. 经济研究,
2002 (5):66-71, 95.

❷ 周其仁. 农地产权与征地制度——中国城市化面临的重大选择 [J]. 经济学 (季
刊),2004 (4):193-210.

❸ 曲福田,冯淑怡,俞红. 土地价格及分配关系与农地非农化经济机制研究——以
经济发达地区为例 [J]. 中国农村经济,2001 (12):54-60.

❹ 沈飞,朱道林,毕继业. 政府制度性寻租实证研究——以中国土地征用制度为例
[J]. 中国土地科学,2004 (4):3-8.

❺ 王小映,贺明玉,高永. 我国农地转用中的土地收益分配实证研究——基于昆山、
桐城、新都三地的抽样调查分析 [J]. 管理世界,2006 (5):62-68.

得的综合收益仅为土地收益的 6.73%。❶ 陈莹等（2009）使用湖北省 4 市 543 户农户问卷和 83 个征收案例分析后得出，农民在公益性征地获得的补偿远低于非公益性征地获得的补偿。城市等级越高，距离城市中心越近，公益性和非公益性征收之间补偿差异越大。❷ 诸培新、唐鹏通过对江苏三个县市 2006～2011 年农地征收情况调研，农民的土地收益占土地出让收益比例为 3%～16%，地方政府的收益份额在 75% 以上。❸ 郄瑞卿等对长春、吉林、松原三个地区 2010～2013 年农地征收与出让中的土地收益分配格局分析后得出，征地补偿费仅为市场价格的 20%～25%。❹ 宋戈等分析哈尔滨农户退出宅基地收益分配后得出，宅基地退耕增值为负，机会成本损失在农户和村集体间分配。❺ 易小燕等利用 Shapley 值法测算江苏省万顷良田建设工程中某个农村宅基地置换项目的收益分配数据，与实际收益分配数据对比，认为政府获得了宅基地置换的大部分收益，农民和村集体获得的收益比例较低。❻ 朱从谋等对义乌市"集地券"模式分析后得出，政府、村集体与农民的分配比例为 40∶11∶49。❼ 梁流涛等对河南省的典型土地征收—出让样点的测算后认为，经济发展水平高的地段土地增值收益高，经济发展水平低的地段土地增值收益低。农民只获得不到 10% 的土地增值收

---

❶ 肖屹，曲福田，钱忠好，等．土地征用中农民土地权益受损程度研究——以江苏省为例 [J]．农业经济问题，2008（3）：77-83，111-112.

❷ 陈莹，谭术魁，张安录．武汉市征地过程中的土地增值测算 [J]．中国土地科学，2009，23（12）：16-21.

❸ 诸培新，唐鹏．农地征收与供应中的土地增值收益分配机制创新——基于江苏省的实证分析 [J]．南京农业大学学报（社会科学版），2013，13（1）：66-72.

❹ 郄瑞卿，石强，窦世翔．城镇化背景下农地非农化的土地增值收益分配机制研究——基于吉林省的实证分析 [J]．资源开发与市场，2016，32（9）：1088-1092.

❺ 宋戈，徐四桂，高佳．土地发展权视角下东北粮食主产区农村宅基地退出补偿及增值收益分配研究 [J]．自然资源学报，2017，32（11）：1883-1891.

❻ 易小燕，陈印军，袁梦．基于 Shapley 值法的农村宅基地置换成本收益及分配分析——以江苏省万顷良田建设工程 X 项目区为例 [J]．农业经济问题，2017，38（2）：40-47.

❼ 朱从谋，苑韶峰，李胜男，等．基于发展权与功能损失的农村宅基地流转增值收益分配研究——以义乌市"集地券"为例 [J]．中国土地科学，2017，31（7）：37-44.

益，地方政府获得 90% 以上。❶ 陈莹等使用湖北省 17 个地市（州）的数据得出，在农用地征收过程中，农民集体获得增值收益分配额的比例很低，很多地区低于 10%，经济发达地区农民获得的补偿额高但是土地增值分配比例低。❷

有少量研究是从农户的主观感受、认知角度来研究土地增值分配的。鲍海君等通过对浙江省 800 位农民的调查得出，不同经济水平、不同年龄阶段、不同教育背景等各类群体对征地增值收益分配有不同的反应和需求，但对于失地后生活的担忧以及分享增值的要求是共同的。❸ 吕图等从征地过程中的程序保障性角度对农民补偿水平的影响进行了实证分析，结论为征地过程中的知情权和参与权、个体特征中的村干部身份以及家庭人均年收入对征地补偿具有显著的正向影响。❹

（五）福利变化

土地征收后农民的生产经营和居住生活都会受到很大的影响。若征收的是农地，农民从事农业生产的基础就不再存在，农民就要从事非农经济活动获得收入来源；征收的是宅基地，农民的居住、生活和生产都会受到影响。早期的研究有少量采用统计描述的方法。2003 年，国家统计局对 2942 户失地农民进行了调查，失地农民收入出现小幅下降，对未来生活前景忧虑，对补偿水平满意度低。❺ 陈莹、张安录通过对武汉市 6 区、162 份调研问卷中得出，绝大多数农民对征地政策不满意主要集中在补偿标准太

---

❶ 梁流涛，李俊岭，陈常优，等. 农地非农化中土地增值收益及合理分配比例测算：理论方法与实证——基于土地发展权和要素贡献理论的视角 [J]. 干旱区资源与环境，2018，32（3）：44-49.

❷ 陈莹，谭术魁，张安录. 武汉市征地过程中的土地增值测算 [J]. 中国土地科学，2009，23（12）：16-21.

❸ 鲍海君，方妍，雷佩. 征地利益冲突：地方政府与失地农民的行为选择机制及其实证证据 [J]. 中国土地科学，2016，30（8）：21-27，37.

❹ 吕图，刘向南，刘鹏. 程序公正与征地补偿：基于程序性权利保障的影响分析 [J]. 资源科学，2018，40（9）：1742-1751.

❺ 毛峰. 政府该为失地农民做什么——对 2942 户失地农民的调查 [J]. 调研世界，2004（1）：28-29.

低。征地后农民的收入没有明显增加，但支出增加显著，家庭经济状况下降。农民住房、卫生、交通、教育和基础设施条件得到改善，但社会治安、空气质量、生态环境都下降明显。征地后农民的就业发展和社会保障都有所下降。❶ 邓大松、王曾通过对广东省佛山市 469 份调查问卷的分析得出，失地之后农民社会保障的福利损失最大，农民发展空间也会受到限制，农民收入增加，相对于生活成本的提高，农民相对收入下降，生活质量下降。❷

　　另一种研究思路是依据阿玛提亚·森（Amartya Sen）的理论，采用综合模糊分析法，少量运用层次分析法确定农户各项福利水平变化和总体福利水平变化，并使用结构方程模型、多元线性回归等方法分析影响农民福利水平变化的主要因素。初期研究成果主要关注农民失地后福利变化的总体情况和主要方面的变化情况，多数研究结果表明农民的总体福利下降，居住条件提高，家庭经济情况、社会保障、环境、社会、心理等方面则下降。之后的研究开始细化，引入了不同地区对比、长短期对比、远郊近郊对比、经济发展水平不同地区对比、不同年龄阶段农民对比、农民不同兼业程度对比和征地政策变化前后的对比等。对农民福利变化影响因素的研究较少，主要结论为非农就业状况越好、受教育时间越长、地区经济越发达、居住条件越好、社会参与度越高的农民的福利水平越高，家庭负担越重，年龄越大，福利水平越低。

　　农民土地征收后的福利变化研究主要情况如表 1-3 所示。

---

❶ 陈莹，张安录. 农地转用过程中农民的认知与福利变化分析——基于武汉市城乡结合部农户与村级问卷调查 [J]. 中国农村观察，2007（5）：11-21，37.
❷ 邓大松，王曾. 城市化进程中失地农民福利水平的调查 [J]. 经济纵横，2012（5）：53-57.

表 1-3 农民土地征收后的福利变化

作者	研究主题	总体福利	上升方面	下降方面	影响因素	地点、有效问卷	研究方法
高进云等[1]	农地城市流转前后农户福利变化	下降	居住条件	家庭经济状况、社会保障、环境、心理	正向：安排工作、教育程度；负向：征地面积、补偿满意程度	武汉市5个区，171份	综合模糊评价法
聂鑫等[2]	农地非农化过程中农民福利变化	下降	居住条件、社区基础设施建设	家庭收入水平、医疗保健水平、生活环境	—	湖北省仙桃市，146份	综合模糊评价法
高进云、乔荣锋[3]	分地区对比农地城市流转前后农户福利变化	下降		家庭经济、社会保障、社区生活、环境、心理（各地区指标变动方向相同，差别较小）		武汉市、宜昌市、荆门市和仙桃市，385份	综合模糊评价法
尹奇等[4]	失地农民福利水平变化	上升	居住条件、社会保险、发展空间	经济状况、心理状况	—	成都市温江区、双流县和大邑县，288份	综合模糊评价法
苑韶峰等[5]	农地转用过程中农户福利变化（慈溪市四镇对比）	全部下降	居住条件（全部）	经济状况（全部）、社区环境（全部）、社会保障（全部）、满意程度（全部）		慈溪市四镇，456份	综合模糊评价法
袁方、蔡银莺[6]	城市近郊被征地农民的福利变化	上升	社会保障、生活条件、景观环境	经济状况、心理因素	—	武汉市江夏区，174份	综合模糊评价法

---

[1] 高进云，乔荣锋，张安录. 农地城市流转前后农户福利变化的模糊评价——基于森的可行能力理论 [J]. 管理世界，2007（6）：45-55；高进云，乔荣锋. 农地城市流转前后农户福利变化差异分析 [J]. 中国人口·资源与环境，2011，21（1）：99-105.

[2] 聂鑫，汪晗，张安录. 农地非农化过程中农民福利变化实证研究——基于湖北仙桃的调查 [J]. 国土资源科技管理，2008（5）：117-121.

[3] 高进云，乔荣锋. 农地城市流转福利优化的动态分析 [J]. 数学的实践与认识，2010，40（6）：21-29.

[4] 尹奇，马璐璐，王庆日. 基于森的功能和能力福利理论的失地农民福利水平评价 [J]. 中国土地科学，2010，24（7）：41-46.

[5] 苑韶峰，杨丽霞，王庆日. 慈溪市四镇农地转用过程中农户福利变化的定量测度 [J]. 中国土地科学，2012，26（10）：82-90.

[6] 袁方，蔡银莺. 城市近郊被征地农民的福利变化测度——以武汉市江夏区五里界镇为实证 [J]. 资源科学，2012，34（3）：449-458.

续表

作者	研究主题	总体福利	上升方面	下降方面	影响因素	地点、有效问卷	研究方法
聂鑫等[1]	失地农民的福利影响因素				正向：工作状态、补偿公平、居住状态、社会参与支持、健康状态	武汉市蔡甸区、江夏区、黄陂区、新洲区、东西湖区、洪山区，600份	测量方程
胡动刚等[2]	农地城市流转农户短期长期福利变化比较	短期福利上升，长期福利下降	短期：家庭经济、教育环境、家庭健康、社会交往；长期：教育环境、家庭健康、社会交往	短期：就业发展、社会保障；长期：家庭经济、居住环境、就业发展、社会保障	—	武汉市4个区，251份	层次分析法
王珊等[3]	农地城市流转的农户福利效应	下降	经济收入、健康与休闲、社会参与、子女教育	组织生产、社会保障、居住条件与环境、社会公平	—	武汉市江夏区和咸宁市咸安区，400份	灰色模糊综合评判方法
周义等[4]	城乡交错区被征地农户的福利变化	下降	家庭经济状况、居住状况	社会保障、社会心理	—	武汉市黄陂三里镇，324份	广义均值双参数
彭开丽、朱海莲[5]	农地城市流转对不同年龄阶段失地农民的福利影响	下降：45~64岁>45岁以下>65岁以上	小于45岁：社会保障、发展机遇、住房条件、社交与闲暇；45~65岁：社会保障、住房条件、社交与闲暇；65岁以上：社会保障、住房条件、社交与闲暇	小于45岁：经济状况、居住环境、健康下降、社会参与；45~65岁：经济状况、发展机遇、居住环境、健康下降、社会参与；65岁以上：经济状况、发展机遇、居住环境、健康下降、社会参与	—	武汉市江夏区、东西湖区、新洲区和洪山区，255份	综合模糊评价法

❶ 聂鑫，汪晗，张安录．城镇化进程中失地农民多维福祉影响因素研究 [J]．中国农村观察，2013 (4)：86-93.

❷ 胡动刚，闫广超，彭开丽．武汉城市圈农地城市流转微观福利效应研究 [J]．中国土地科学，2013，27 (5)：20-26.

❸ 王珊，张安录，张叶生．农地城市流转的农户福利效应测度 [J]．中国人口·资源与环境，2014，24 (3)：108-115.

❹ 周义，张莹，任宏．城乡交错区被征地农户的福利变迁研究 [J]．中国人口·资源与环境，2014，24 (6)：30-36.

❺ 彭开丽，朱海莲．农地城市流转对不同年龄阶段失地农民的福利影响研究 [J]．中国土地科学，2015，29 (1)：71-78.

续表

作者	研究主题	总体福利	上升方面	下降方面	影响因素	地点、有效问卷	研究方法
陈莹、王瑞芹[1]	征地补偿安置政策对农民福利影响	新政前下降新政后上升，主城＞近郊＞远郊	新政前：居住环境、社会保障；新政后：经济状况、社会保障、发展机会	新政前：经济状况、发展机会、心理状况；新政后：居住环境、心理状况	—	武汉市江夏区和杭州市西湖区，438份	综合模糊评价法
魏玲、张安录[2]	农地城市流转农民福利变化	福利有所提高但不大，农户间福利差距拉大。上升：珠三角、粤西；变化不大：粤北；下降，粤东	珠三角：家庭经济、社会保障、就业状况；粤西：家庭经济、休闲与健康、就业状况；粤北：家庭经济收入	粤东：家庭收入、社会地位；粤西：社会保障	—	广东省四大区域，311份	信息熵和层次分析法
丁琳琳等[3]	土地征收中农户福利变化及其影响因素	上升（总体、苏州市、南通市），下降（宿迁市）	家庭经济状况（苏州市）、社会保障（总体、苏州市、南通市）、居住状况（全部）、景观环境、心理状况（全部）	家庭经济状况（总体、南通市、宿迁市）、社会保障（宿迁市）、景观环境（全部）	正向：非农就业率、劳动力平均受教育水平、地区经济发展水平、土地征收时间、征地补偿形式多样化；负向：人口抚养比、劳动力平均年龄、征地面积占比	江苏省苏州市、南通市、宿迁市，502份	综合模糊评价法、多元线性回归
高进云、乔荣锋[4]	土地征收前后农民福利变化	上升（全部）	经济状况（西青）、住房（全部）、社区生活（全部）、心理（东丽、武清）	经济状况（东丽、静海、武清）、心理（总体、西青、静海）	—	天津市4个区，385份	综合模糊评价法

❶　陈莹，王瑞芹．基于农民福利视角的征地补偿安置政策绩效评价——武汉市江夏区和杭州市西湖区的实证［J］．华中科技大学学报（社会科学版），2015，29（5）：71-79.

❷　魏玲，张安录．农地城市流转农民福利变化与福利差异测度——基于二维赋权法与三类不平等指数的实证［J］．中国土地科学，2016，30（10）：72-80.

❸　丁琳琳，吴群，李永乐．土地征收中农户福利变化及其影响因素——基于江苏省不同地区的农户问卷调查［J］．经济地理，2016，36（12）：154-161.

❹　高进云，乔荣锋．土地征收前后农民福利变化测度与可行能力培养——基于天津市4区调查数据的实证研究［J］．中国人口·资源与环境，2016，26（S2）：158-161.

续表

作者	研究主题	总体福利	上升方面	下降方面	影响因素	地点、有效问卷	研究方法
宋敏、陈青[1]	兼业程度不同农民农地城市流转前后福利变化	上升（全部）经商兼农类者＞半工半农类者＞纯农业生产者	纯农业生产者；居住条件、社区生活；半工半农者：居住条件、社区生活；经商兼农者：社区生活、心理感受、家庭经济状况、居住条件、社会保障	纯农业生产者：家庭经济、心理感受、社会保障状况、环境条件；半工半农者：家庭经济、心理感受、社会保障状况、环境条件；经商兼农者：环境条件	—	湖北省武汉市所辖6个远城区，566份	综合模糊评价法
孙萌、张宇[2]	土地征收对不同年龄段失地农民的福利影响	下降（全部）下降幅度45~65岁＞45岁以下＞65岁以上	45岁以下：社会保障、发展机遇；45~65岁：社会保障；65岁以上：社会保障	45岁以下：家庭经济、居住条件、居住环境、健康状况、补偿合理度；45~65岁：家庭经济、居住条件、居住环境、发展机遇、健康状况、补偿合理度；65岁以上：家庭经济、居住条件、居住环境、发展机遇、健康状况、补偿合理度	—	呼和浩特市4区，574份	综合模糊评价法
徐济益等[3]	城乡接合部被征地农民福利变化	下降	生活环境	政策传导指标、社会保障、家庭收支、职业发展	—	安徽省6市，883份	综合模糊评价法

（六）农村土地制度改革建议

（1）严格限制政府的非公益性征地，打破政府垄断征收权，建立农村土地转用交易市场。应当将土地征用权严格限定在公共用途和符合公共利益的范围内，农村集体土地直接进入土地市场，采用土地发展权和土地用途管制对农用地用途转换进行限制，公共目的的征地补偿应充分考虑土地

---

❶　宋敏，陈青. 农地城市流转前后农民福利变化研究——基于农民分化的视角 [J]. 国土资源科技管理，2016，33（1）：31-40.

❷　孙萌，张宇. 土地征收对不同年龄段失地农民的福利影响研究——以呼和浩特市为例 [J]. 安徽农业科学，2017，45（21）：194-198，202.

❸　徐济益，马晨，许诺. 城乡结合部被征地农民多维福利测度 [J]. 经济体制改革，2018（3）：59-66.

的市场价值。❶ 发展农地转用市场，政府征地严格限制在公益用地范围，并按照市场价进行补偿，农户可以以市场价转让土地用于非农建设。❷ 应当促进农村集体建设用地规范、有序、健康地流转，形成城乡统一的土地市场，政府应当以税收的方式，不应当以土地出让金的方式获得收入。❸ 打破政府土地征用垄断，允许非农建设在计划和用途管制的前提下，逐步消除城乡二元土地制度，允许农村建设用地直接进入市场，农民直接和土地使用者进行交易，赋予农民宅基地及其房屋所有人完整的物权，允许自由交易。❹

（2）提高征地补偿标准，完善相关规章制度。应当提高土地征用补偿标准，完善土地征用补偿机制，采用市场定价的方式对农民进行补偿，公益性和非公益性征地的补偿标准应当相同。❺ 有学者则认为土地增值不能完全归公，也不能完全归私，应当公私兼顾。❻ 应当对非公共利益性质的征地项目，在补偿内容中增加土地发展权补偿内容。❼ 有学者认为应当学习和借鉴日本、韩国和我国台湾地区成功的现代化经验，采取在政府、农

---

❶　黄祖辉，汪晖．非公共利益性质的征地行为与土地发展权补偿［J］．经济研究，2002（5）：66-71，95.

❷　周其仁．农地产权与征地制度——中国城市化面临的重大选择［J］．经济学（季刊），2004（4）：193-210.

❸　蒋省三，刘守英．农村集体建设用地进入市场势在必行［J］．安徽决策咨询，2003（10）：18-19.

❹　钱忠好，曲福田．中国土地征用制度：反思与改革［J］．中国土地科学，2004（5）：5-11；刘守英．中国的二元土地权利制度与土地市场残缺——对现行政策、法律与地方创新的回顾与评论［J］．经济研究参考，2008（31）：2-12.

❺　黄祖辉，汪晖．非公共利益性质的征地行为与土地发展权补偿［J］．经济研究，2002（5）：66-71，95；汪晖．城乡结合部的土地征用：征用权与征地补偿［J］．中国农村经济，2002（2）：40-46；陈江龙，曲福田．土地征用的理论分析及我国征地制度改革［J］．江苏社会科学，2002（2）：55-59；周其仁．农地产权与征地制度——中国城市化面临的重大选择［J］．经济学（季刊），2004（4）：193-210；钱忠好，曲福田．中国土地征用制度：反思与改革［J］．中国土地科学，2004（5）：5-11.

❻　周诚．土地增值分配应当"私公共享"［J］．中国改革，2006（5）：77-78.

❼　黄祖辉，汪晖．非公共利益性质的征地行为与土地发展权补偿［J］．经济研究，2002（5）：66-71，95.

民和利益相关者之间分享土地增值收益的方式。为了顺利快速推进城市化建设，当前农民分享土地增值的比例相对较低。❶ 借鉴我国台湾地区的留地安置模式，将有助于化解目前征地过程中出现的众多矛盾。❷ 还有的学者则认为，补偿要考虑到土地的生产性收益和非生产性收益，并对其他相关的损失给予补偿。❸ 也有学者指出，应当增加农民在征地过程中的谈判权，这样会提高农民分享土地增值的比例，并尝试建立"国家失地农民账户"和"国家失地农民保障基金"。❹ 有的学者认为，现有的补偿应当是在"被征收人的所失—征收人的所得"之间选择一个平衡点，在土地补偿、劳动力安置、社会保障、就业扶助等多个方面对农民进行综合补偿安置。❺ 还有的研究则给出了农民应当分享的土地增值比例，有的认为农民分享土地增值的比例应在 30% ~ 50% ;❻ 也有的认为是 35% ~ 45%。❼ 但也有学者认为，土地产权变革并不是影响土地分配格局的关键，在法律层面上提高失地农民所获利益份额和加强政府的法律执行力度才是重点。❽

（3）不改变现有农村土地征收制度，注重相关法律、规章制度落实执

---

❶ 华生. 破解土地财政，变征地为分地——东亚地区城市化用地制度的启示 [J]. 国家行政学院学报，2015（3）：13-17.

❷ 黄卓，蒙达，张占录. 基于"涨价归公"思想的大陆征地补偿模式改革——借鉴台湾市地重划与区段征收经验 [J]. 台湾农业探索，2014（3）：14-19.

❸ 鲍海君，吴次芳. 关于征地补偿问题的探讨 [J]. 价格理论与实践，2002（6）：28-30.

❹ 党国英. 关于征地制度的思考 [J]. 现代城市研究，2004（3）：19-22；党国英. 当前中国农村土地制度改革的现状与问题 [J]. 华中师范大学学报（人文社会科学版），2005（4）：8-18.

❺ 靳相木，陈箫. 美国土地整合中的钉子户问题及其启示 [J]. 浙江大学学报（人文社会科学版），2017，47（3）：183-193.

❻ 鲍海君. 城乡征地增值收益分配：农民的反应与均衡路径 [J]. 中国土地科学，2009，23（7）：32-36.

❼ 梁流涛，李俊岭，陈常优，等. 农地非农化中土地增值收益及合理分配比例测算：理论方法与实证——基于土地发展权和要素贡献理论的视角 [J]. 干旱区资源与环境，2018，32（3）：44-49.

❽ 张广辉，魏建. 土地产权、政府行为与土地增值收益分配 [J]. 广东社会科学，2013（1）：45-52.

行。少数从社会学角度研究的学者认为，土地增值收益分配制度是合理的，征地拆迁中出现的问题和冲突不是土地制度和征地制度引起的，是地方政策不合理及实践中具体操作引发的。改革的方向应当是，制定相关制度和措施，缩小利益博弈空间，限制强势主体的谋利行为，保护弱势主体的基本权益。❶ 在征地拆迁中，有些农民会为了提高补偿而故意将事情"闹大"，迫使地方政府提高补偿。应当让农民能够平等地参与到征地拆迁之中，充分尊重多数农户的意见和建议。应当制定相应制度为农民提供能表达诉求的合理的、正规的渠道，而不是让农民通过"闹大"来得到政府的重视，甚至通过"闹大"来要挟政府牟取私利。❷

第三节　研究思路与方法

一、研究思路

本书的研究思路是，通过使用马克思主义政治经济学理论、主要是地租理论，对宅基地征收中的利益分配问题进行深入的研究，并借鉴博弈论作为研究工具分析现实中的利益争夺。在研究过程中也会借助其他学科主要是社会学的相关研究成果，并将其中有益的部分吸收到本研究之中。

本书首先确定研究的逻辑起点，就是在马克思地租理论的指导下，借助农户宅基地租金的变化与供给量之间的关系，给出农户的供给函数。本研究给出的供给函数不同于西方经济学中依据效用理论给出供给函数，而是基于马克思地租理论，这一点是本研究的逻辑起点。接下来，本研究将会给出在地方政府没有违反国家关于农村宅基地征收的相关法律法规的情况下，农户和地方政府在土地增值方面的分配情况，为下面的深入分析给

---

❶ 杨华. 农村征地拆迁中的利益博弈：空间、主体与策略——基于荆门市城郊农村的调查 [J]. 西南大学学报（社会科学版），2014，40（5）：39-49，181.

❷ 杨华，罗兴佐. 农民的行动策略与政府的制度理性——对我国征地拆迁中"闹大"现象的分析 [J]. 社会科学，2016（2）：77-86.

出基本的框架。

其次，本研究将农户的个体抗争细化为"软抗争"和"硬抗争"。农户的"软抗争"是指较为温和的抗争方式，主要包括利用征地补偿规则来增加补偿物的数量和价值，通过拖延时间、贿赂、攀比等方式来提高补偿，不包括采取司法手段的体制内抗争和以身体和生命为武器的较为激烈的抗争。本部分主要分析，农户实行的"软抗争"策略和地方政府的不同策略选择会对博弈双方的收益、土地征收数量、交易成本和土地资源配置效率产生哪些影响，以及对地方政府征收土地的时机选择产生何种影响。

再次，本研究将会分析农户的"硬抗争"及相关影响。"硬抗争"是指农户与地方政府之间就宅基地征收中的利益分配进行较为激烈的抗争，包括体制内抗争和体制外抗争。体制内抗争是指农户通过信访、调解、仲裁、诉讼等体制内的途径表达其利益诉求的过程；体制外抗争是指采取制度之外的手段和渠道，以违反社会规范甚至违反法律、法规的方式来表达利益诉求，并希望以此来影响政府的决策过程。本部分首先对"钉子户"的行为策略进行分析。农户如果采取"钉子户"策略，地方政府将会如何应对，地方政府不同应对策略对双方收益分配、征地数量和土地资源配置效率的影响等。本部分还将分析面对农户的"硬抗争"，惩罚能力差异的地方政府将会采取何种策略，惩罚能力强弱的信号是如何被传递和被甄别的，博弈主体的策略选择对收益分配、征地数量和资源配置效率的影响，并借此对屡禁不止的强拆给出一种解释。

最后，本研究将分析农户群体抗争及相关影响。在农村征地拆迁过程中很容易引发群体抗争甚至群体事件，群体抗争已经成为农户与地方政府之间进行谈判和利益争夺的主要方式。在对农户群体抗争的分析中，本研究主要使用讨价还价理论，分析在同时出价、轮流出价、有限期讨价还价、无限期讨价还价、不完全信息讨价还价等多种情况下，抗争群体和地方政府的收益分配情况，并通过分析指出，由于土地制度安排和博弈程序设定等原因，使得抗争群体在土地征收过程中处于劣势地位。

二、研究方法

本书除了使用常规的研究方法，如规范研究和实证研究、定性研究和定量研究等，还采用了如下分析方法。

（1）马克思主义政治经济学理论与方法。本研究使用的马克思主义政治经济学理论主要是地租理论。地租理论是马克思主义政治经济学的重要组成部分，对于研究土地问题具有很强的指导性。本研究还会使用马克思主义政治经济学的分析和综合、归纳和演绎、逻辑的以及历史的方法，这些方法将会在具体的研究中得到体现。

（2）博弈论分析方法。博弈论是近几十年发展起来的一种应用于研究各行为主体互动关系的重要研究方法，不仅用于经济学的研究，而且已经广泛地应用于社会科学研究的众多领域。博弈论创始者纳什是一位数学家，博弈论研究方法具有工具性特征，并不专属于西方经济学，也可以用于马克思主义政治经济学的应用研究之中。宅基地征收过程中的利益分配就是一个参与主体之间的博弈过程，博弈论研究工具很适合应用于该问题的研究。

（3）行为经济学的研究方法。行为经济学认为人并不是如传统经济学认为的那样是完全理性的，而是存在大量的非理性行为。征地过程中，农户通常会理性计算采用各种行为和策略的成本与收益，但是在群体之中农户的理性行为就会出现偏差。农户与地方政府就征地的具体条件没有达成一致的情况下，会出现一些非理性行为，如出现违法、违规的情况，甚至采用自残和自焚等极端行为。征地拆迁引发群体性事件的时候，可能会出现由于环境氛围导致的殴打政府工作人员、损毁公共财物，甚至出现围攻、打砸党政机关的情况。这时农户已经不是简单地通过抗争获得更多的补偿，已经演变为一种非理性的发泄行为。

第二章　基于马克思地租理论的地方政府与农户的租金分配

地方政府和农户关于宅基地转用增值分配、争夺和博弈的文献主要采用的是西方经济学的研究范式，目前鲜有从马克思地租理论出发来研究宅基地流转过程中收益分配问题的文献。现有的少量从此角度研究的文献，也主要是对宅基地增值部分地租性质的讨论和定性来分析应如何分配，并没有从数理角度来详细分析这一问题。因此，有必要从此角度对宅基地流转过程中的利益分配进行深入研究。本章主要是依据马克思主义地租理论推导出宅基地供求函数，在整体上给出农户和地方政府在宅基地征收中的土地增值收益分配情况，并给本书的研究确定总体的框架。

第一节　马克思地租理论与相关研究

一、马克思地租理论

马克思对地租理论的阐述主要集中在《资本论》第三卷第六篇中，他认为土地所有者凭借土地所有权获得地租，地租是土地所有权的经济体现。马克思将地租界定为"这个作为租地农场主的资本家，为了得到在这个特殊生产场所使用自己资本的许可，要在一定期限内（例如每年）按契约规定支付给土地所有者即他所开发的土地的所有者一个货币额（和货币资本的借入者要支付一定利息完全一样）。这个货币额，不管是为耕地、建筑地段、矿山、渔场还是为森林等支付的，统称为地租。这个货币额，在土地所有者按契约把土地租借给租地农场主的整个时期内，都要进行支付。因此，在这里地租是土地所有权在经济上借以实现即增殖价值的形式"。❶ 马克思进一步指出，"土地所有权依靠它对土地的垄断权，也按照相同的程度越来越能够攫取这个剩余价值中一个不断增大的部分，从而提高自己地租的价值和土地本身的价格"。❷

马克思把地租分为绝对地租、级差地租和垄断地租。绝对地租是无论土地的条件优劣都要支付的地租，根本原因是土地所有权的垄断，形成的条件是农业资本有机构成低于社会平均资本有机构成，实质和来源是农业工人创造的剩余价值，即"来自于价值超过生产价格的余额的绝对地租，都只是农业剩余价值的一部分，都只是这个剩余价值到地租的转化，都只是土地所有者对这个剩余价值的攫取"。❸ 相对于绝对地租则存在级差地租，级差地租是指由于耕种的土地优劣等级不同而形成的地租，"级差地租是由投在最坏的无租土地上的资本的收益和投在较好土地上的资本的收益之间的差额决定的"，"级差地租实质上终究只是投在土地上的等量资本所具有的不同生产率的结果"。❹ 由于农业资本有机构成低于全社会资本有机构成，农产品的价格就由土地优劣等级最低的土地生产的农产品决定。土地优劣不同，会导致等量资本投资于等面积土地产生不同的利润，这部分差额利润就是级差地租。因土地肥力和位置不同产生的级差地租为级差地租Ⅰ，因为农业资本家的投资提高了土地的生产率而产生的地租为级差地租Ⅱ。"级差地租Ⅱ是以级差地租Ⅰ为前提的"，❺ "是以同一土地上的连续投资有不同的级差生产率为基础，也就是说，在这里，和最坏的、无租的、但调节生产价格的土地上的等量投资相比，具有较高的生产率"，❻

❶ 马克思. 资本论（纪念版）：第三卷 [M]. 北京：人民出版社，2018：698.
❷ 马克思. 资本论（纪念版）：第三卷 [M]. 北京：人民出版社，2018：719.
❸ 马克思. 资本论（纪念版）：第三卷 [M]. 北京：人民出版社，2018：864.
❹ 马克思. 资本论（纪念版）：第三卷 [M]. 北京：人民出版社，2018：759.
❺ 马克思. 资本论（纪念版）：第三卷 [M]. 北京：人民出版社，2018：764.
❻ 马克思. 资本论（纪念版）：第三卷 [M]. 北京：人民出版社，2018：821-822.

"级差地租Ⅱ是由同一块土地上连续投资的不同生产率产生的"。❶ 垄断地租是由于土地具有独特的自然条件，如能够生产某种珍贵和独特的产品，而能够获得的超额利润转化的地租。垄断地租并不是一种常态，而是一种特殊的地租形式，也是一种特殊的经济现象。

马克思地租理论可以用于解释各类土地形成的地租，包括建筑地段地租和矿山等自然资源地租等。随着城市发展，越来越多的人进入城市，对城市各类服务和居住的需求都会增加土地需求，土地所有者就会凭借土地所有权获得更高的地租收益。"人口的增加，以及随之而来的住房需要的增大，而且固定资本的发展（这种固定资本或者合并在土地中，或者扎根在土地中，建立在土地上，如所有工业建筑物、铁路、货栈、工厂建筑物、船坞等等），都必然会提高建筑地段的地租"。❷ 马克思进一步指出，城市地段对地租的影响作用，"位置在这里对级差地租具有决定性的影响（例如，这对葡萄种植业和大城市的建筑地段来说，是十分重要的）"，❸ "对建筑地段的需求，会提高作为空间和地基的土地的价值"，"在迅速发展的城市内……按工厂大规模生产方式从事建筑的地方，建筑投机的真正主要对象是地租"。❹ 在马克思的地租理论中，无论何种土地，其价格都是地租资本化的形式，购买土地支付的是按照普通利润率计算的未来地租的现值。

二、国内外的发展和应用

（一）国外学者

国外的学者主要是在马克思地租理论基本原理的基础上进行一些拓展性研究。大卫·哈维（David Harvey）的研究指出，土地及其建筑物具有区域垄断性、不可或缺性、用途多样性。土地具有的这些特性，就使得土地所有者依据土地所有权的垄断获得和其他资本所有者一样的收益。城市土

---

❶ 马克思.资本论（纪念版）：第三卷 [M]. 北京：人民出版社，2018：838.

❷❹ 马克思.资本论（纪念版）：第三卷 [M]. 北京：人民出版社，2018：875.

❸ 马克思.资本论（纪念版）：第三卷 [M]. 北京：人民出版社，2018：874.

地的价值还受到制度安排和权力关系的影响。❶ 大卫·哈维还认为，土地已经转化为金融资产，对资本积累和资本配置发挥着重要的作用，并引起资本主义经济产生一系列更为严重的问题。❷

关于级差地租领域的研究，国外学者依然延续马克思的思路。法恩（Fine）认为，土地资本有机构成提高会被级差地租Ⅱ的作用所阻碍，因此就决定了剩余价值在农业部门以绝对地租形式保留的程度。采用相互独立的方式计算级差地租Ⅰ和级差地租Ⅱ，则级差地租Ⅰ会对同等质量的土地产生影响，级差地租Ⅱ则依据超额资本的生产率进行计算。他认为，级差地租和绝对地租都是由土地所有权的垄断使得超额利润能够保留在农业部门，级差地租取决于农产品个别价值和市场价值的差异，绝对地租则取决于农产品市场价值和生产价格的差异。❸ 鲍尔（Ball）对法恩的文章进行了回应，他认为应当细化马克思的级差地租理论。他指出，级差地租Ⅰ的来源是土地肥力的差异，没有土地投资和积累的因素，之所以级差地租Ⅰ能够保留在土地所有者手中，是因为土地的所有权和有限性限制了投资的规模。级差地租Ⅱ能够存在的原因是土地所有权和经营权的分离使得土地投资的超额利润能够暂时保留在租地农场主手中，但是最终级差地租Ⅱ会转化为级差地租Ⅰ。❹

关于绝对地租方面，国外学者对于马克思的理论争论较多。伊曼纽尔（Emmanuel）❺ 指出，关于农业资本有机构成低于平均水平的假设，没有给出合理的解释；土地所有权如何将农产品的额外利润留在了农业部门并转

---

❶ Harvey D. Social Justice and the City［M］//Social justice and the city. Edward Arnold，1973：156-159.

❷ Harvey D. The Urbanization of Capital［J］. Journal of Modern History，2004：63-89.

❸ Fine B. On Marx's Theory of Agricultural Rent［J］. Economy and Society，1980，9（3）：327-331.

❹ Ball M. On Marx's theory of agricultural rent：a reply to Ben Fine［J］. Economy & Society，1980，9（3）：304-326.

❺ Emmanuel A. Unequal Exchange：A Study of the Imperialism of Trade［M］. New York：Monthly Review Press，1972.

化为租金。霍华德和金（Howard & King）指出，即使农业部门的资本有机构成上升到社会平均水平，绝对地租也不会消失，绝对地租应当是垄断利润的一种形式，其数值取决于供求关系而不是价值理论。❶ 特赖布（Tribe）认为，出现一些研究者将绝对租金解释为垄断租金，是基于地租是土地所有者截取的额外利润，而不是成本的一部分。❷ 伊文斯（Evans）认为，只有较少的土地被出租，限制了资本在土地的投入造成农业资本有机构成低于全社会资本有机构成，这就形成了绝对地租存在的条件。❸ 伊克诺麦克斯（Economakis）认为，马克思的绝对地租需要与垄断价格相结合才具有合理性。在存在垄断价格的时候，市场价格是由最劣等土地的生产价格加上"政治租金"决定，级差地租中不仅包括马克思所认为的级差地租，还要包括"政治租金"。❹

关于地租理论对城市土地的解释方面，国外马克思主义学者也进行了相应的研究工作。约翰内斯（Johannes）认为，土地与商品有本质的区别，在城市中土地具有空间特性、有限性、持久性和用途多样性。城市土地租金水平受到经济增长方式和经济管制方式的影响，土地租金和资本积累之间是相互促进的关系，投资流动对土地租金也会产生重要的影响。后福特时代，企业对生产的灵活性和市场临近性要求越来越高，地理位置对于企业的重要性也越来越高，城市中心地带的租金即级差地租Ⅰ的水平显著提高。后福特时代，政府还放松了对城市土地用途和规模的管制，这就使得

❶ Howard M C, King J E. The Political Economy of Marx［M］. 2nd ed. Harlow: Longman, 1985: 147; Howard M C, King J E. Marx, Jones, Rodbertus and the Theory of Absolute Rent［J］. Journal of the History of Economic Thought, 1992, 14（1）: 70-83.

❷ Tribe K. Economic Property and the Theorisation of Ground Rent［J］. Economy & Society, 1977, 6（1）: 69-88.

❸ Evans A. On Minimum Rents: Part 1, Marx and Absolute Rent［J］. Urban Studies, 1999, 36（12）: 2111-2120.

❹ Economakis G E. On Absolute Rent: Theoretical Remarks on Marx's Analysis［J］. Science & Society, 2003, 67（3）: 339-348.

在一些偏远地区建立起新的商业中心，级差地租Ⅱ的水平也得到了提高。❶

（二）国内学者

国内学者早期对马克思地租理论的研究主要是系统介绍和探讨社会主义建设时期是否还存在地租，地租理论是否还具有解释力。这一时期关于地租的研究主要集中在社会主义是否存在级差地租，地租理论是否能够适用于初级农业生产合作社以及地租的具体形态、土地报酬性质、农产品价格决定等问题的讨论。❷ 1960 年之后，上述关于地租理论的讨论越发激烈。《江汉学报》1961 年第 1 期和 1962 年第 2 期、《中国经济问题》1962 年第 10 期、《教学与研究》1963 年第 1 期对这一问题进行了集中讨论，《经济研究》《学术月刊》《学术研究》等杂志也刊登了相关的研究论文。这是我国经济学界关于马克思地租理论最为集中也是最为激烈的一次讨论。由于城市实行国有土地制度不存在土地交易市场，讨论没有涉及城市土地地租问题。

改革开放之后，市场作为一种调配机制被引入经济运行之中，地租理论的研究也进入了新阶段。在社会主义阶段是否还存在绝对地租问题上，熊映梧指出，土地资源税是土地所有权在经济上的实现，即绝对地租。❸也有一些学者认为社会主义阶段不存在绝对地租。洪远朋指出，在"大包干"的集体经济中，地租的体现形式是土地使用费，全民所有制企业中地租的体现形式是土地使用税，居民住宅的地租体现形式是地产税，合资企

---

❶ Johannes Jäger. Urban Land Rent Theory：A Regulationist Perspective ［J］. International Journal of Urban and Regional Research，2003，27（2）：233-249.

❷ 卫兴华. 关于资本主义地租理论中的一些问题［J］. 经济研究，1956（1）：67-83；陈秋梅，卫兴华，宁玉山，等. 关于初级农业生产合作社的地租形态和土地报酬问题［J］. 教学与研究，1956（10）：36-46；章奇顺，孟氧. 关于初级社地租与土地报酬问题的理论探讨［J］. 教学与研究，1956（12）：41-51，40；卫兴华. 关于初级社的地租和土地报酬问题——和章奇顺、孟氧同志商榷［J］. 教学与研究，1957（2）：36-45；赵靖. 社会主义农业中的级差地租问题［J］. 北京大学学报（人文科学），1957（3）：49-57.

❸ 熊映梧. 马克思的生产价格理论、地租理论与社会主义经济建设［J］. 学术月刊，1983（5）：1-8. 当时很多学者认为社会主义不存在绝对地租，在此不一一论述。

业中地租的体现形式是土地估价。❶ 朱剑农指出，社会主义城市也存在级
差地租，级差地租Ⅰ取决于地理位置，级差地租Ⅱ取决于建筑物上的投
资。❷ 蔡继明指出，社会主义仍然存在土地所有权的垄断，存在土地所有
权和使用权的分离，因此存在地租，体现的是劳动者在一定范围内对生产
资料的共同占有和平等使用。❸

　　近三十多年的研究成果涉及地租理论和应用的多个方面。有对城市
绝对地租、级差地租产生的条件、形式、特点以及计算的研究成果。❹ 也
有研究提出，要使用地租地价对城市土地利用进行调节，提高土地利用的
集约化程度。❺ 有些学者已经开始探讨地租和房地产市场之间的关系，并
认为地租是地价的基础，土地批租是我国房地产市场的主要特点，要通
过市场的方式来配置城市土地资源。❻ 杨继瑞认为，城市绝对地租是源于
内涵扩大再生产或集约经营水平较高条件下的利润被平均化前的扣除。❼

---

❶　洪远朋．试论社会主义绝对地租——读《资本论》札记［J］．社会科学研究，
1983（5）：54-58．

❷　朱剑农．马克思主义地租理论的创立、发展和当代地租问题［J］．经济研究，
1984（1）：54-60．

❸　蔡继明．社会主义地租问题探索［J］．农业经济问题，1985（4）：8-15；蔡继明．
绝对地租存在的条件、来源和量的规定［J］．价格理论与实践，1988（2）：3-7．

❹　梁华，徐传民．试论城市级差地租的定量分析［J］．学术月刊，1986（8）：16-
21；陈征．论社会主义城市绝对地租［J］．中国社会科学，1993（1）：21-31；陈征．社会
主义城市级差地租［J］．中国社会科学，1995（1）：39-52；马壮昌．论城市级差地租
［J］．当代经济研究，1995（1）：18-20；陈征．论社会主义城市垄断地租［J］．经济学家，
1995（3）：105-109．

❺　李国荣．我国城市土地优化配置与地租调节机制［J］．学术月刊，1992（10）：
34-38，70；戚名琛．论地租地价对城市土地利用的调节作用［J］．中国土地科学，1994
（S1）：16-20，10；邵捷传．地租和地价是国家直接掌握的宏观经济调控的杠杆［J］．中国
土地科学，1996（S1）：63-65．

❻　《中国城市土地使用与管理》课题组．我国城市的土地使用制度及其改革［J］．中
国社会科学，1992（2）：63-81；陈征．地租·地价·地产市场——兼论我国城市地产市场
的特点［J］．福建师范大学学报（哲学社会科学版），1995（1）：1-6，12．

❼　杨继瑞．城市绝对地租的来源及形成机理［J］．中国社会科学，1997（5）：82-
94．

洪银兴、葛扬指出土地有偿使用是土地所有权在经济上实现的一种形式，是取得土地使用权的经济条件，是土地价格的一种具体形式。❶ 朱奎运用动态一般均衡分析工具，将剩余价值、资本有机构成、地权流转等变量内生化，建立了关于农业和非农业绝对地租与级差地租的一个分析框架。❷ 张衔通过建立完全信息动态博弈模型和农产品产量—价格动态模型，给出农业资本有机构成达到或超过社会平均资本构成后，绝对地租消失，租地农场主将不可能租种土地。❸ 杨沛英运用级差地租理论对我国农地流转问题给予简要的解释。❹ 周立群、张红星分析了区位租、投资租和管制租的来源及演变，并对其土地非农化机制下的地租分配做了比较。❺ 徐熙泽、马艳通过数理方式将劳动主观条件的变化引入地租理论模型，分析了技术进步对劳动客观条件和主观条件同时发生作用这一内涵资本有机构成变化对地租理论的影响。❻ 曹飞认为，农地转市地是农业地租和市地地租的连接点，城市房地产业因为引入土地可变资本，使资本有机构成大大降低，地方政府和房地产企业分享了地租增值的全部。❼ 张青、袁铖运用地租理论分析了农村土地承包经营权流转。❽ 戴双兴、朱立宇通过构建模型的方

---

❶ 洪银兴，葛扬. 马克思地租、地价理论研究 [J]. 当代经济研究，2005（8）：3-6，73.

❷ 朱奎. 地租问题的一般均衡分析 [J]. 教学与研究，2007（2）：19-24.

❸ 张衔. 农业资本有机构成与绝对地租——"垄断价格绝对地租说"质疑 [J]. 教学与研究，2007（2）：12-18.

❹ 杨沛英. 马克思级差地租理论与当前中国的农地流转 [J]. 陕西师范大学学报（哲学社会科学版），2007（4）：15-22.

❺ 周立群，张红星. 从农地到市地：地租性质、来源及演变——城市地租的性质与定价的政治经济学思考 [J]. 经济学家，2010（12）：79-87.

❻ 徐熙泽，马艳. 马克思地租理论的拓展及现代价值 [J]. 财经研究，2011，37（5）：47-57.

❼ 曹飞. 从农地到市地的地租理论分析——兼对征地低补偿和高房价问题的思考 [J]. 中国经济问题，2013（1）：35-42.

❽ 张青，袁铖. 地租视角下农村土地承包经营权流转问题研究 [J]. 湖南财政经济学院学报，2013，29（2）：18-25.

式测算了 20 个城市的级差地租水平。❶ 但是到目前为止，国内还没有将马克思地租理论应用到宅基地征收中的利益分配问题的研究成果。

第二节　制度框架与宅基地增值部分的地租属性

运用马克思地租理论来分析宅基地流转的利益分配，首先要确定宅基地的地租属性，并能够在理论上界定宅基地增值中的各类组成部分。

一、制度框架

我国法律规定，农村宅基地属于农村集体所有。2004 年《宪法》规定："城市的土地属于国家所有。农村和城市郊区的土地，除由法律规定属于国家所有的以外，属于集体所有；宅基地和自留地、自留山，也属于集体所有。国家为了公共利益的需要，可以依照法律规定对土地实行征收或者征用并给予补偿。"1999 年颁布的《国务院办公厅关于加强土地转让管理严禁炒卖土地的通知》规定：农民的住宅不得向城市居民出售，也不得批准城市居民占用农民集体土地建住宅，有关部门不得为违法建造和购买的住宅发放土地使用证和房产证。2004 年颁布的《土地管理法》规定：任何单位和个人进行建设，需要使用土地的，必须依法申请使用国有土地；兴办乡镇企业和村民建设住宅经依法批准使用本集体经济组织农民集体所有的土地的，或者乡（镇）村公共设施和公益事业建设经依法批准使用农民集体所有的土地除外；农村村民一户只能拥有一处宅基地，其宅基地的面积不得超过省、自治区、直辖市规定的标准；农村村民出卖、出租住房后，再申请宅基地的，不予批准。

关于征收宅基地的补偿标准，基本上参照耕地补偿标准。目前征收耕地的补偿标准为 2004 年《土地管理法》中规定的，每公顷被征收耕地的安

---

❶ 戴双兴，朱立宇. 基于马克思地租理论的城市宏观级差地租研究［J］. 政治经济学评论，2017，8（6）：130-138.

置补助费，最高不得超过被征收前三年平均年产值的 15 倍；土地补偿费和安置补助费的总和不得超过土地被征收前三年平均年产值的 30 倍。如果按照耕地的标准，按每亩平均年产值 2000 元计算，预计一亩耕地的征收费用最多为 6 万元，显然目前标准很低。2004 年出台的《国务院关于深化改革严格土地管理的决定》提出"使被征地农民生活水平不因征地而降低"，实际上提高了农民可获得的补偿标准，即突破了土地被征收前三年平均年产值 30 倍的上限。2006 年发布的《国务院关于加强土地调控有关问题的通知》进一步规定："征地补偿安置必须以确保被征地农民原有生活水平不降低、长远生计有保障为原则。被征地农民的社会保障费用，按有关规定纳入征地补偿安置费用，不足部分由当地政府从国有土地有偿使用收入中解决。社会保障费用不落实的，不得批准征地。"农村宅基地征收补偿标准主要参考农地征收的补偿标准，因为宅基地承担着农民居住和生产的双重功能，补偿标准略高于农地，地方政府通常也会新建住宅解决农民的居住问题。

关于宅基地的限定性制度框架可以概括如下：农村居民以集体成员身份无偿或者支付少部分费用取得宅基地，一户居民只能获得一处；对宅基地享有占有和使用的权利，并享有部分收益权；农户转让宅基地只限在集体成员内部，不能转让给城市居民；将集体所有性质的宅基地转化为城市用地必须通过政府征收的环节，不能通过农户与土地需求者直接交易的方式。

二、宅基地增值部分的地租属性

首先要确定的是宅基地流转后增值部分是否具有地租属性。理论上，宅基地的所有权归村集体，由于宅基地是通过无偿划拨的方式归农户使用，从村集体角度而言，宅基地并没有产生地租。宅基地划给具体的农户使用后，在规定的使用范围内，农户就拥有土地使用权垄断，这就提供了形成地租的条件，如地理、交通或环境较好的地点的农户住宅能够获得更高的租金收入。目前，很多地区已经停止新宅基地审批，通过农村内部买卖宅基地成为农户获得宅基地的主要方式。由于使用权的垄断性，转让价格中除掉地上附属物的现值外，还包含地租部分。宅基地转变用途，尤其是被政府征收后，会出现较大幅度增值，土地增值部分均具有地租性质。本书主要关注政府征收后的土地增值部分的分配情况。

其次要确定宅基地增值部分的构成。农户获得宅基地的主要方式是凭借农村集体成员身份向村集体申请宅基地，通过无偿或者象征性地支付少量费用获得不超过规定面积的土地用于建造住房、辅助用房（厨房、仓库、厕所）、庭院、沼气池、禽兽舍、柴草堆放间等。在宅基地流转之后，价值就包括两个部分，即土地价值和地上附属物的价值。简单的确定方式是宅基地转让价格减去宅基地上附属物的重置价值。宅基地的产权属于农村集体所有，农户拥有的只是使用权，不得买卖、出租和非法转让。但是，农户对宅基地上的附属物享有所有权，拥有买卖、租赁等各项权利。

根据以上规定，在没有政府征收，即农户不能改变宅基地土地性质的情况下，宅基地的经济价值主要体现为：居住和作为家庭生产场所的价值；出租价值。由于居住和作为家庭生产场所的价值与出租价值之间具有替代性，本书假设居民的宅基地对农户只有出租价值（农户自用相当于自己租给自己），单位宅基地面积出租价值为 r，随着面积增加 r 递减。本书还假设宅基地附属物的价值为 c，为简化分析，假定宅基地附属物不存在折旧。农户出售宅基地的最低价格为：

$$p = c + \frac{r}{i} \tag{2.1}$$

其中 p 为农户单位消费或出租宅基地的货币价值，i 为社会资本平均报酬水平，$\frac{r}{i}$ 为在农户不能改变土地性质时地租部分的资本化。政府征收宅基地后，土地性质发生变化，土地价值大幅增长，表现为租金价格的大幅上升，土地转让的价格可以用未来租金的资本化表示：

$$P = c + \frac{R}{i} \tag{2.2}$$

其中，P 为政府征收后土地的转让价格，R 为土地性质和用途变化后的租金水平。r部分租金是与农户对宅基地使用权垄断相联系，在不改变宅基地性质的情况下，农户享有对宅基地及附属物的使用权，此部分租金收入直接归农户所有。在改变土地性质和用途后的租金R，$R > r$，农户并不享有此种用途的使用权垄断，即如果没有政府征收，农户不能够将宅基地的使用权转变为城市用地的使用权。

第三节　相关主体供求函数

租金R的归属涉及宅基地实际占用和使用者农户、名义上土地所有者村集体和垄断了土地征收和改变土地用途的地方政府三方主体，为简化分析，本书假设村集体和农户具有一体性，即村集体不截留征地补偿，全部归农户所有。租金R的分配将主要在宅基地使用者农户和征地者地方政府之间进行。中央政府虽然并不参与租金分配，但是地方政府的行为可能会引起中央政府的干预或惩罚，有必要将中央政府考虑进来。理论上，如果地方政府采用垄断卖者的策略，土地使用者不会获得土地增值收益，但实际上，由于存在招商引资的竞争，就使得部分土地使用者也能够参与租金R的分配。

一、农户的宅基地供给函数

宅基地是农户的一项重要资产，但是宅基地对农户而言，并不像城市居民对自有房产拥有相对完整的产权。对所有者而言，拥有一项资产的产权应当包括：占有、使用、收益和处置的权力。农户享有宅基地的占有权和使用权，即农户从集体组织获得宅基地后，可以拥有排他性的占有和使用权利，集体组织不能任意收回农户的宅基地。但是农户的占有和使用并不具有绝对的独占性或排他性，因为在我国二元土地所有制下，政府拥有强制性的土地征收权。

收益权和处置权是体现资产价值的最重要权利。国家原则上规定，农户宅基地只能用于本户居住，不能改变宅基地的用途属性，即使其他经济组织或个人对宅基地有需求，也不能通过私自交易取得宅基地的使用权，这体现在《土地管理法》中规定的任何单位和个人进行建设，需要使用土地的，必须依法申请使用国有土地。对于某些城市边缘地区农户宅基地的收益权，体现在出租收益，出租收益与周边城市住宅价格具有高度相关性。国家严格限制宅基地向城市居民和非集体经济组织流转，农户基本不具有宅基地处置权，也很难享受到资产增值带来的收益。

　　通过上文分析得出，单个农户的宅基地最低供给价格为 p，p 的水平取决于 c、r 和 i，假定 c 和 i 为外生变量，p 的变化主要取决于 r 的水平，如果 r 上升，则最低转让价格也会上升。由于不同农户之间的 p 水平会存在差异，可以采取按照农户最低供给宅基地价格水平 p 从小到大按照升序排序，这样就给出了价格与宅基地供给量之间的关系。随着价格 p 的上升，所有小于等于价格 p 的供给量呈现递增的趋势。可以设定农户的宅基地供给函数为 $q = f(p(r))$，如果假定 r 在短期内不变，则宅基地数量 q 和价格 p 之间存在变化的函数关系，图形表示如图 2-1 所示。$q = f(p)$ 对应其反函数可表示为：

$$p = p(q) \tag{2.3}$$

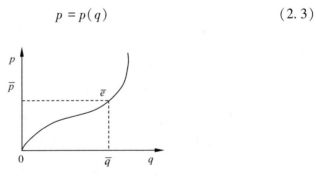

图 2-1　农户宅基地供给曲线

　　式（2.3）推导出的函数关系是宅基地供给数量与价格的关系，并呈现出正相关关系，这与西方经济学得出的供给函数在形式上相同，但实质上存在根本性差异，本书的农户宅基地供给函数来自马克思的地租理论。

　　还可以进一步对农户的收益函数进行设定，农户从宅基地获得的收益

可以表示为 $u = f(k(p_k), s(p_s))$，其中 u 代表宅基地及房产给农户带来的总收益水平；$k(p_k)$ 为房屋居住和出租给农户带来的收益的货币化，由于农户居所往往还承担部分生产场所的功能，如饲养家禽牲畜、从事农业生产等，还应包括此部分收益，p_k 为农户宅基地为连续消费的情况下农户评价的价格水平，如果能出租即为出租价格；$s(p_s)$ 为转让收益。农户面临的预算约束为宅基地的数量，即 $s.t. q \leqslant q_k + q_s$ 在宅基地数量既定的情况下，农户的最优选择是 $\dfrac{\partial u / \partial k}{\partial u / \partial s} = \dfrac{p_k}{p_s} = 1$，即在对资产的两种处置中，边际收益相等，农户达到了利益最大化。❶

二、地方政府收益函数

作为理性经济人，地方政府官员最关心的是个人的经济利益和仕途发展。以 GDP 增长为基础的晋升激励在调动地方官员发展地区经济的积极性方面发挥了重要作用，目前促进经济增长和增加财政收入依然是考核地方官员政绩的最重要指标。近些年，全国范围内房地产价格快速上涨，土地出让收入成为地方政府的最重要收入来源之一。土地资源紧张，土地价格快速上涨，城市内部征地成本的大幅上升，在城市范围内地方政府可用土地越来越有限，农村土地成为地方政府可获得土地的最重要来源。中央确定的"18 亿亩耕地红线"，使地方政府不能直接占用耕地，只能变相地通过"占补平衡"和"增减挂钩"方式，来扩展城市土地边界。征收和整理宅基地就成为地方政府获得增量土地的最重要方式。另外，城市土地不仅要满足居住、商业等服务业的需求，还要为地方政府招商引资提供落地支持。

地方政府征收农户宅基地，主要是为了获得土地用途转化后的增值收

---

❶ 此处并没有考虑角点解的情况，通常一个农户只有一处宅基地，面对的选择只能是选择服从政府征收或者抵制政府征收，连续预算约束情况下的多种选择往往不适用于绝大多数农户。但在做整体性分析时，假设为连续的情况并不影响最终的结论，本书后面将会放宽这一假设。

益，即 R 的部分。地方政府获得的总收益可以用 $Re=F$（C，p，P，T）表示，其中，Re 为总收益；C 为单位面积土地征收过程中除去支付给农户的补偿外发生的成本和为了能够用于城市开发而发生的土地整理成本，还包括土地招、拍、挂过程中发生的相关成本；p 为支付给农户的土地补偿价格；P 为地方政府将土地转让出的价格；T 为地方政府转让土地后，土地使用者提供的税收收入。由于 T 发生在土地转让之后，可以通过折现的方式将其加入土地价格之中，并不影响本书分析，所以在分析中可以去掉变量 T，因此价格 P 中就包含两个部分：地方政府将土地转让出的价格和单位面积获得的税收 T 的折现值。$F(q)$ 为征收 q 数量土地后能够整理出可供地方政府转让的土地数量。由于地方政府也是城市土地供给市场的垄断者，供给数量会直接影响价格水平，因此 P 的水平会受到供给数量 q 的影响。政府获得的总收益函数可以简化表示为：

$$Re = PF(q) - p(q)q - Cq \qquad (2.4)$$

三、中央政府利益

中央政府和地方政府一样，也非常关注经济增长，只有经济增长保持在相对较高的水平才能获得更多的财政收入。除此之外，中央政府还要考虑其他全局性的问题，如保持社会稳定，尽量不出现严重的群体性社会事件；关乎整体的国民经济安全，如粮食安全问题。

在土地问题上，中央政府也意识到保障粮食安全并不是实行最为严格的耕地保护措施，即所有耕地都不能改变农业用途，而是在城市化、工业化与耕地保护之间寻找某种平衡。在面对地方政府发展本地经济强烈要求的压力下，中央政府需要给地方政府发展经济提供土地来源的渠道。

在保持现有的宅基地管理制度方面，中央政府和地方政府的利益是一致的。一方面，可以通过变通的方式，"占补平衡"和"增减挂钩"来减缓农地占用，为地方政府提供土地支持，促进经济增长；另一方面，在宅基地征收之后，地方政府通常需要给农户安置新的住宅，这也符合中央促进农村居民集中居住，推进新农村建设和城市化建设的方针；同时，地方政府财政收入的快速增长，也使中央政府能够更为顺利地将一些地方事务的支出让地方承担，如医疗改革、养老改革和城乡基础设施建设等。只有在地方政府征收农村土地触犯了粮食安全（因为宅基地并不是农用地，所以不涉及此方面问题），或者引发严重的群体性事件，中央政府才会出面干预地方政府的行为。鉴于在征收农户宅基地方面，中央政府与地方政府具有较高的利益一致性，在分析中并不需要单独列出中央政府的收益函数。

四、土地使用者利益

政府转让的土地大致可分为两种用途：住宅、写字楼、商场等商业物业；为企业提供厂房、仓储、物流等生产用途的工业用地。在第一种用途中，房地产开发方会通过成本收益的核算，在土地"招、拍、挂"中确定出价，最终能够最大化发掘土地价值者获得土地开发权。在第二种用途中，土地使用成为企业考虑的众多成本中的一项，由于企业选址方面具有一定的灵活性，加之地方政府之间"招商引资"竞争，使投资企业拥有了优势地位。投资企业可以借助地方政府的政绩需求和未来财政贡献来压低土地价格。在两种土地用途中，土地的使用者的利益最大化，即实现使用土地的收益 $R_u = U(Q) - F(P, C_u)$ 在既定投资约束下的最大化，其中，R_u 为净收益；$U(Q)$ 为总收益函数，为土地数量 Q 的增函数；$F(P, C_u)$ 为成本函数，为土地价格 P 和开发成本 C_u 的增函数。

第四节　征收过程与租金分配

通过分析交易过程中价格形成机制和各交易主体的交易行为，可以揭示出与土地征收制度相结合的宅基地制度对相关主体利益、土地资源配置效率和社会福利水平的影响。

一、自由交易条件下的土地增值分配

观点一：在农户可自由交易宅基地的情况下，市场竞争会使土地资源

得到最有效利用，农户获得公平的市场价格。

在不存在政府对征地权的垄断，也不存在土地供应一级市场垄断的情况下，农户会依据 $\dfrac{\partial u / \partial k}{\partial u / \partial s} = \dfrac{p_k}{p_s} = 1$ 的原则，随着市场价格的变化来供给土地；市场需求者也会根据土地带来的边际收益变化来确定需求量。供给和需求决定市场的均衡价格 P^* 和交易宅基地的数量 Q^*。假设征地过程中并不存在外部性，自发的市场交易就能够实现帕累托最优的社会福利水平。❶ 本书将由此形成的价格、宅基地流通数量作为衡量与土地征收制度相结合的宅基地流转制度对土地资源配置效率破坏程度的标准，交易的价格和数量与自由市场决定的水平差距越大，则现有制度对市场效率破坏就越为严重。

二、地方政府双边垄断与角点解

观点二：地方政府垄断农户宅基地征收权和拥有的行政力量，使其能够以极低的价格获得土地。农户选择中的角点解使一定区域的土地供给缺乏弹性，进一步增强了政府的垄断力量。

宅基地转让的价格水平取决于两个因素：能否转变宅基地的经济用途；是否限制购买者的范围。现有制度规定要将农户宅基地集体土地性质转变为国有土地性质，成为城市建设用地，只能通过政府征收的方式。具体执行土地征收的是地方政府，地方政府垄断宅基地的征收权。

1. 地方政府只拥有垄断征收权

地方政府将会采取垄断购买者的方式来实现经济利益的最大化，其行为可以表述为：

$$\underset{q}{Max}\, PF(q) - p(q)q - Cq \tag{2.5}$$

其中，P 为地方政府面对的城市土地市场价格，q 为征收的宅基地数量，$p(q)$ 为在征收宅基地数量下征收价格，即农户宅基地供给函数，$F(q)$ 为征

---

❶ 即使在完全竞争的市场中，土地征用过程中，也有一部分成本没有被交易者内部化，而是由全社会来承担，即没有内在化全部成本，但由此引发的效率损失主要是市场机制本身的缺陷造成的，本书不考虑此部分的效率损失。

收 q 数量土地后能够整理出可供地方政府转让的土地数量。满足式（2.5）最大化条件为 q 的一阶导数等于0：

$$PF'(q^e) - C = p'(q^e)q^e + p(q^e) \qquad (2.6)$$

$PF'(q^e) - C$ 为获得宅基地并在最终转让过程中获得的边际收益，$p'(q^e)q^e + p(q^e)$ 为征收农户宅基地的边际成本，$p'(q^e)q^e > 0$，则 $p'(q^e)q^e + p(q^e) > p(q^e)$，所以地方政府征收宅基地的边际成本大于农户的供给价格。如果，地方政府不拥有宅基地的垄断征收权，市场均衡条件为 $PF'(q^e) - C = p(q^E)$；地方政府拥有征收垄断权时均衡条件为 $PF'(q^e) - C = p'(q^e)q^e + p(q^e)$，这时得出的均衡数量 $q^e < q^E$，同时政府会根据农户供给函数来确定补偿价格，$p^e < p^E$。地方政府垄断宅基地征收权导致的结果是更少的征收数量和更低的补偿价格。因为 $F(q)$ 为征收 q 数量土地后能够整理出可供地方政府转让的土地数量，理论上这个数值应当是 q 乘以一个大于0小于1的某个数值，所以存在 $0 > F'(q^e) > 1$。

通过图2-2可以清楚地看出征收价格和数量的变化，土地增值收益分配和租金损失。这就相当于地方政府在卖方并不具有垄断特权，所以面对的是不变的价格 P，是市场的价格接受者，地方政府的市场需求是一条价格为 P 的水平线。为了方便论证和说明，变换农户宅基地的供给曲线为 $[p(q)q + Cq]/F(q)$，由于设定 $F(q)$ 为某个大于0小于1的常数，$F'(q) \times q = F(q)$，相应的地方政府面对的边际成本曲线为 $[p'(q)q + p(q) - C]/F'(q)$。农户被征收了 q^e 数量的宅基地，但是 $q^e < q^E$，获得的价格是 p^e，此价格也低于 p^E，地方政府由于拥有垄断征收权获得的租金水平为 $p^E m e p^e$ 四边形的面积，即 $(p^E - p^e) \times q^e$，此部分租金主要是宅基地转换为城市建设用地后增加的租金的货币化，地方政府占有了大部分租金，农户没有参与租金分配。由于征收数量减少租金减少，全社会的租金水平也下降 mEe 的面积，函数表达为：

$$R_a = \int_{q^e}^{q^E} \left[P - \frac{[p(q)q + Cq]}{F(q)} \right] dq \qquad (2.7)$$

如果地方政府不拥有宅基地征收的垄断权，农民可以获得的转换土

地租金水平为 $p^E E p^0$ 图形的面积，函数表达式为式（2.8）。但是由于地方政府的垄断征收权，农户的租金水平减少了两个部分：$p^E m e p^e$ 四边形的面积，即 $(p^E - p^e) \times q^e$；mEe 的面积，即式（2.7）表示的数值。农户实际获得的宅基地转换用途后的租金增加仅为 $p^e e p^0$ 的面积，函数表达式为式（2.9）。

$$R_b = \int_0^{q^E} \left[P - \frac{[p(q)q + Cq]}{F(q)} \right] dq \tag{2.8}$$

$$R_c = \int_0^{q^e} \left[p^e - \frac{[p(q)q + Cq]}{F(q)} \right] dq \tag{2.9}$$

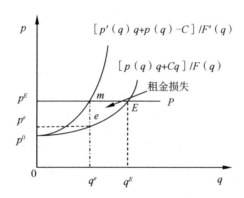

图 2-2　地方政府仅垄断宅基地征收权时的市场均衡

2. 地方政府具有宅基地征收和城市建设用地供给双边垄断权

上面函数中并没有考虑地方政府转让土地价格 P 的变化，但地方政府同时也是土地市场的垄断供给者，所以 P 是土地供给数量的函数，土地供给数量与宅基地征收数量直接相关，也是宅基地征收数量的函数。地方政府作为宅基地征收垄断者利益最大化可以表示为：

$$\underset{q}{Max} P(q) F(q) - p(q)q - Cq \tag{2.10}$$

一阶条件为：

$$P(q^{e1}) F'(q^{e1}) + P'(q^{e1}) F(q^{e1}) = p'(q^{e1})q^{e1} + p(q^{e1}) - C \tag{2.11}$$

因为在土地转让市场上，增加土地供给会导致价格下降，所以 $P'(q) < 0, P(q^e)F'(q^e) + P'(q^e)F(q^e) < P(q^e)F'(q^e)$，这样与上面单纯

垄断宅基地征收权相比征收的土地数量更少，支付的价格更低，全社会租金损失的更多，农户获得的租金水平更低。

可以用图来较为直观地说明地方政府双边垄断情况下，对交易价格、数量和福利水平的影响。如图 2-2 所示，政府的边际成本曲线 $[p'(q)q + p(q) - C]/F'(q)$ 要高于农户的供给曲线 $[p(q)q + Cq]/F(q)$，所以与地方政府的边际收益曲线 P 决定的征收宅基地数量 q^e 将小于 q^E，而政府会按照 p^e 的价格支付农户补偿，这也将小于 p^E，由此导致的福利损失为图形 mEe。如图 2-3 所示，考虑到地方政府在土地出让市场的垄断地位，地方政府的边际收益曲线不再是水平线，而是一条斜率为负的曲线，地方政府不再是市场价格的接受者，而成为市场价格的控制者。地方政府面对的需求曲线不再是 P，而是发生旋转转化为具有负斜率的 $P(q)$，对应的边际收益曲线为 $P(q) + P'(q)q$。地方政府利益最大化的选择是征收边际成本曲线 $[p'(q)q + p(q) - C]/F'(q)$ 和边际收益曲线 $P(q) + P'(q)q$ 相交点决定的 q^{e1} 数量的宅基地，支付给农户的补偿价格为 p^{e1}，在城市建设用地市场出售的价格为 P^{E1}。地方政府征收宅基地补偿价格和土地出让市场的转让价格，有如下数量关系 $p^{e1} < p^e < p^E < p^{E1}$，地方政府土地征收数量，有如下数量关系 $q^{e1} < q^e < q^E$。

地方政府获得的租金水平进一步提高。在地方政府只拥有宅基地垄断征收权的情况下，地方政府获得的租金水平为四边形 $p^E mep^e$ 四边形的面积，即 $(p^E - p^e) \times q^e$，在具有双边垄断权的情况下获得的租金水平为四边形 $p^{E1}m1e1p^{e1}$ 的面积，即 $(p^{E1} - p^{e1}) \times q^{e1}$。存在 $(p^{E1} - p^{e1}) \times q^{e1} \geqslant (p^E - p^e) \times q^e$。证明过程如下，$q^{e1}$ 为 $P(q)F(q) - p(q)q - Cq$ 值最大的土地征收数量，所以存在 $P(q^{e1})F(q^{e1}) - p(q^{e1})q^{e1} - Cq^{e1} > P(q^e)F(q^e) - p(q^e)q^e - Cq^e$，因为 P 是在地方政府没有市场控制力的情况下接受的价格，但是因为地方政府拥有卖方垄断权也就是能够控制市场价格，所以在征收 q^e 数量的宅基地能够至少在土地出让市场获得 P 的价格，即至少 $P(q^{e1})F(q^{e1}) - p(q^{e1})q^{e1} - Cq^{e1} \geqslant P(q^e)F(q^e) - p(q^e)q^e - Cq^e$，由于 $P(q)$ 一阶导数为负，则有 $P(q^{e1})F(q^{e1}) - p(q^{e1})q^{e1} - Cq^{e1} > P(q^e)F(q^e) - p(q^e)q^e - Cq^e$。全社

会的租金水平也下降了 $m1ae1$ 的面积，函数表达为：

$$R_{a1} = \int_{q^{e1}}^{q^a} \Big[P(q) - \frac{[p(q)q + Cq]}{F(q)} \Big] dq \qquad (2.12)$$

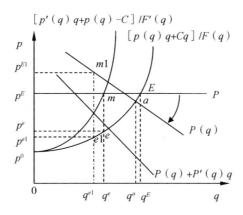

图 2-3 地方政府垄断土地出让市场和宅基地征收时的市场均衡

如果地方政府在双边市场上拥有垄断权，农民可以获得的转换土地租金水平为 $p^E E p^0$ 图形的面积，函数表达式为式（2.8）。地方政府拥有垄断征收权的情况下，农户实际获得的宅基地转换用途后的租金增加仅为 $p^e e p^0$ 的面积，函数表达式为式（2.9）。地方政府拥有双边市场垄断权的情况下，农户获得的租金水平进一步下降为 $p^{e1} e1 p^0$，函数表达式为式（2.13）。可以明确得出，在地方政府在双边市场都拥有垄断权的情况下，农户获得的租金水平最低。

$$R_c = \int_0^{q^{e1}} \Big[p^{e1} - \frac{[p(q)q + Cq]}{F(q)} \Big] dq \qquad (2.13)$$

3. 角点解

角点解的存在会使农户在交易所中处于更为不利的地位。角点解是指预算线在位于坐标轴上的交点处达到最高的可获得的无差异曲线，即在现有商品比价中消费者只选择其中一种商品，而不选择其他商品。上文给出 $\dfrac{\partial u / \partial k}{\partial u / \partial s} = \dfrac{p_k}{p_s} = 1$ 农户最优选择条件，形成的解是内部解。农户通常只有一处宅基地可以转让，所以宅基地转让并不是连续的，在比价 $\frac{p_k}{p_s} < 1$ 时，会使农户的任何选择都有 $\partial u/\partial s > \partial u/\partial k$，即农户最优选择为全部转让宅基地。如图 2-3 所示。假定农户只有一处宅基地，农户的预算约束线为 $m = p_k x_k + p_s x_s$，x_k 为自用或出租的宅基地数量，x_s 为转让或者同意被征收的宅基地数量。因为假定农户只有一处宅基地，我们可以将预算约束线的横纵坐标转化为价格 p_s 和 p_k，并假定 p_k 不变。农户的选择分为两种情况：一种情况为连续选择 $0 \leq x_k \leq 1, 0 \leq x_s \leq 1, x_s + x_k = 1$；另一种情况为只能选择其一，$x_k = 1$ 则 $x_s = 0$，或者 $x_s = 1$ 则 $x_k = 0$，即农户只能选择自用或者接受政府征收。

第一种情况会出现两种解的形式，图 2-4 中 e 点的内部解，农户会选择自用部分宅基地和向政府出让部分宅基地，出让的数量会随着征收价格 p_s 提高而增加，在图形上为向右上方倾斜的连续的农户宅基地供给曲线。当政府征收价格上升到 p_{s1} 水平时，农户将会转让全部宅基地。在连续情况下，并假定农户的收益函数不变，农户是否全部转让宅基地取决于 p_s 和 p_k 的比值关系，这也就是为什么处于城市郊区的农户能够获得更高的征收价格。处于城市郊区的农户相比于偏远农户，能将宅基地用于更多的经济用途，如收取更高的租金，用于经营服务业或商业等，但是由于转让限制、用途限制和资金限制，农户只能获得土地中非常有限的经济价值，这就导致 p_k 较低，对政府征收价格替代性也较低。如果让农户全部转让出宅基地，政府的补偿价格需要提高到 p_{s1} 的水平。

就单个农户而言，选择并不是连续的。政府征收宅基地绝大多数是进行土地的连片开发，不会允许农户只转让部分宅基地。农户的选择以第二种形式为主，要么接受，要么拒绝，只能出现角点解，而不是内部解。如图 2-5 所示。征收价格达到 p_{s2} 时，农户自用宅基地与转让给政府获得相同的收益水平，但是由于宅基地不能够分割，即非连续，农户不能达到在预算线 p_k 和 p_{s2} 与更高收益水平 u_2 相切的 e 点，更不可能达到 p_{s1} 的收益水平。只要政府的征收价格水平超过 p_{s2}，农户就会供给宅基地。

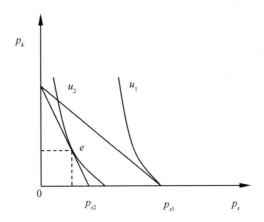

图 2-4　连续情况下农户的选择

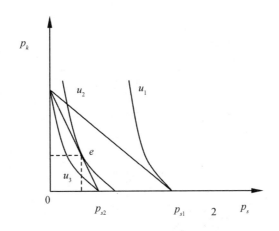

图 2-5　非连续情况下农户的选择

由于存在角点解，农户的宅基地供给曲线也发生变化。假定在每个农户的 p_{s2} 价格并不相同，但服从均值 $\bar{p}_{s2}$ 的正态分布。农户的宅基地供给曲线可以通过正态分布求概率密度的方式获得，具体曲线见图 2-6。农户的宅基地供给曲线就转化为在价格上升到 $\bar{p}_{s2}$ 之前征收价格上升带来更多的供给，超过 $\bar{p}_{s2}$ 之后价格上升并不能带来供给数量的显著增加。如图 2-7 所示，在征地数量小于 $\bar{p}_{s2}$ 对应的 $\bar{q}_{s2}$ 数量时，征收数量的上升并不会引起征收价格显著上升，土地供给富有弹性。在图 2-8 中，政府的征地数量超过 $\bar{q}_{s2}$，供给开始缺乏弹性，价格上升的幅度开始大于土地数量上升幅度。但是，地方政府并不一定采取图 2-8 中 p^{e1} 的价格来征收宅基地，可以采取低于此价格并且可能低于 $\bar{p}_{s2}$ 的价格水平。接下来，本书将分析地方政府的差别化定价策略。

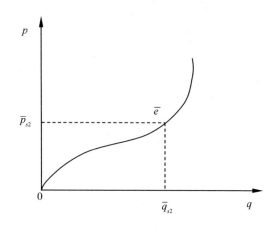

图 2-6　正态分布下农户宅基地供给曲线

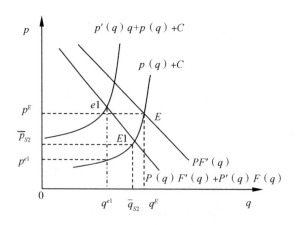

图 2-7　征地数量小于 $\bar{q}_{s2}$ 情况

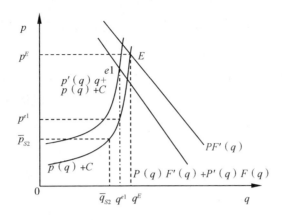

图 2-8 征地数量大于 $\bar{q}_{s2}$ 情况

三、地方政府差别化定价与棘轮效应

观点三：地方政府可以采取差别化的定价方式，进一步降低征收宅基地的补偿价格。政府以农户抵制行为的强度作为差别定价的识别信号。农户的抗争行为会面临政府的惩罚，抗争强度会受到较大限制。地方政府考虑到征收价格只能上升不能下降的棘轮效应，不会轻易提高征收价格。农户的抗争和政府的惩罚行为，大大增加交易成本，降低了政府使用行政权力整理土地的效率。

地方政府作为宅基地征收的垄断者，可以在制定的统一价格之上再实行差别定价的方式。垄断购买者差别定价的条件是，要能够识别各个农户的供给价格 p_{s2} 的水平，但是对此地方政府并不能从直接问询中得到，只能通过农户传递的信号来确定。如图 2-8 所示，地方政府按照收益最大化原则确定以 p^{e1} 的价格征收 q^{e1} 数量的土地，由于假设地方政府并不能识别每个农户的 p_{s2} 水平，不能采取差别定价的方式。如果政府能够采取差别定价，那么按照在 p^{e1} 价格征收 q^{e1} 数量后，对于 q^{e1} 至 $P(q)F'(q)$ + $P'(q)F(q)$ 曲线和 $p(q)+C$ 曲线交点决定的数量之间，地方政府需求的价格仍然高于农户的供给价格，按照农户供给价格进行征收，仍然可以增加地方政府的总收益。地方政府可以通过农户是否抗争和抗争的强度来识别 $p_{s2} > p^{e1}$ 的农户，但政府的征收价格不会超过 $P(q)F'(q) + P'(q)F(q)$ 曲线和 $p(q) + C$ 曲线交点决定的价格水平。

在农户抗争地方政府征收时，政府要通过惩罚来确定真实的 $p_{s2} > p^{e1}$ 的农户，过滤掉虚假信号。如果政府对抗争行为不处罚或不采取其他方式增加农户抗争成本，理智的农户都会采取抗争的行为。我们设定农户接受的收益为 p^{e1}，这里不考虑集体经济对补偿款的截留，实际上农户如果采取现金补偿，集体截留是普遍现象。农民抗争成功和不成功的收益分别为 $p^{e1} + v - c$ 和 $p^{e1} - c$，成功的概率 $P \in [0, 1]$，那么农户选择抗争的预期收益为 $P(p^{e1} + v - c) + (1 - P)(p^{e1} - c)$。只有在 $P(p^{e1} + v - c) + (1 - P)(p^{e1} - c) > p^{e1}$，抗争的预期收益大于接受的预期收益时才会采取抗争的策略。一般情况下，农户普遍是风险规避者，抗争的预期收益还要减去风险折算。只有在经过风险折算后的抗争收益大于接受的收益时，农户才会采取抗争的策略。这样，政府就可以通过农户的抗争行为来过滤虚假信号，确定 $p_{s2} > p^{e1}$ 的农户，并对部分抗争较为激烈的农户给予更高的补偿。从各地补偿情况来看，坚持到最后签订协议、最后拆迁或者持续上访的农户往往会获得更多的补偿。通常绝大多数农户会选择接受地方政府的征收条件，因为拒绝政府征收的农户要付出较高的时间成本、精神压力成本、较高的不确定性，甚至面临暴力拆迁导致的身体和生命威胁。

考虑到农户的抗争行为，地方政府的定价措施是先确定一个征收价格标准 p^{e1}，此价格可以保证政府征收到 q^{e1} 数量的土地。对抗争的农户，政府会采取惩罚措施。政府要权衡惩罚抗争支出的成本，如与农户反复协商成本、动用行政力量成本、农户上访遭到上级政府的惩罚和形成恶性事件造成的社会影响。政府惩罚成本与抗争的人数和抗争的强度相关，所以政府设定的征收价格一般要高于一半以上农户预期的 p_{s2} 价格水平，这样就保证绝大多数农户不会真正采取抗争策略。

由于补偿标准存在棘轮效应特征，未来的补偿标准很难低于目前的标准，考虑到提高现在补偿价格会使未来价格进一步上升，政府通常都会采取强硬的措施来惩罚农户的抗争行为。前文分析中，农户的 p_{s2} 数值主要由居住和出租等自用的价值来决定，通过正态分布的假设确定出均值 $\bar{p}_{s2}$，实际上决定 p_{s2} 和 $\bar{p}_{s2}$ 的因素还有以往征收价格和周边地区的征收价格。农户通常选取不低于以往征收价格中最高价格作为接受价格 p_{s2}，并且比较周边类似条件下的征收价格，并希望不低于周边其他地区的征收价格。如果周边地区农户的抗争行获得了较高的补偿价格，就会产生示范效应，使现有农户的 p_{s2} 提高到不低于抗争成功地区的征收价格水平。如果政府征收价格低于多数农户的 p_{s2} 价格水平，将会遇到农户较为强烈的抗争，使征收成本显著上升。地方政府意识到征收价格只能上升不能下降的棘轮效应，就会加大对当前抗争行为的惩罚力度，压制未来征收成本的上升。

四、地方政府商业用途土地供应的控制

观点四：政府转让用于商业等房地产开发的土地时，会控制土地供应节奏，保证收益最大化，导致土地供给短缺和社会福利损失。

如果政府能够按照竞争性市场来供给土地，虽然政府从农户手中低价获得土地，并出售给土地开发者，政府只是剥夺了本应属于土地所有者的收益，但并不会影响资源配置效率。也就是说，在这种假设情况下，现有的土地征收制度和宅基地管理制度并没有造成市场效率下降。但是实际情况并非如此。

在不存在与购买者串通等腐败行为的情况下，地方政府的理性选择是实现土地出让收益的最大化。地方政府获得土地转让收益最大化的行为可以表示为：

$$\underset{P}{Max}\, Pd(P) - C(d(P)) \tag{2.14}$$

其中，P 为土地转让价格，$d(P)$ 为房地产开发企业在 P 价格下对土地的需求数量，$C(d(P))$ 为地方政府供地成本，$Pd(P) - C(d(P))$ 为地方政府土地出让的总收益。把 $d(P)$ 表示为反函数形式，即 $Q = d^{-1}(P)$。地方政府土地转让利益最大化可表示为：

$$\underset{Q}{Max}\, P(Q)Q - C(Q) \tag{2.15}$$

对式（2.15）进行一阶求导，并设地方政府的最优供地数量为 Q^e，并满足最大化条件得到：

$$P'(Q^e)Q^e + P(Q^e) = C'(Q^e) \qquad (2.16)$$

设定土地供应数量不能为负，而 $P(Q^e)$ 为土地供应数量的减函数，即 $P'(Q^e) < 0$，则 $P(Q^e) < C'(Q^e)$，代表土地供应的边际成本低于价格，低于社会最优供应量。通过图 2-9 可以得出，政府垄断土地供给市场会导致更高的土地供给价格和更少的供给数量。政府在供给的最优选择为以 P^e 价格供给 Q^e 的土地数量，如果政府不是土地的唯一供给者，市场的均衡价格和数量分别为 P^E 和 Q^E，明显 $P^e > P^E$ 而 $Q^e < Q^E$。政府的土地供给市场垄断地位造成的社会福利水平下降为图 2-9 中阴影部分。

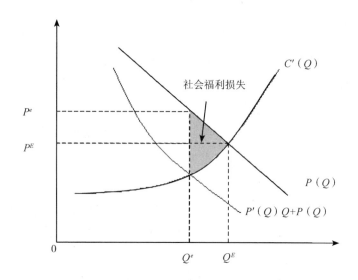

图 2-9　土地供给垄断情况下的市场均衡

五、地方政府间过度竞争与土地过度供给

观点五：地方政府招商引资竞争致使工业用地过度供给和土地使用效率低下。

地方政府征收农户的宅基地，除用于公共设施建设、商业和住宅地产开发外，另一个重要的用途就是通过土地招商引资。

上文中设定地方政府的利益函数为 $R = F(C, P, T)$，进一步设定为 $R = P(Q)Q + TQ - C(Q)$，其中 T 为将未来收益折现后土地综合税率。需要加入政绩变量，政绩变量主要取决于地方政府招商引资的数量。招商引资数量越多，给地方政府官员带来的政绩也越多，招商引资的数量存在边际收益递减的情况。设定在土地征收数量一定的情况下，部分土地将用于招商引资，招商引资土地数量的增加数量等于商业等房地产开发土地减少的数量。地方政府的收益函数可以表示为：

$$R = P(Q^A)Q^A + TQ^A - C(Q*) + U(Q^C)$$
$$Q* = Q^A + Q^C \tag{2.17}$$

其中，Q^A 为用于商业等房地产开发的土地数量，Q^C 为用于招商引资的土地数量，$Q*$ 为地方政府供给的土地总量，假定为不变的常数，$U(Q^C)$ 为招商引资给地方政府，主要是地方政府主要官员带来的收益。假定存在内部解的情况，对地方政府利益函数最大化条件求导得到，满足最大化条件为：

$$P'(Q^A)Q^A + P(Q^A) = U'(Q* - Q^A) \tag{2.18}$$

即用于商业等房地产转让土地的边际收益与用于招商引资土地带来的边际收益相等。用于商业等房地产转让土地的边际收益的大小取决于转让价格和需求曲线的斜率（一阶导数），即需求曲线越陡峭，供给减少导致的边际收益下降得越慢，则用于招商引资土地的边际损失也越小。用于招商引资的土地数量还取决于地方政府对招商引资的偏爱程度，其中包括如下几个因素：招商引资带来的本地未来税收增加幅度，带来 GDP 增长对本地官员的政绩影响，相关竞争地区之间招商引资规模对本地主要官员升迁产生的压力。

地方政府 $U(Q^C)$ 并不是完全以本地经济的整体效益的衡量标准，也不是完全以本地政府的经济利益为出发点，而是主要取决于地方政府主要官员的主观评价。地方政府主要官员的利益主导了收益函数 $U(Q^C)$

的取值分布。符合地方政府主要官员个人利益或者少部分官员集体利益的选择，并不一定符合本地区整体利益，即少部分人获得利益却将成本转嫁给外部主体。

由于考核、任命和升迁主要取决于上级领导和上一级部门，使地方主要官员行为短期化较为普遍。地方政府官员对招商引资对本地区未来经济的影响，尤其是税收的评价会降低，更看重对当前政绩的影响程度。对地方政府官员而言，招商引资会直接增加本地区的投资规模，投资规模的增长会提升本地官员的政绩，并能够在相关地区竞争中取得优势。

招商引资收益中主要官员主观评价占有的比重高低，还取决于地方政府权力集中程度和上一级政府权力集中程度。权力集中度越高，主要官员主观评价在 $U(Q^c)$ 中所占的比重就越高。地方政府基本上是"一把手说了算"，重大决策几乎都掌握在省委书记、市委书记、县委书记等手中，非经济因素将会严重影响地方政府用于招商引资的土地规模。现实中，这就表现为：一方面，商业等房地产开发土地价格很高，供给短缺；另一方面，地方政府之间几乎采取零地价的方式招商引资，致使工业用地集约化程度低，浪费严重。

第五节　相关问题讨论

农村建设用地改革的方向应当是，打破地方政府对农村建设用地包括农用地征用的垄断权，农户可以直接与土地需求者交易，农户对宅基地享有与城市居民自有住宅相同的权利。在得出市场化改革方向结论之前，有必要对否定农村建设用地自由流转改革的观点进行分析。

1. 自由流转是否会导致农民流离失所，涌入城市形成大量贫民窟

通过分析认为，当前宅基地自由流转不会造成大规模农民流离失所。首先，农民决定是否转让住宅是较为谨慎的，转让住宅的行为涉及家庭所有人的利益，通常会审慎考虑；其次，农村人口向城镇转移是拉动农民转让宅基地的主要动因，我国已经进入城市化快速发展阶段，预计未

来30年城市化率将达到70%，农民转让宅基地是更好的配置土地资源的过程。

在发展中国家城市化过程中，在大城市周边通常会伴生贫民窟。中国经过三十多年经济快速发展，大量农民工进入城市，成为城市经济发展的重要力量，但是我国并没有在城市周边形成大量贫民窟。这主要是得益于政府对城市的严格管理。农民工主要居住在工地、地下室、企业宿舍、棚户区，处于分散状态，没有选择形成贫民窟的权力。2018年，按常住人口统计，我国城镇化率已经达到59.58%，而户籍城镇化率仅为43.37%，有两亿多农民工并没有真正定居城镇。城镇化首先要解决两亿多农民工和家属的城镇化。宅基地自由流转后，价格上升，会增加农民的资产，提高农民进入城市定居的经济能力。城镇化过程中出现大量贫民窟的国家，主要是陷入中等收入陷阱的国家，严重的贫富差距和政府腐败是最主要的原因。中国要防止出现类似情况，要解决的是如何避免中等收入陷阱，而不是限制农民的正当权利。

2. 以宅基地承担农民的社会保障功能为由来限制其流转是否成立

农民抵御各类风险的能力较弱，由于疾病等突发因素被迫转让住宅，并不能构成限制宅基地市场流转的理由。在现代社会，个人的突发风险依靠政府救济、完善的社会保障和商业保险来抵御，应当尽快建立和完善面向城乡居民的平等保障体系，而不是让农民以宅基地和耕地来承担此项功能。我国城镇住房商品化改革已经实行了十多年，也并没有出现大批城市居民流离失所的情况，城镇住房困难的低收入居民通过政府提供政策性住房解决，对于相似情况的农民也应采取相同的方式解决。

任何资产对所有者都承担保障功能，资产所有者可以通过变现资产的方式来应对风险。宅基地只能在村民之间转让，大大降低了资产的市场价格。放开宅基地流转的限制，实行市场化改革，宅基地价格会上升，提高宅基地作为资产给予农民的保障能力。另外，在现代社会，对贫困群体的社会保障主要由政府来提供，我国经济发展水平和政府财力也能够承担贫困人群的基本社会保障。

3. 自由流转后，农民资产快速增长是否会危及农民的安全

这种观点认为，农民宅基地自由流转后，宅基地价格会大幅度上升，处于弱势地位的农民会因为没有保护资产的能力而导致利益受到损害，如黑恶势力介入、强买强卖等。这种情况在我国确实存在，但这并不是否定宅基地自由流转的理由，而是说明现阶段对私有产权的保护还需要完善。此种情况不会是普遍现象，如近些年城市住宅价格快速上涨，拥有城市住宅的居民资产大幅度增长，但很少出现居民因为资产升值而利益受损的情况。反而是在政府拆迁或者征用土地时，使城市居民、农村居民利益受损，甚至引发群体事件。宅基地自由流转后，地方政府就不具有土地征收和土地供给的垄断权利，不再是市场交易的参与者，政府职能定位就可能转化为市场秩序的维护者和交易主体合法利益的保护者，能够更好地保障农民对宅基地拥有的产权。

4. 自由流转是否会导致农地大规模减少，危及粮食安全

宅基地的自由流转并不会造成耕地大规模减少，反而能够增加耕地面积。这是因为宅基地自由流转和宅基地侵占耕地是两个问题。宅基地侵占耕地主要是宅基地管理没有按照相关的法律、法规执行，是管理层面的问题，而不是制度层面的问题，只要严格限制耕地用途，严格执行规划，就不会出现宅基地大规模占用耕地的情况。更重要的是宅基地自由流转之后耕地面积会增加。中国农村存在的情况是，随着农村人口向城市转移，农村居民数量减少，但宅基地面积不减反增，主要原因就是宅基地的无偿取得制度和流转限制。推动宅基地自由流转，产生的直接效果就是会严格限制宅基地的无偿取得，并随着人口转移到城镇，促进更多偏远地区的宅基地复耕为农用地。

5. 自由流转后是否会增加城市用地成本

地方政府作为土地征收和供给的垄断者，会制定低于竞争市场的征收价格和高于竞争市场的供给价格，大幅度增加了城市住宅等商业地产的成本，成为维持和助推城市地产价格上涨的重要力量。宅基地自由流转后，农民获得的转让价格会高于政府的征收价格，但土地供给市场不存在垄断

者，众多的供给者会降低市场成交价格，进而降低城市用地成本。目前，高昂的城市用地成本主要是因为政府在土地市场的垄断地位，宅基地自由流转后自然能够降低城市用地成本。

6. 自由流转后是否会减缓城市化进程

前文已经分析过，由于政府垄断土地征收和土地供应，作为一个垄断者倾向于减少供给来维持垄断价格，直接减缓了城市化进程。有一种观点认为，宅基地自由流转后，由于单户宅基地的占地面积较小，而土地使用者往往需要一定规模连片的土地，完成一项土地交易需要与众多农户分别交易，其中任何一个农户不愿交易或者要价过高，都会致使交易无法达成。宅基地自由流转中涉及的成本主要有交易成本和"敲竹杠"成本。由于政府征收价格较低，不仅要面临交易成本，还要面临农民抗争成本。这就要比较两种类型交易成本的高低，尤其是交易过程中的时间成本。从完成工业化和城市化的国家来看，自由流转并不一定会比政府征收的模式增加更多的时间成本，在一些商业用途的土地转让中，农户会参考相似位置的土地转让价格，形成相对合理的预期，便于顺利完成交易。在政府征收中，由于存在巨大的买卖差价，农民获得的补偿多少不仅取决于土地的地理位置，更取决于农民抗争的强度和地方政府惩罚的强度，这需要反复试探，也就要支付更多的时间成本。由于没有详细的统计数据进行比较，无法得出两种交易类型之间的时间长短差别，但从大量土地征收过程中出现的示威、游行、上访及更严重的人身伤害事件表明，政府垄断土地征收要付出高昂的时间成本。

7. 土地增值收益是否应当主要归农户，通过政府来分配土地增值是否可取

农户宅基地升值并不是因为农户对土地投资的结果，而主要取决于经济发展、城市扩张、周边基础设施投入增长，增值来自全社会，理应将外部正效应带来的土地增值在相关利益者之间或者全社会范围内分配。因此就有学者认为，政府应当作为宅基地征收的主体获得全部或者绝大部分土地增值收益，其再通过投入基础设施建设和转移支付分配给社会全体成员。

从理论上，这种观点具有很强的合理性，也能够得到绝大多数社会成员的认可。但此观点缺乏现实基础。首先，能够达到将土地增值收益在全社会范围内合理分配的一个前提条件是政府一定是相对廉洁、公正的主体，政府的行为受到民众的直接监督，并且民众能够较为通畅和清晰地获得信息，如果政府与市场经济主体相同或者相似，也要获得经济利益，就不可能实现上述观点提出的假想结果。其次，政府作为土地垄断征收和垄断供给主体，增加了不必要的土地交易环节，会导致效率损失。最后，发达国家通行做法是政府向土地所有者征收土地增值税、持有税等税收，即实现土地增值收益在全社会范围分配又减少了政府直接介入市场交易造成的效率损失。从资源流动、更好地配置土地资源角度出发，如果政府拿走全部或者绝大部分土地增值收益，对于土地的所有者或者实际占有者，就没有经济动力来供给土地，并且会抗争政府土地征收行为。国际通行做法是，政府通过税收的方式与土地所有者或实际占有者分享土地增值收益，政府获得的比例有明确规定，并且绝大多数国家政府获得的比例不超过土地增值的50%。

8. 自由流转后是否会造成城市和农村土地使用混乱

有一种观点认为，如果允许宅基地自由转让，获得宅基地的主体就会根据自己的需要和偏好随意建设和使用土地，会影响城市、农村建筑布局，呈现出城乡建设杂乱无章的状况，再治理会付出更高的成本。笔者认为，这与宅基地自由流转之间并不存在矛盾，而是相对独立的两个问题。宅基地自由流转并不意味着土地使用者对土地的使用行为不受限制，几乎所有国家都会对土地结构、规模、布局、用途等方面进行管制。只要政府做好土地规划、用途管制和使用过程的监管，就不会出现土地使用混乱的情况。反之，即使在政府垄断土地征收和供给的情况下，也会出现土地使用混乱的情况。

第六节　本章小结

本章是本书研究的逻辑起点，也给出了本书的研究框架。本书研究采用的是马克思地租理论视角，研究的出发点是马克思地租理论。本章首先简要介绍了马克思地租理论和国内外关于地租理论的研究现状。马克思的地租理论最初主要是为了研究农业部门生产和剩余价值分配问题，所以马克思的级差地租、绝对地租和垄断地租理论也主要是以农业部门为主要研究对象。虽然马克思在探讨地租理论问题时也涉及建筑地段地租和矿山等自然资源地租，但是研究并不深入。马克思绝对地租理论建立的前提是农业生产部门的资本有机构成低于全社会资本有机构成，但这只是一个统计学的条件，如果农业部门的资本有机构成达到全社会平均水平，理论上绝对地租就会消失。该问题引发了国内外学者的讨论，目前并没有得出一致认同的观点和解释。与国外学者主要从理论角度研究马克思地租理论的情况不同，国内学者不仅从理论角度探讨该问题，也从地租理论的应用，主要是运用地租理论解释中国经济现象和分析经济问题角度开展了一些研究。

　　本书主要是通过马克思地租理论视角来研究宅基地征收、流转过程中的土地增值收益分配问题。逻辑起点在于，对宅基地转变为城市建设用地后的土地增值部分的地租属性进行分析，然后构建参与征收博弈过程的各主体的利益函数，并根据相关行为来分析土地增值分配情况和对全社会福利的影响。宅基地对于农户是能够带来租金的资产，自用相当于自己出租给自己，所以可以通过租金未来值折现的方式计算出宅基地对于农户的现值，也就能给出农户接受地方政府征收或转让宅基地的最低价格，然后通过设定农户的最低价格符合正态分布的假定，就给出了农户的宅基地供给函数。本研究给出的供给函数不是以效用价值理论为基础，而是来自马克思的地租理论，虽然形式上有一定的相似性，但是实质有显著的不同。

　　通过对宅基地征收过程中的行为、征收价格、征收数量和租金分配的分析，可以得到以下结论：在农户可自由交易宅基地的情况下，市场竞争会使土地资源得到最有效利用，农户获得公平的市场价格；地方政府拥有的宅基地垄断征收权和城市土地的垄断供给权，会使得农户只能得到非常低的补偿价格，宅基地转换用途的租金增值绝对部分归地方政府所有，这些结论完全建立在地方政府合法征地的前提下；由于农户普遍只有一处宅基地，不存在连续消费或出让的情况，农户在接受征收或自用只能选择其一，经济学上的解释是不存在内部解，只存在角点解，这就进一步增强了地方政府的垄断力量，农户获得的补偿进一步下降；农户的抗争行为会面临政府的惩罚，抗争强度会受到较大限制；地方政府考虑到征收价格只能上升不能下降的棘轮效应，不会轻易提高征收价格；农户的抗争和政府的惩罚行为，大大增加了交易成本，降低了政府使用行政权力整理土地的效率；地方为了收益最大化，出让用于商业等房地产开发的土地时，会控制土地供应节奏，导致土地供给短缺和社会福利损失；地方政府招商引资竞争致使工业用地过度供给和土地使用效率低下。

通过本章的研究，可以得到如下建议：在政府规划管制的前提下，政府应当赋予农户宅基地与城市居民住宅相同的权利，允许农户宅基地自由流转；将地方政府的征地范围严格限制在公益性领域，并以市场价格作为征地补偿标准；通过税收方式明确政府分享土地增值比例，并严格限制税收的使用领域，主要集中在本地区基础设施建设、社会保障等公共福利领域。

第三章 农户个体"软抗争"、地方政府策略与租金分配

本章延续上一章的思路，进一步研究宅基地征收过程中地方政府和农户的行为和租金分配问题。现实中，虽然地方政府拥有宅基地的垄断征收权，征收程序、补偿方式和补偿标准都是由地方政府单方面制定，农户很难参与到地方政府的决策制定过程。这也并不意味着农户只能是地方政府征收条件的接受者，农户可以通过采取"软抗争"来分享土地增值收益。本章首先介绍农户的"软抗争"方式和地方政府的应对策略，接下来分析农户的"软抗争"对地方政府征收行为、土地征收数量、城市土地价格、农户的补偿和地方政府收益的影响。

第一节 农户"软抗争"与地方政府应对

面对地方政府的征收行为，农户并不能拒绝，更不能单方面终止交易，所以，多数研究认为农户在整个过程中都处于附属和被动状态，尤其是经济学的研究中通常认为农户只是征收的接受者。实际情况是，农户会采用自己的抗争方式来与地方政府展开博弈，争取尽量多的利益。地方政府面对农户的抗争行为也会采取一些策略，尽量降低农户抗争造成的收益降低以及对地方政府和主要官员造成的负面影响。下面简要介绍农户"软抗争"的方式和地方政府采取的应对策略。

一、农户的"软抗争"

农户普遍使用的抗争方式是"软抗争",这种抗争方式不包括通过司法途径的体制内抗争、个体运用身体和生命的较为激烈的抗争和群体抗争。"软抗争"的具体方式如下。

(1)利用征收补偿规则,增加补偿物的数量和价值,进而提高补偿额。地方政府在公布征地公告之后就会公布详细的征收补偿标准,农户就会依据补偿标准来争取更高的补偿。对于被征收宅基地的农民而言,他们无法阻止地方政府的征收决定,在确定补偿标准和总额方面也很少有话语权,但是他们可以采取类似于"弱者的武器"的方式为自己争取更多的收益。❶ 地方政府的调查人员在征地公告之后,才能进入现场进行调查、丈量和评估,中间的时间差就成为农户获得更多利益可利用的机会,表现为抢栽、抢建、抢种。宅基地征收的补偿分为两个部分:土地补偿和地上附着物补偿。对于宅基地占地面积,在已经确权颁证的地区,宅基地面积都已经明确,很难有操作的空间,但是对于没有确权颁证的地区,农户就可以通过多占宅基地外部的村庄公共面积(宅基地周边的道路或者其他没有明确界定所有权的周边土地)的方式来增加总的补偿面积。

通过增加地上附着物数量和价值的方式来增加补偿额,是农户采用最多的抗争方式。房屋的建筑结构不同,补偿标准不同,草房、砖瓦房、砖砼结构、二层以上楼房之间的补偿差距较大。农户可以在现场调查之前通过"种房"的方式来增加房屋面积和改变房屋结构,这样就能获得更多的补偿。对房屋的装潢装修也会给予一定的补偿,主要包括吊顶、地板、门

---

❶ 斯科特(Scott)通过对东南亚农民的调研指出,农民的主要抗争形式是日常抗争,而不是公开的有组织的抗争。农民在与那些欺压和剥夺他们利益的人的斗争中,采取的抗争方式有偷懒、装糊涂、开小差、假装顺从、偷盗、装傻卖呆、诽谤、纵火或怠工等,这些都被称为"弱者的武器"。他们采取这种抗争的时候都是个人行为,不需要提前进行协调和计划,都是分散进行,但是能够形成较为显著的抗争力量。详细内容参见:Scott, James C. Weapons of the Weak:Everyday Forms of Peasant Resistance [M]. New Haven CT and London:Yale University Press, 1985.

窗、墙纸、墙砖、吊灯、马桶、灶台等，这些都具有操作的空间。农户宅基地的地上附属物还包括禽舍、水井、厕所、地坪、院墙、瓜果蔬菜、花草树木等，由于各项补偿标准会有差别，农户会采取利益最大化的原则选择增加何种附属物的数量。

（2）通过拖时间、攀比和贿赂等软方式来提高补偿额。对于地方政府而言，时间成本是一项重要的成本，一方面，由于地方政府普遍面临用地指标和可用土地紧张的局面，大量的项目落地和各种发展规划都需要有新增土地为依托；另一方面，地方政府主要官员的政绩需求和任期有限的现实情况，也使得土地征收变得更为迫切。与地方政府相比，农户则不同，增加交易的时间并不会带来实际的经济损失，还可能会获得更多的收益。农户通常不会立即就同意签署征地拆迁补偿协议，他们会尽量拖延时间。征地拆迁的工作人员会多次前往住户家中做工作，住户要么置之不理，要么故意推脱，核心是通过拖延的方式来增加地方政府征地的时间成本，希望借此来增加补偿。

农村是一个关系相对紧密的社会群体，村民之间长期生活在一起，互相熟识，多数村民之间要么是经常往来，要么是存在一定的血缘、亲缘关系，农户就会利用农村熟人社会的特点来获得更多的补偿。虽然地方政府在公布征地补偿时对于各项补偿都有明确的规定，但是对于标的物的认定存在一些模糊地带，这就存在变通的余地。一旦某个村民通过某种方式获得了更高的补偿，其他村民得到消息后通常也会要求享受同等待遇，这就形成一种攀比效应，地方政府就会面临提高补偿的压力。地方政府在征地拆迁过程中，需要得到村干部的支持和帮助。村干部对农村内部的社会关系、各家各户的基本信息和背景关系有着充分的了解，对哪些农户容易打交道，哪些农户比较难缠也都很清楚。地方政府要么采取让村干部辅助征地拆迁工作，要么采取包干的方式将征地拆迁直接委托给村干部。虽然中央政府一再要求征地拆迁工作不能够采取委托的方式，但地方政府可以采取暗中包干给村干部。在整个征地拆迁过程中，村干部就会发挥重要作用，因此也就拥有了对标的物价值评估的话语权和自由裁量权，农户就可以采取贿赂村干部的方式获得更多的补偿。农村的熟人社会特征，也会使得与村干部关系紧密的农户能够在征地拆迁过程中获得更高的收益。

二、地方政府应对

对于农户的"软抗争"行为，地方政府很难做到有效的惩罚，很多情况下只能接受，只要农户的"软抗争"不是"太过分"，都会或多或少地得到一些补偿。

（1）对于农户利用规则或者时间差等方式增加补偿物的数量和价值的情况，地方政府通常会在公布征收公告的时候明确规定不予补偿。地方政府在作出征收宅基地决策之前，要经过内部的讨论、研究和论证，都会要求参与人员严格保密，但还是很可能出现信息泄露的情况。获得信息的农户的理性选择就是采取抢栽、抢建、抢种的策略。即使没有出现信息泄露，地方政府在发布征地公告之后，农户也会利用工作人员进入现场进行调查、丈量和评估之前的空隙时间，快速地进行抢栽、抢建、抢种。地方政府会在征地公告之后建立"巡逻队"，严密监视农户是否有抢栽、抢建、抢种的行为，一旦发现就会坚决拆除。政府这些措施能够减少抢栽、抢建、抢种情况发生的数量，但是被阻吓和制止住的只是"顺民"，对于他们眼中的"刁民"，往往不起作用。为了能够缩短征收时间，尽快让农户在征收协议上签字，地方政府对于既定事实的抢栽、抢建、抢种，只要不是非常"过分"，会采取部分接受的处理方式。有时候为了让农户能够尽早"签字"，会在房屋主体和其他地上附着物的估值上做少量的增加，让农户有占到便宜的感觉，条件是农户要在规定的时间内在征收协议上"签字"。

（2）地方政府通过搬迁奖励和"一把尺子量到底"的措施应对农户拖延时间和攀比的策略。通过拖延时间增加地方政府成本的方式来增加补偿是地方政府普遍遇到的农户抗争方式。地方政府会在补偿条款中规定，按照约定的时间签署征地协议并腾退房屋的农户会获得一定数额的拆迁奖励，从几万元到十几万元不等。如果农户意识到自己没有能力与地方政府抗争，或者即使抗争，增加补偿的概率也较低，农户就会在短时间内签署征地协议，这样至少能够获得拆迁奖励。随着"签字"农户数量的增加，没有"签字"的农户的比重会逐渐降低，这会对没有"签字"的农户形成现实的压力。地方政府还会采取"顺序递减"的策略。所谓顺序递减，就是越早"签字"的农户，在地上附属物的评估中能够获得越高的评估价值，如提高附属物的等级、增加附属物的数量；越晚"签字"的农户，获得的补偿将会越低。当农户意识到与地方政府抗争增加收益的可能性较小，或者成本过高，农户会选择尽早"签字"，拿到这些即将到手的利益。

针对通过攀比和贿赂的方式增加补偿，地方政府通常会采取不同的策略。如果相同或相似的标的物获得的补偿存在明显的差别，农户就会普遍要求征地方给予他们的补偿与最高补偿获得者相同。为了防止发生此种情况，地方政府征地拆迁中会一再强调执行统一的标准，不会随意改变补偿标准，即"一把尺子量到底"。为防止工作人员被农户贿赂提高补偿，地方政府通常会规定调查、丈量和评估过程中要多人、多部门同时在场，丈量和评估结果要多方签字共同认定。实际上，为了缩短征地拆迁的时间，地方政府会赋予从事现场工作的人员一定的自由裁量权，通过贿赂提高补偿还是有其存在的空间。征地拆迁过程中，地方政府的众多工作要得到以村干部为代表的村中核心人物和权威人物的支持和协助，这些人就会获得更多的利益。农村是一个熟人社会，很多农户之间或多或少会存在血缘、亲缘关系，村干部也需要得到村民的支持，这就不可避免地存在对一部分人"特殊照顾"的情况。农户的补偿成本与土地出让获得的巨额收益相比要少得多，地方政府为了尽快完成征地拆迁工作，对于期间存在的一些"跑冒滴漏"，只要没有造成成本大幅上升，普遍会采取默许的态度。地方政府也会认为这是为了更顺利地完成征地拆迁工作需要付出的成本。

第二节　农户个体"软抗争"、地方政府不惩罚与租金分配

农户清楚地方政府征收宅基地的核心目的是增加收益。征收宅基地并

出让获得的收益有：直接将土地以商业或住宅性质出让，获得高额土地出让收益，作为工业用地出让，提高本地区主要官员的政绩。虽然工业用地转让价格较低，有些地区甚至低于成本，但是可以获得未来的税收，增加本地就业和吸引外来人口，增加商业和住宅用地需求，提高商业和住宅用地出让价格，并能够增加当时和未来的税收。农户不能左右地方政府的征收行为，更不能终止征收，但是农户希望能够参与到收益的分配之中。农户可以以"软抗争"的方式参与土地增值收益分配。

一、主要假设

为了简化分析，本书假定在交易过程中并不存在村集体一级单位，地方政府直接与农户进行交易，博弈只涉及两个主体：地方政府和农户。❶

（一）地方政府

本书所指的地方政府是除中央政府和村集体组织之外的各级政府，对地方政府的行为有以下假定：

（1）地方政府为理性经济人，以收益最大化作为行为或策略选择的标准。

（2）地方政府征收的宅基地在城市土地市场转让后，获得土地拍卖收益和相关税费中的绝大部分，形成本级财政收入，供本级财政支出使用。如果征收后的收益主要上缴上一级财政，本级政府就不是本研究的宅基地征收主体，上一级政府为宅基地征收主体。

（3）假定地方政府的宅基地征收行为都合法且合规，这主要是为了研究现有宅基地管理制度和农村土地征收制度的内在缺陷。

---

❶ 在地方政府合法征地的情况下，没有侵占农用地，并且没有爆发严重的群体性事件和暴力事件，中央政府不会干涉地方政府的征地行为，也没有理由处罚地方政府的征地行为。地方政府通过征收宅基地获得土地后，能够增加地方财政收入，承担更多的地方支出，并推动本地经济增长，为中央带来更多的财政收入。在征收宅基地方面，中央政府和地方政府具有更多的利益一致性，所以不再将中央政府作为单独主体来分析。交易中还涉及的主体为村集体。在实际宅基地征收过程中，村集体更多履行的是地方政府协助者的职能，某些村干部还会通过运用权力和信息优势侵占农户利益。

（4）地方政府可以终止宅基地征收，农户不能终止交易，但可以通过抗争增加地方政府征收成本或以拖延时间的方式促使地方政府放弃征收。

（5）地方政府征收宅基地的收益主要包括：将土地在城市土地一级市场转让收益，获得的相关税费。$P(q)$ 为城市土地使用者的需求函数，q 为土地数量，$P(q)$ 为 q 的减函数。假定地方政府征收的宅基地全部用于转让，中间不存在消耗或改作其他用途，地方政府征收的宅基地数量和供给的土地数量均为 q。

（6）地方政府征收宅基地并用于土地出让的成本主要为：农户补偿费用；征收中的成本；土地整理成本；土地转让过程中发生的交易成本；如果遇到农户抗争政府征收，还有惩罚农户抗争行为的成本。$p(q)q$ 为支付给农户的补偿，$p(q)$ 为农户宅基地供给函数，为 q 的增函数。征收中的成本、土地整理成本、土地转让过程中发生的交易成本三部分成本统一设定为 Cq，C 为不变的常数，即宅基地从征收到转让过程中单位数量的成本支出不变（惩罚农户抗争行为的成本除外）。

（7）地方政府对于农户的"软抗争"只能通过增加监督检查来防范，不能进行惩罚，只能做到对"软抗争"不给予额外补偿。

（二）农户

我国相关法律、法规对宅基地有限制性规定。2004 年《宪法》规定：农村和城市郊区的土地，除由法律规定属于国家所有的以外，属于集体所有；宅基地和自留地、自留山，也属于集体所有。国家为了公共利益的需要，可以依照法律规定对土地实行征收或者征用并给予补偿。1999 年颁布的《国务院办公厅关于加强土地转让管理严禁炒卖土地的通知》规定：农民的住宅不得向城市居民出售，也不得批准城市居民占用农民集体土地建住宅，有关部门不得为违法建造和购买的住宅发放土地使用证和房产证。2004 年颁布的《土地管理法》规定：任何单位和个人进行建设，需要使用土地的，必须依法申请使用国有土地；农村村民一户只能拥有一处宅基地，其宅基地的面积不得超过省、自治区、直辖市规定的标准；农村村民出卖、出租住房后，再申请宅基地的，不予批准。根据相关限制性规定、宅基地征收的实际情况和本研究需求，做如下假定：

（1）农户是宅基地的实际占有者，拥有不改变土地性质和用途情况下的宅基地使用权，但农户不能将宅基地转让给城市居民，也不能直接将宅基地转变为城市建设用地。

（2）农户为理性经济人，以收益最大化选择自己的行为，排除农户由于情感、情绪等原因采取的非理性行为。

（3）每户农民只有一处宅基地，宅基地只能整体转让，农户无法通过转让部分宅基地的方式达到更高的收益水平。

（4）$p(q)$ 为在没有地方政府征收宅基地的情况下，农户在集体经济内部转让宅基地的供给函数，为宅基地数量 q 的增函数。

二、农户"软抗争"策略下的租金分配

观点一：在农户完全顺从地方政府征收的情况下，地方政府凭借宅基地垄断征收权和城市建设用地市场的垄断供给权，获得了土地转用增值的全部。

地方政府拥有宅基地垄断征收权，宅基地要转化为城市建设用地必须经过地方政府征收环节，同时地方政府又垄断城市的一级土地出让市场。地方政府可以利用自己的双边垄断地位获得全部的土地增值收益。地方政府的收益最大化可以表示为：

$$\underset{q}{Max}\, P(q)q + TP(q)q - p(q)q - Cq \qquad (3.1)$$

其中，T 为后期开发中获得的全部税（费）净收入，后期土地开发的税（费）净收入主要包括与土地直接相关的收入并减去成本，不包括间接收入如招商引资后企业经营提供的税（费）收入。因为 $P(q)$ 中已经包含土地从征收到出让环节的全部税（费），如果再加入税（费）就会出现重复计算。对式（3.1）求导，得出满足式（3.1）最大化的一阶条件为：

$$(1 + T)P(q^e) + (1 + T)P'(q^e)q^e = p'(q^e)q^e + p(q^e) + C \qquad (3.2)$$

其中，q^e 为满足政府收益最大化时，征收宅基地的数量。$(1 + T)P(q^e) + (1 + T)P'(q^e)q^e$ 为地方政府征收土地的边际收益函数，$p'(q^e)q^e +$

$p(q^e) + C$ 为地方政府的边际成本函数，由于地方政府的边际收益随着土地征收数量的增加而递减，边际成本随着土地征收数量的增加而增加，所以在边际收益和边际成本相等时，地方政府的收益最大化。地方政府最优征收数量可以表示为：

$$q^e = \frac{(1+T)P(q^e) - p(q^e) - C}{p'(q^e) - (1+T)P'(q^e)} \tag{3.3}$$

地方政府土地征收数量 q^e 主要取决于 $P(q)$、$p(q)$、C、$p'(q)$、$P'(q)$、T，可以得出如下结论：城市土地市场需求价格 $P(q)$ 越高，农户的供给价格越低 $p(q)$，地方政府征收数量 q^e 越多，反之越少；农户的宅基地供给越富有弹性，则 $p'(q^e)$ 会越小，需求越缺乏弹性 $P'(q^e)$ 值（为负值）越大，地方政府征收的数量 q^e 越多，反之越少；土地出让之后获得的税（费）净收入 T 比例越高，地方政府征收的数量 q^e 越多，但 T 通常是一个固定比例，由多种因素决定，短期内难以提高。

如图 3-1 所示，$p(q)$ 为农户的宅基地供给曲线，$p'(q)q + p(q) + C$ 为地方政府面对的边际成本曲线，$(1+T)P(q)$ 为地方政府面对的城市土地一级市场的需求曲线，$(1+T)[P(q) + P'(q)q]$ 为地方政府的边际收益曲线。如果地方政府不拥有宅基地垄断征收权，也不拥有城市一级土地市场的垄断供给权，在没有税收的情况下，市场的交易数量和均衡价格由市场供给曲线和需求曲线共同决定为 q^E 和 p^E，农户获得全部的土地转用的租金。地方政府在两个市场都拥有垄断权的情况下，双边垄断会使政府采取边际收益曲线和边际成本曲线相等的点 $e0$ 来决定自己的收益最大化策略对应的征收数量、土地出让价格和对农户的补偿水平。地方政府将会征收 $e0$ 对应的宅基地数量 q^e，在城市土地出让市场将收取按照征收数量 q^e 对应于需求曲线 a 点所能支付的价格 P^{e0}，相应地支付给农户的补偿价格将为按照 b 点对应的 p^{e0}。地方政府征收的宅基地数量 $q^e < q^E$，获得更高的出让价格 P^{e0} 和支付更低的补偿价格 p^{e0}。土地转用的租金收益是由于限制流转使得宅基地供给不能直接面对城市土地市场需求而产生的，所以城市土地需求和供给之间的价差即为土地转用增值。地方政府获得了全部的土地转用收

益为矩形 $P^{e0}abp^{e0}$ 面积，函数表达为 $(P^{e0}-p^{e0})q^e$。

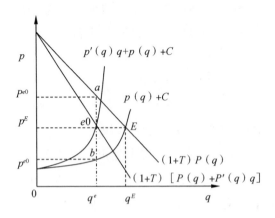

图 3-1　农户完全顺从地方政府征收

观点二：对农户宅基地流转的限制使得需求不足，闲置和半闲置宅基地由于价格低不愿意流转形成大量潜在供应，地方政府会以更低的价格获得大量宅基地。

如果地方政府面对的农户宅基地供给函数是缺乏弹性的，地方政府短期内的大规模征收会导致征收价格大幅度上升，但是如果农户的宅基地供给是富有弹性的，大规模征收并不会导致价格的快速上涨。地方政府面对的宅基地供给函数富有弹性，主要有以下原因：城镇化率提高会减少农民对宅基地的需求，我国处于城镇化高速发展阶段，2000~2018 年人口城市化率和户籍城市化率分别从 36.22% 和 26.08% 增长到 59.58% 和 43.37%；对宅基地交易限制在村集体内部，导致需求不足价格低；退出机制缺乏；宅基地基本无偿获得又致使在农村人口减少的情况下，宅基地不减反增。由于上述原因，出现大量的宅基地闲置和半闲置情况，一旦政府征收就会有大量的供给出现。宅基地村集体内部交易只有在农户不能无偿获得宅基地或者获得新批宅基地较为困难的情况下才能出现。农村内部的宅基地交易市场形成也只是近二十年，交易规模也比较小。市场规模小、成交价格低，使得大量的宅基地不愿意进入市场交易，大量闲置和半闲置的宅基地就成为潜在的供给。

图 3-2 和图 3-3 可以更为直观和清晰地说明地方政府面对的农村宅基地供给是富有弹性的。假定农村内部的宅基地交易市场是分期的（例如设定每期为一年），并且每一期的新增供给和需求都相同，但由于只有均衡价格之下有供给意愿的宅基地才能成交，所以就会出现每一期之后新增的供给都会累加到下一期。由于农村人口是在净减少，所以新增的需求小于新增的供给。城镇住宅对农村住宅有替代作用，虽然新申请宅基地比较困难，但有些地区还是能够获得，只是要付出更多的成本，这就限制了新增需求和未被满足需求积累的幅度，也就限制了宅基地价格的上涨幅度。因此，为了方便分析，假定未被满足的需求不会被积累。图 3-2 是第 1 期市场供求情况，均衡的交易价格和数量分别为 p^{e0} 和 q^{e0}，没有被满足的供给会转移到下一期，这样经过 N 期之后，供给曲线就会叠加为图 3-3 中的供给曲线。图 3-3 中供给曲线会更为平坦，即更富有弹性。

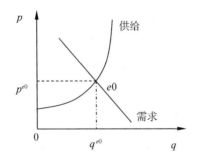

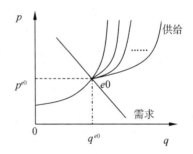

图 3-2　第 1 期农村内部宅基地市场交易　　图 3-3　N 期积累后的宅基地市场供给

观点三：农户会按照成本和收益最大化原则选择"软抗争"的投入水平，地方政府会按照检查监督的成本和对农户"软抗争"的抑制程度确定最优投入水平。农户的"软抗争"和地方政府检查监督存在互动关系，两者同时达到最优水平。

在获得地方政府要征收宅基地的信息后，农户的明智选择是使用各种抗争手段来增加补偿，"软抗争"是农户经常采取的策略。"软抗争"主要成本为：为了增加补偿物的数量抢栽、抢建、抢种增加的成本；为了贿赂从事调查、丈量和评估的现场工作人员和村干部付出的成本；利用熟人关系提高补偿而支付的人情成本；采取拖延时间策略多次被做工作而支出的成本。农户只有在"软抗争"的收益大于成本的时候，才会采取"软抗争"策略。但是"软抗争"并不一定会成功，因为抢栽、抢建、抢种不一定会被承认，或者只有部分被承认，贿赂可能会被发现，拖延时间也并不一定会获得更高的补偿。假定地方政府征收数量不变，农户都是无差别的，可以设定农户实行"软抗争"的利益最大化函数如下：

$$\underset{L}{Max}\, A(L,\, G)R(L)\, -\, c(L) \tag{3.4}$$

其中，L 变量为农户实行"软抗争"付出的努力，包括时间、体力、精力以及抢栽、抢建、抢种、贿赂等投入的货币量等；$c(L)$ 为农户的"软抗争"而付出的总成本，$c(L)$ 的一阶导数为正，二阶导数为正，即边际成本递增；$R(L)$ 为实行软抗争能够获得的总收益，$R(L)$ 的一阶导数为正，二阶导数为负，即边际收益递减；G 为地方政府检查监督的投入；$A(L,\, G)$ 为"软抗争"成功或者获得补偿的概率取值在 $[0,\, 1]$，农户的投入越高，被地方政府发现的概率越大，成功概率越小，获得补偿的比例越低，$A(L,\, G)$ 为 L 的减函数，对 L 一阶偏导为负；$A(L,\, G)$ 随着地方政府投入 G 的增加而降低，为 G 的减函数。对式（3.4）求最大化条件：

$$\frac{\partial A(L^e,\, G)}{\partial L^e}R(L^e)\, +\, A(L^e,\, G)R'(L^e)\, =\, c'(L^e) \tag{3.5}$$

因为 $\dfrac{\partial A(L,\, G)}{\partial L}\, <\, 0$，$R(L)$ 是 L 的增函数，$R''(L)\, <\, 0$，所以 $\dfrac{\partial A(L,\, G)}{\partial L}R(L)$ 为负值并绝对值随着 L 递增；因 $A(L)$ 随着 L 递减，$R''(L)\, <\, 0$，所以 $A(L,\, G)R'(L)$ 是 L 的减函数，因此 $\dfrac{\partial A(L,\, G)}{\partial L}R(L)\, +\, A(L,\, G)R'(L)$ 为 L 的减函数。农户的"软抗争"边际成本递增，边际收益递减，所以最优投入水平 L^e 存在。对于任何一个给定的 G 都对应一个最优投入水平 L^e，式（3.5）就是农户对于地方政府检查监督投入 G 的反应函数。

农户按照最优成本收益得出的投入程度,就表现为针对地方政府的土地征收采取"软抗争"的程度。地方政府可以通过改变农户的成本收益函数来改变农户"软抗争"的程度。地方政府通过提高检查水平、实行更严格的工作程序和耗费更多的时间,改变函数 $A(L, G)$,降低农户的成功概率,但这都需要支付相应的成本。地方政府应对农户的"软抗争"投入最大化可以表示为:

$$Max_G A(L, 0)R(L) - A(L, G)R(L) - K(G) \qquad (3.6)$$

其中,$A(L, 0)$ 为地方政府不投入检查监督情况下,农户"软抗争"成功的概率;$A(L, G)$ 为地方政府投入程度 G 情况下,农户"软抗争"成功的概率;$A(L, 0)R(L) - A(L, G)R(L)$ 为地方政府投入监督检查后对农户补偿的减少,即监督检查的收益;$K(G)$ 为地方政府投入的成本函数,是 G 的增函数,$K'(G) > 0, K''(G) > 0$。对式 (3.6) 求最大化条件:

$$-\frac{\partial A(L, G^e)}{\partial G^e}R(L) = K'(G^e) \qquad (3.7)$$

其中 $\frac{\partial A(L, G)}{\partial G} < 0, A(L, G)$ 是 G 的减函数。式 (3.7) 的经济含义是在 L 不变的情况下,边际成本等于边际收益时,地方政府得到最优投入量 G^e。将式 (3.5) 和式 (3.7) 联立可以得到地方政府和农户的最优投入量具体值的表达式。通过对地方政府最优监督检查投入和农户"软抗争"投入的分析,可以得出双方的最优投入是同时决定的,并且两者的行为是互相制约的。

观点四:农户采取"软抗争"策略能够提高补偿水平,分享部分土地转用增值,会造成地方政府征收数量减少,地方政府收益下降和城市土地价格上涨。"软抗争"增加的成本、政府支出的监督检查成本和时间成本是社会资源的浪费。

上文中设定的农户"软抗争"的收益函数 $A(L, G)R(L)$ 中变量只有两个,并且是假定地方政府征收数量不变的情况下,得出 L^e 和 G^e,但如果地方政府征收数量是变化的,那么每个征收数量 q 都有对应确定的 $A(L^e,$

$G^e)R(L^e)$，可以通过映射关系设定 $\Phi(q) = A(q, L^e, G^e)R(q, L^e)$，这样 $\Phi(q)$ 就为只含有征收数量的单变量函数，理论上随着 q 的增加 "软抗争" 收益 $R(q, L^e)$ 增加，个体的成功概率 $A(q, L^e, G^e)$ 也会提高，所以 $\Phi(q)$ 是 q 的增函数。同理，地方政府监督检查的投入成本 $K(G^e)$ 也会随着 q 的增加而增加，地方政府投入成本函数可以转化为 $K(q)$，为 q 的增函数。在农户 "软抗争" 和地方政府监督检查的情况下，地方政府的收益最大化可以表示为：

$$\underset{q}{Max}P(q)q + TP(q)q - p(q)q - Cq - \Phi(q) - K(q) \qquad (3.8)$$

对式（3.8）求最大化条件为：

$$(1 + T)P(q^{e1}) + (1 + T)P'(q^{e1})q^{e1} = p'(q^{e1})q^{e1} + p(q^{e1}) +$$
$$C + \Phi'(q^{e1}) + K'(q^{e1}) \qquad (3.9)$$

式（3.9）中的左侧是地方政府征收宅基地的边际收益函数，右侧是边际成本函数。当边际收益等于边际成本时，达到收益最大化。通过对式（3.9）的变化可以得到最优征收数量为：

$$q^{e1} = \frac{(1 + T)P(q^{e1}) - p(q^{e1}) - C - \Phi'(q^{e1}) - K'(q^{e1})}{p'(q^{e1}) - (1 + T)P'(q^{e1})} \qquad (3.10)$$

通过将式（3.10）与式（3.3）对比可以得出，农户采取 "软抗争" 对地方政府征收宅基地数量的影响。分子部分式（3.10）与式（3.3）相同，式（3.10）的分子部分与式（3.3）的分子部分相比增加 $-\Phi'(q^{e1}) - K'(q^{e1})$。因为 $\Phi(q)$ 和 $K(q)$ 都是 q 的增函数，所以 $-\Phi'(q^{e1}) - K'(q^{e1}) < 0$。因此，$q^{e1} < q^e$，即与农户完全顺从地方政府征收的情况相比，农户采取 "软抗争" 策略后，地方政府的征收数量减少了。

图 3-4 更清楚地分析了征收数量变化和农户参与土地增值收益分配的情况。图 3-4 中需求曲线的函数表达式为 $(1 + T)P(q)$，与图 3-1 的需求曲线函数表达式相同，图 3-4 中边际收益曲线表达式为 $(1 + T)[P(q) + P'(q)q]$，与图 3-1 的边际收益曲线函数表达式相同。图 3-4 中的供给曲线 1 和边际成本曲线 1 与图 3-1 中的供给曲线和边际成本曲线相同。图 3-4 中的供给曲线 2 的函数表达式为 $p(q) + C + \dfrac{\Phi(q)}{q} + \dfrac{K(q)}{q}$，与需求曲线 1

相比，上升了 $\dfrac{\Phi(q)}{q} + \dfrac{K(q)}{q}$ 的幅度；边际成本曲线 2 的函数表达式为 $p'(q)\,q + p(q) + C + \Phi'(q) + K'(q)$，与边际成本曲线 1 相比，上升了 $\Phi'(q) + K'(q)$ 的幅度。农户采取"软抗争"之后，地方政府根据边际成本等于边际收益的原则确定的征收数量为 q^{e1}，在土地出让市场获得的价格为 P^{e1}，给予农户的补偿是 p^{e1}。与农户完全顺从地方政府征收相比，土地征收数量减少，$q^{e1} < q^{e}$，农户获得的补偿价格上升，$p^{e1} > p^{e0}$，城市土地使用者支付的土地价格上升，$P^{e1} > P^{e0}$。土地增值收益分配的情况是，地方政府获得的收益由四边形 $P^{e0}abp^{e0}$ 减少到 $P^{e1}cdp^{e1}$，农户获得的土地增值净收益为四边形 $p^{e1}dhp^{e01}$ 的面积减去地方政府检查监督投入的成本和"软抗争"成本。农户采取"软抗争"的策略能够参与到土地增值的分配之中，但是以征收数量减少、城市土地使用者支付更高价格、地方政府收益减少以及投入博弈的资源浪费为代价的。❶

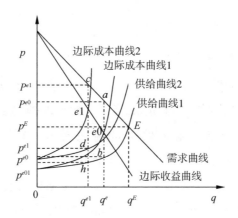

图 3-4　农户"软抗争"与完全顺从对比

观点五：城市土地拍卖制度会进一步增加地方政府的收益水平，同时

---

❶　虽然农户的"软抗争"直接致使土地资源配置效率下降，但笔者并不认为农户的抗争行为不合理，相反，农户的抗争是对地方政府垄断征收权的合理反应。

也增加了土地征收数量，农户因为土地征收数量上升补偿水平会提高，但是没有增加农户分享土地转用增值分配比例。如果农户顺从地方政府的土地征收，将不会分享到土地转用增值。

我国城市土地出让一级市场被地方政府垄断，并实行严格的"招拍挂"制度，本书统称为土地拍卖制度。土地拍卖制度的核心是价高者得，对土地价值评估最高者的出价只要大于等于土地价值评估第二高者的评估价，就能获得土地。在土地需求连续和土地数量也是连续的情况下，可以设定，在拍卖中获得土地者的出价就是其最高评估价。为了简化分析，假定农户完全顺从地方政府宅基地征收。此时地方政府面对的需求函数 $(1 + T)P(q)$ 就是边际收益函数，地方政府将会按照边际成本函数与需求函数相等来确定最优征收数量，使用式（3.1）并求地方政府收益最大化条件为：

$$(1 + T)P(q^{e2}) = p'(q^{e2})q^{e2} + p(q^{e2}) + C \qquad (3.11)$$

通过对式（3.11）变换，地方政府的最优征收数量为：

$$q^{e2} = \frac{(1 + T)P(q^{e2}) - p(q^{e2}) - C}{p'(q^e)} \qquad (3.12)$$

式（3.12）的分子部分与公式（3.3）的分子部分相同，但是分母部分少了 $-(1 + T)P'(q)$，因为 $P'(q) < 0$，所以有 $p'(q) - (1 + T)P'(q) > p'(q)$，因此存在 $q^{e2} > q^e$。与不实行土地拍卖制度相比，地方政府征收的宅基地数量增加，地方政府的收益也增加，农户因为征收数量上升，补偿水平也得到提高，但没有参与土地转用增值分配。

通过图 3-5 可以直观说明由于实行城市土地拍卖制度引起的相应变化。图 3-5 中的需求曲线、供给曲线和边际成本曲线与图 3-1 相同，差别为图 3-5 中的边际收益曲线和需求曲线是同一条曲线，图 3-1 中是两条不同的曲线。在土地拍卖制度下，地方政府的最优选择是征收边际成本曲线与需求曲线相交的 $e2$ 点决定的交易量 q^{e2}，则有 $q^{e2} > q^e$，地方政府的征收数量增加。地方政府在城市土地出让市场不会收取统一的价格，而是在 $[0, q^{e2}]$ 依据需求曲线上的点收取对应的价格。由于土地征收数量上升，农户

获得的补偿价格从 p^{e0} 增加到 p^{e2} ，但是农户依然没有参与到土地转用增值分配之中。地方政府获取的收益为四边形 $Ae2jp^{e2}$ 的面积，相比 $P^{e0}abp^{e0}$ 大幅增加，函数表达式为：

$$\int_0^{q^{e2}} \left[(1 + T)P(q) - p^{e2} \right] dq \qquad (3.13)$$

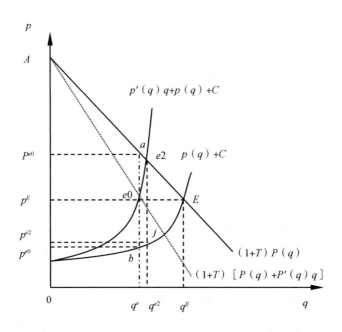

图 3-5 城市土地拍卖制度下地方政府的征收行为

第三节 农户"软抗争"、地方政府惩罚与围地行为

对于农户的"软抗争"，地方政府通常不会采取惩罚措施，但是，如果农户的"软抗争"超出地方政府的容忍限度，地方政府将会动用行政力量对农户的"软抗争"进行相应的惩罚。如果农户只是轻微的"抢栽、抢建、抢种"，拖延少量时间，经过做工作或提高补偿等方式就可以解决，地方政府通常不会采取惩罚措施，但如果出现大面积的"抢栽、抢建、抢

种"，长时间不能拆迁，严重影响土地使用，地方政府就很可能动用行政力量对农户的抗争行为进行惩罚。

一、主要假设

（一）地方政府

（1）对农户的"软抗争"行为，地方政府可以动用行政力量，行政力量的强度取决于农户的抗争强度。

（2）地方政府征收宅基地的收益主要包括土地转让收益、土地使用者在开发和交易土地过程中向政府缴纳的各类税费。为了分析方便，不包括由于土地使用过程中经济主体经营活动形成的税收。土地使用者在开发和交易土地过程中向政府缴纳的税费和支付给政府的土地出让金一样，都是土地使用者向政府支付的土地对价，本书设定 $P(q)$ 为土地使用者向政府支付的单位面积土地出让价和平均到单位面积土地的税费，为土地数量 q 的减函数。政府在土地供给市场转让土地收益为 $P(q)q$，q 为征收农户宅基地数量，征收宅基地土地数量和转让土地数量相等，不存在中间损耗。

（3）地方政府征收宅基地的成本主要包括支付给农户的补偿、征收过程中发生的成本、土地整理成本、"招、拍、挂"过程中的交易成本。支付给农户的补偿成本为 $p(q)q$，$p(q)$ 为农户的宅基地供给函数，为征收数量 q 的增函数。单位宅基地征收过程中发生的成本、土地整理成本、"招、拍、挂"过程中的交易成本，统一设定为 Cq，C 为常数。如果出现农户抗争政府征收行为，还会产生成本 $\varphi G(q)q$，$\varphi G(q)q$ 与农户"软抗争"行为的强度正相关，其中 $0 \leqslant \varphi < 1$。设定 $0 \leqslant \varphi < 1$ 的经济含义为政府惩罚"软抗争"的成本支出小于给农户带来的成本增加，$\varphi \geqslant 1$ 则表示政府任何惩治农户抵抗行为的选择都是没有必要的。

（4）征地收益具有时间价值，政府的折现率为 $\gamma_{政}$，$0 < \gamma_{政} < 1$，即同等收益未来的价值低于当前的价值。

（5）地方政府可以选择征收土地或者不征收土地，前提是征收的收益大于不征收收益，但农户不能选择终止交易，只能通过"软抗争"行为增加地方政府征收成本，迫使地方政府放弃征收。

（二）农户

宅基地的土地所有权归村集体，农户凭借村集体成员身份可无偿或支付少部分费用获得不超过规定标准的宅基地，用于建造房屋和辅助性用房。农户只拥有宅基地使用权，不得买卖、出租和非法转让，不得改变宅基地用途。宅基地只能在村集体内部转让，不得转让给城市居民。农户对宅基地上的附属物享有所有权，拥有买卖、租赁等各项权利。我国宅基地相关制度规定，限制了农户从宅基地升值中获利的空间。农户通过宅基地获得经济价值的主要方式被限定为：自用、不改变宅基地性质情况下出租和在农村集体范围内转让。依据宅基地相关制度框架，可以做如下假设：

（1）每户农民只有一处宅基地，宅基地只能整体转让。

（2）农户从宅基地获得的年经济价值为租金 r。宅基地给农户带来的经济价值通过自用价值、出租价值和农村集体内部转让价值来体现。农户自用宅基地可等同农户将宅基地租给自己，内部转让售价可等同未来租金的现值。p 为宅基地征收数量 q 的增函数。

（3）农户可以"软抗争"政府征收宅基地，"软抗争"需要支出成本，只有"软抗争"收益大于成本时农户才能采取"软抗争"策略。农户不能单方面拒绝地方政府征收宅基地，但可以通过增加地方政府征收成本，迫使地方政府放弃征收。如果地方政府放弃征收，农户收益为零。

（4）农户获得的宅基地征收价格具有棘轮效应，以往政府征收宅基地的补偿价格，将成为未来相同地块和相同面积宅基地征收的最低价格，即农户不会接受低于之前宅基地征收价格。

二、农户"软抗争"与地方政府惩罚

在宅基地征收过程中，地方政府和农户之间博弈展开的形式主要有：一种情况是政府作为垄断的购买者决定征收价格和数量，进而决定政府和农户各方的收益，这里假定农户被动地接受政府征收；另一种情况是农户意识到宅基地征收后，政府会高价出让获得高额收益，农户会通过抗争的方式来参与土地增值分配。下面将先采用静态分析，之后将时间因素加入分析。

（一）农户完全配合政府征收

观点一：农户完全配合地方政府的征收，地方政府利用双边市场的垄断地位获得巨额收益，具体收益取决于土地供求函数的弹性和征收数量。农户收益的增加来自宅基地征收数量的增加，但是并没有分享到土地增值收益。地方政府的双边市场垄断权造成资源浪费和社会福利损失。

这里假定农户目光短浅，并且不知道增收后的宅基地会出现大幅升值。农户的宅基地供给函数与不存在政府征收情况下的供给函数相同。地方政府面对的土地市场需求函数和农户宅基地供给函数均为连续函数。考虑到政府在宅基地征收市场和城市建设用地一级市场都处于垄断地位，地方政府利益最大化可表示为：

$$\underset{q}{Max} P(q)q - p(q)q - Cq \tag{3.14}$$

其中，$P(q)$ 为地方政府在土地出让市场面对的需求函数，q 为征收宅基地数量，$p(q)$ 为地方政府支付给农户的出让补偿，由于农户完全配合地方政府的征收行为，供给函数 $p(q)$ 与没有政府征收时的供给函数相同。对式（3.14）求一阶导数，得出最大化的一阶条件为：

$$P(q^e) + P'(q^e)q^e = p'(q^e)q^e + p(q^e) + C \tag{3.15}$$

式（3.15）的含义是地方政府征收土地的边际收益等于边际成本，由于 $P'(q^e) < 0$，所以 $P(q^e) + P'(q^e)q^e < P(q^e)$，地方政府的边际收益函数小于土地市场需求函数，$p'(q^e) > 0$，所以 $p'(q^e)q^e + p(q^e) + C > p(q^e) + C$，边际成本函数大于农户宅基地供给函数。由边际成本函数和边际收益函数确定的宅基地征收数量将会小于土地需求者和土地供给者农户直接交易的数量。均衡数量可以表述为：

$$q^e = \frac{P(q^e) - p(q^e) - C}{p'(q^e) - P'(q^e)} \tag{3.16}$$

农户获得的宅基地补偿价格和地方政府转让土地售价分别为：

$$p(q^e) = P(q^e) - q^e(p'(q^e) - P'(q^e)) - C \tag{3.17}$$

$$P(q^e) = p'(q^e)q^e + p(q^e) + C - P'(q^e)q^e \qquad (3.18)$$

农户获得的总补偿为 $R_农^* = q^e p(q^e)$，并将式（3.17）代入，可得到：

$$R_农^* = q^e[P(q^e) - q^e(p'(q^e) - P'(q^e)) - C] \qquad (3.19)$$

地方政府获得的收益可以表示为：

$$R_{地方}^* = q^e[P(q^e) - p(q^e) - C] \qquad (3.20)$$

将式（3.18）代入式（3.20），经整理得到：

$$R_{地方}^* = q^e[p'(q^e)q^e - P'(q^e)q^e] \qquad (3.21)$$

地方政府在农户完全配合政府征收情况下，凭借在买卖双边市场的垄断地位，获得巨额的经济利益 $R_{地方}^* = q^e[p'(q^e)q^e - P'(q^e)q^e]$，收益大小取决于供求函数的弹性大小和土地征收数量。而在此情况下，由于制度性的限制，农户仅仅获得在没有政府征收时获得的利益。全社会的福利损失为 $\int_{q^*}^{q^E}(P(q) - p(q) - C)dq$，其中 q^E 为农户与土地需求者直接交易情况下确定的均衡数量。

（二）农户"软抗争"与地方政府惩罚

观点二：农户的"软抗争"程度与宅基地征收价格和之后的转让价格之间的差价正相关，地方政府的惩罚会随着农户"软抗争"的增加而增加。农户的"软抗争"会使得地方政府征收的宅基地数量减少。当农户最优"软抗争"对应的土地征收数量大于完全配合的征收数量时，地方政府征收数量下降幅度大。当农户最优"软抗争"对应的土地征收数量小于完全配合的征收数量时，地方政府征收数量下降幅度小。农户"软抗争"的强弱主要取决于土地征收价格与转让价格之间的价差，地方政府惩罚对农户成本增加的程度。

通常情况下，农户对地方政府的征收行为并不会采取完全配合的策略，农户要权衡"软抗争"策略带来的成本收益变化，农户采取"软抗争"策略的充要条件是"软抗争"的收益大于成本。此处假定农户知道地方政府转让被征收土地的价格，并了解地方政府所采取的惩罚强度。这里设定农户"软抗争"强度只体现在增加的土地转让价格上，并且农户会根据地方政府获得收益的幅度来确定自己的"软抗争"强度。

本书设定农户的"软抗争"强度为 $f\left(\dfrac{P(q)-C-p(q)}{p(q)}\right)q$，其中 $f(\cdot)$ 为单调递增函数，$P(q)-C-p(q)$ 表示的是地方政府征收宅基地后获得的单位面积价差，农户会根据 $P(q)-C-p(q)$ 和征收价格 $p(q)$ 之间的倍数大小来确定"软抗争"强度，倍数的数值越大则"软抗争"强度越高。即地方政府获得的差价收益与农户获得的补偿款（均为农户完全接受情况下的数值）比例 $\dfrac{P(q)-C-p(q)}{p(q)}$ 越高，则"软抗争"强度越高。本书设定没有政府参与交易，而是由宅基地供给者农户和土地需求者直接交易确定的均衡数量为 q^E，这时 $P(q)-C-p(q)=0$，政府没有获得差价收益，农户的"软抗争"强度为零。由于农户只能分得地方政府收益的一部分或者全部，不能超过地方政府总收益，所以对于任何情况下都必须存在 $f(\dfrac{P(q)-C-p(q)}{p(q)})q \leqslant [P(q)-C-p(q)]q$，简化后为 $f(\dfrac{P(q)-C-p(q)}{p(q)}) \leqslant P(q)-C-p(q)$，$P(q)$ 和 $p(q)$ 均为自变量 q 的函数，所以，可以将 $f\left(\dfrac{P(q)-C-p(q)}{p(q)}\right)$ 转化形式为 $f(q)$，由于随着 q 的增加 $p(q)$ 单增，$P(q)$ 单减，所以随着 q 的增加，$f\left(\dfrac{P(q)-C-p(q)}{p(q)}\right)$ 递减，又由于 $f(g)$ 为单增函数，所以 $f(q)$ 为自变量 q 的减函数。因为当征收量达到 q^E 时，政府的收益为零，即政府没有参与宅基地转让交易，这时农户的"软抗争" $f(q^E)=0$，可以确定的 q 的取值范围为 $q \in (0, q^E]$，并且对于取值范围内的 q 都有 $f(q) \leqslant P(q)-C-p(q)$。农户的收益函数可以设定为：

$$R_{\text{农1}} = p(q)q + f(q)q - G(q)q$$
$$s.t.\ 0 < q < q^E \quad 且 f(q) \leqslant P(q)-C-p(q) \tag{3.22}$$

式（3.22）中，$G(q)q$ 为地方政府的惩罚给农户带来的损失，即农户要面临的"软抗争"成本。由于农户的"软抗争"行为是随着征收价格，进而是征收数量的变化，虽然 $f(q)$ 是自变量 q 的减函数，但是，在农户"软抗争"强度达到最大之前，农户的总收益是增加的，所以理论上，地方政府的惩罚 $G(q)q$ 也在增加。本书设定农户不增加"软抗争"强度的情况下，地方政府也不会增加惩罚强度。本书设定农户的最大"软抗争"强度对应的征收数量为 q^m，在达到 q^m 之前，农户的"软抗争"收益 $f(q)q$ 为单增函数，所以有当 $q \in (0, q^m]$ 时 $G(q)q$ 为增函数。

因为如果农户不采取"软抗争"策略也可以获得 $p(q)q$，所以式 (3.22) 的极大值就是求式 $f(q)q - G(q)q$ 的极大值。假定极大值存在，对其求导可得到：

$$f(q^m) + f'(q^m)q^m = G'(q^m)q^m + G(q^m) \qquad (3.23)$$

由于 $f(q)$ 在区间 $(0, q^E]$ 单调递减，代表农户抵抗的边际收益 $f(q) + f'(q)q$ 也呈现递减的趋势，对于 $G(q)$ 并不需要严格限制，只需要存在使式 (3.23) 成立的唯一解即可。由于目前 q 的取值范围为 $[0, q^E]$，在农户不抗争地方政府征收时，地方政府的最优征收数量为 q^e；由于存在地方政府垄断土地买卖市场，所以 $0 \leqslant q^e < q^E$。本书设定使式 (3.23) 成立的宅基地征收数量为 q^m，即在征收数量 q^m 时，农户"软抗争"的收益达到最大。在面对农户"软抗争"的情况下，对于利益最大化的地方政府而言，超过 q^e 数量不可能是双方博弈的均衡，所以农户收益函数或者反应函数就会出现以下两种情况：

$$R_{农1} = \begin{cases} p(q)q + f(q)q - G(q)q & \text{当 } q^e < q^m \leqslant q^E，\text{且 } 0 \leqslant q \leqslant q^e \\ p(q)q + f(q^m)q - G(q^m)q & \text{当 } 0 < q^m \leqslant q^e，\text{且 } q^m \leqslant q \leqslant q^e \end{cases}$$

$$(3.24)$$

在式 (3.24) 中，当 $q^e < q^m \leqslant q^E$ 时，不考虑 $q^m < q \leqslant q^E$ 区间农户收益函数是因为地方政府征收数量不能超过 q^e，而此时 $q^m > q^e$，是不可能达到的均衡结果。对于 $0 < q^m \leqslant q^e$ 情况下，不考虑 $0 \leqslant q < q^m$ 区间农户收益函数，是因为政府征收数量超过 q^m 后，农户"软抗争"$f(q^m)$ 达到最大值不会增加，而这时政府征收数量并没有达到 q^e，征收的边际成本大于边际收益，所以地方政府还会增加征收数量，$0 \leqslant q < q^m$ 之间不会出现市场均

衡结果。当 $0 < q^m \leq q^e$，且 $q^m \leq q \leq q^e$ 时，农户的"软抗争"强度在 q^m 达到最大值，由于地方政府的惩罚强度随着农户的"软抗争"强度变化，所以地方政府的惩罚强度也达到最大值 $G(q^m)$。地方政府的收益函数可以表示为：

$$R_{地方1} = \begin{cases} P(q)q - \varphi G(q)q - p(q)q - f(q)q + G(q)q - Cq \\ \text{当 } q^e < q^m \leq q^E，\text{且 } 0 \leq q \leq q^e \\ P(q)q - \varphi G(q^m)q - p(q)q - f(q^m)q + G(q^m)q - Cq \\ \text{当 } 0 < q^m \leq q^e，\text{且 } q^m \leq q \leq q^e \end{cases}$$

(3.25)

其中，$\varphi G(q)$ 为地方政府惩罚农户需要支出的成本，φ 为某一常数，表达的含义为农户受到的惩罚程度与政府惩罚成本支出具有正相关关系。对式（3.25）求一阶导数并满足最大化条件得到：

$$P'(q^r)q^r + P(q^r) = p'(q^r)q^r + p(q^r) +$$
$$f(q^r) + f'(q^r)q + (\varphi - 1)[G'(q^r)q^r + G(q^r)] + C \quad (3.26)$$
$$\text{当 } q^e < q^m \leq q^E，\text{且 } 0 \leq q \leq q^e$$

$$P'(q^s)q^s + P(q^s) = p'(q^s)q^s + p(q^s) + f(q^m) + (\varphi - 1)G(q^m) + C$$
$$\text{当 } 0 < q^m \leq q^e，\text{且 } q^m \leq q \leq q^e$$

(3.27)

在式（3.26）中，$(\varphi - 1)[G'(q)q + G(q)] < 0$，这说明农户的"软抗争"行为导致的边际成本上升，被地方政府的惩罚行为部分抵消。抵消的程度取决于地方政府惩罚成本的 $\varphi[G'(q)q + G(q)]$：φ 越接近于 0，说明地方政府惩罚农户付出的所有成本越小，或者相同惩罚成本支出给农户带来的成本增加越多；φ 越接近于 1，说明地方政府惩罚农户付出的所有成本越大，或者相同惩罚成本支出给农户带来的成本增加越少。φ 的取值大小主要取决于地方政府的集权程度和上级政府的支持程度。地方政府集权程度越高，上级政府越支持，则 φ 值越小。

在式（3.26）中，因为 $q^e < q^m \leq q^E$，即农户的"软抗争"强度最大时的征收数量超过地方政府可能的最大征收数量。对于任意 $q \leq q^e$ 都有

$f(q) + f'(q)q > G'(q)q + G(q)$，所以也存在 $f(q') + f'(q')q' > (1 - \varphi)[G'(q')q' + G(q')]$，变换形式为 $f(q') + f'(q')q' + (1 - \varphi)[G'(q')q' + G(q')] > 0$。比较式（3.15）和式（3.26）可以得出，公式左侧都为政府征收宅基地转让后的边际收益，并且函数形式相同，式（3.26）右侧与式（3.15）右侧差异在于增加了 $f(q) + f'(q)q + (1 - \varphi)[G'(q')q' + G(q')]$ 部分，因为其大于零，所以对于 $q \in [0, q^e]$，都有如下结论：

$$p'(q)q + p(q) + f(q) + f'(q)q + (1 - \varphi)[G'(q)q + G(q)] + C > p'(q)q + p(q) + C \qquad (3.28)$$

式（3.28）的经济含义为农户"软抗争"导致地方政府征收宅基地的边际成本上升。"软抗争"情况下，地方政府的边际收益与边际成本相等的征收数量就会小于农户完全配合时的征收数量，即 $q' < q^e$。

式（3.27）与式（3.15）相比，增加了 $f(q^m) + (\varphi - 1)G(q^m)$，由于达到 q^m 之后单位征收量的增加只导致边际征收成本增量 $f(q^m) + (\varphi - 1)G(q^m)$，相当于边际成本函数增加了常数项。因为本书假定式（3.23）存在唯一最大值解，要保证唯一最大值解存在，必须存在 $G'(q) > f'(q)$。变换式（3.24）形式为 $f(q^m) - G(q^m) = G'(q^m)q^m - f'(q^m)q^m$，因为 $G'(q) > f'(q)$，所以 $G'(q^m)q^m - f'(q^m)q^m > 0$，进而 $f(q^m) - G(q^m) > 0$，所以 $f(q^m) + (\varphi - 1)G(q^m) > 0$ 成立。由于式（3.27）中边际成本部分 $p'(q)q + p(q) + f(q^m) + (\varphi - 1)G(q^m) + C$ 大于式（3.15）$p'(q)q + p(q) + C$ 边际成本部分，所以有式（3.27）确定的最优征收数量 $q^s < q^e$。

式（3.26）与式（3.27）相比，右侧边际成本的差别主要有 $f(q) + f'(q)q + (\varphi - 1)[G'(q)q + G(q)]$ 和 $f(q^m) + (\varphi - 1)G(q^m)$，由于在式（3.26）中农户的"软抗争"程度在小于 q^e 的范围内都在增加，而式（3.27）中"软抗争"程度成为以 q^m 征收量决定的边际成本曲线的常数项，所以有 $f(q) + f'(q)q + (\varphi - 1)[G'(q)q + G(q)] > f(q^m) + (\varphi - 1)G(q^m)$，式（3.26）右侧的边际成本曲线也将大于式（3.27）右侧的边际成本曲线，决定的征收数量关系为 $q' < q^s < q^e$。

下面比较两种情况下，农户和地方政府收益的变化。当 $q^e < q^m \leqslant q^E$

时，农户的收益为 $R_{农1}^r = p(q^r)q^r + f(q^r)q^r - G(q^r)q^r$。通过采取"软抗争"策略，农户新增的收益为 $f(q^r)q^r - G(q^r)q^r$，减少的收益为土地征收数量减少造成的损失。实际上这种损失并不存在，因为农户完全配合地方政府征收情况下的供给函数是农户在村集体内部转让宅基地的供给函数，没有地方政府征收的情况下，也可以按照供给函数的价格转让。

当 $0 < q^m \leq q^e$ 时，农户的收益为 $R_{农1}^s = p(q^s)q^s + f(q^m)q^s - G(q^m)q^s$，农户新增收益为 $f(q^m)q^s - G(q^m)q^s$。下面比较 $q^e < q^m \leq q^E$ 和 $0 < q^m \leq q^e$ 两种情况下，农户收益增加的程度。因为在 $q^e < q^m \leq q^E$ 时，农户的"软抗争"强度没有达到最大值，且有 $q^r < q^s$，说明由于农户的"软抗争"强度大于 $0 < q^m \leq q^e$ 情况下的"软抗争"强度，造成地方政府减少征收数量，所以有 $f(q^r)q^r - G(q^r)q^r > f(q^m)q^s - G(q^m)q^s$ 成立，农户在"软抗争"强度高时会获得更高收益。

当 $q^e < q^m \leq q^E$ 时，地方政府的收益为下式：$P(q^r)q^r - \varphi G(q^r)q^r - p(q^r)q^r - f(q^r)q^r + G(q^r)q^r - Cq^r$。地方政府收益变化部分有：由于土地征收数量减少而导致的收益损失，因为 $q^r < q^e$；由于农户"软抗争"而减少的收益 $f(q^r)q^r$；采取惩处后对农户价格上升抵消带来的收益增加 $G(q^r)q^r$；惩治"软抗争"行为而支出的成本 $\varphi G(q^r)q^r$。因为 $f(q^r)q^r > G(q^r)q^r$，进而有 $f(q^r)q^r > (1-\varphi)G(q^r)q^r$。由于农户的"软抗争"，政府征收宅基地的净收益显著下降。

当 $o^e < q^m \leq q^e$ 时，地方政府的收益为 $P(q^s)q^s - \varphi G(q^m)q^s - p(q^s)q^s - f(q^m)q^s + G(q^m)q^s - Cq^s$。与农户完全配合征收情况相比，地方政府收益减少为 $G(q^m)q^s - \varphi G(q^m)q^s - f(q^m)q^s$，其中地方政府收益减少部分 $G(q^m)q^s - f(q^m)q^s$ 与农户增加的收益相等，但是地方政府收益减少量 $-\varphi G(q^m)$ 部分，并没有带来农户收益增加，而是实实在在的总收益减少。

在 $q^e < q^m \leq q^E$ 情况下，与 $0 < q^m \leq q^e$ 时相比，地方政府收益的变化情况如下：在 $q^e < q^m \leq q^E$ 情况下，地方政府的征收数量 $q^r < q^s$，在边际收益函数不变的情况下，地方政府征收宅基地数量减少，只能是边际成本上升导致，

所以在 $q^e < q^m \leqslant q^e$ 情况下，地方政府获得的收益小于 $0 < q^m \leqslant q^E$ 情况下的收益。

下面通过图形较为直观地得出农户"软抗争"、政府惩罚和两种 q^m 取值范围对宅基地征收数量和农户补偿价格的影响。首先分析 $q^e < q^m \leqslant q^E$ 的情况。如图 3-6 所示，农户的"软抗争"行为的边际收益曲线 $f(q) + f'(q)q$ 与"软抗争"行为的边际成本曲线 $G'(q)q + G(q)$ 相交，决定了最优"软抗争"强度对应常征收数量为 q^m，此时相应的"软抗争"的净收益 $f(q)q - G(q)q$ 达到最大值。如图 3-7 所示，由于 $q^e < q^m \leqslant q^E$，在征收数量达到 q^m 之前，农户的供给曲线由 $p(q)$ 转变为 $p(q) + f(q) - G(q)$，上升 $f(q) - G(q)$。相应的地方政府面对的农户供给边际成本曲线由 $p'(q)q + p(q)$ 上升到 $p'(q)q + p(q) + f(q) + f'(q)q - G'(q)q - G(q)$，边际成本曲线上升 $f(q) + f'(q)q - G'(q)q - G(q)$。地方政府面对的市场边际需求曲线由 $P(q) + P'(q)q - C$ 下降为 $P(q) + P'(q)q - \varphi[G'(q)q + G(q)] - C$。市场均衡数量由边际收益曲线 $P(q) + P'(q)q - \varphi[G'(q)q + G(q)] - C$ 和边际成本曲线 $p'(q)q + p(q) + f(q) + f'(q)q - G'(q)q - G(q)$ 的交点决定为 q^r，农户获得的补偿价格为征收宅基地数量 q^r 与农户供给曲线 $p(q) + f(q) - G(q)$ 的交点决定的价格水平 p^r。通过此图可得出征地数量之间的关系为 $q^r < q^e < q^E$。

接下来，运用图 3-8 和图 3-9 分析 $q^e < q^m \leqslant q^e$ 的情况。由于图 3-8 与图 3-6 相同，不再论述。由于分析 $q^m = q^e$ 的情况在图形上表示并不明显，所以只分析 $0 < q^e < q^m$ 下，供给曲线和需求曲线及边际成本和边际收益曲线的变化。农户采取"软抗争"行为后，在征收数量 $q < q^m$ 区间，供给曲线 $p(q) + f(q) - G(q)$，地方政府面对的边际成本曲线为 $p'(q)q + p(q) + f(q) + f'(q)q - G'(q)q - G(q)$，地方政府的边际收益曲线为 $P(q) + P'(q)q - \varphi[G'(q)q + G(q)] - C$，即与图 3-7 中相应曲线形式相同。当 $q \geqslant q^m$ 之后，由于农户的"软抗争"强度达到最大，所以农户的供给曲线转变为 $p(q) + f(q^m) - G(q^m)$，相应的地方政府面对的边际成本曲线转变为 $p'(q)q + p(q) + f(q^m) - G(q^m)$，边际收益转变为 $P(q) +$

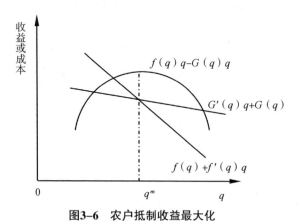

图3-6 农户抵制收益最大化

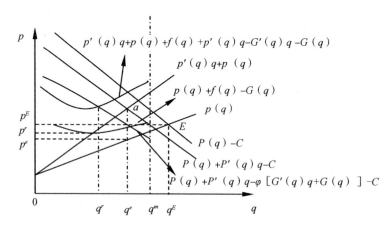

图3-7 当 $q^e < q^m \leqslant q^E$ 时的市场均衡

$P'(q)q - \varphi G(q^m) - C$。超过 q^m 之后的农户供给曲线 $p(q) + f(q^m) - G(q^m)$ 和原有农户供给曲线 $p(q)$ 为平型曲线，其差值为 $f(q^m) - G(q^m)$。在超过 q^m 之后，地方政府面对的变化后的边际成本曲线与原边际成本曲线之间，以及变化后的边际收益曲线与原边际收益之间也存在平行关系。由边际成本曲线和边际收益曲线决定的征收数量为 q^s，对应给予农户的补偿价格为 p^s，$q^s < q^e < q^E$。通过图形也可以直观地得到地方政府和农户收益变化情况，不再详述。

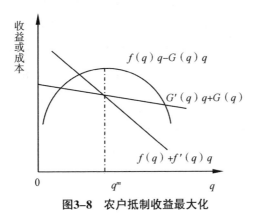

图3-8 农户抵制收益最大化

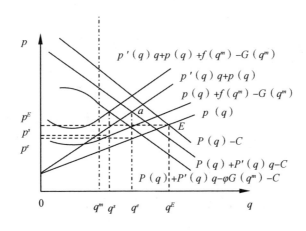

图3-9 当 $0 < q^m \leqslant q^e$ 时市场均衡

（三）地方政府跨时期征收

观点三：影响地方政府提前征收宅基地或囤地的主要因素为：未来土地市场需求上升幅度 $1+\overline{w}$，地方政府对未来收益或成本的折现率 $\gamma_政$，融资成本 $r(q)$。未来土地市场需求上升的幅度越高，地方政府越倾向于提前征收宅基地；折现率越高，地方政府越倾向于提前征收宅基地；融资成本越高，地方政府越倾向于减少提前征收宅基地数量，甚至不提前征收。

本书将地方政府的宅基地征收和土地出让分为两期，t 和 $t+1$ 期。地方政府 t 期面对的土地需求函数为 $P_t(q)$，并假定土地需求会上升，并且地方政府能够预期到土地需求函数的变化，设定 $t+1$ 期比 t 期土地需求上升的幅度为 $(1+w)$，则 $P_{t+1}(q) = (1+w)P_t(q)$。农户不能预期到土地需求上涨，他们认为 $P_{t+1}(q) = P_t(q)$，城市土地市场需求不发生变化。农户的宅基地供给函数在两个时期也不发生变化，即 $p_t(q) = p_{t+1}(q)$，q_t 为 t 期地方政府征收宅基地数量，q_{t+1} 为 $t+1$ 期地方政府征收宅基地数量。农户 t 期的"软抗争"强度为 $f(\dfrac{P_t(q_t) - C - p_t(q_t)}{p_t(q_t)})q_t$，$t+1$ 期的"软抗争"强度为 $f(\dfrac{(1+w)P_t(q_{t+1}) - C - p_{t+1}(q_{t+1})}{p_{t+1}(q_{t+1})})q_{t+1}$。政府的折现率为 $\gamma_{政}$，$0 < \gamma_{政} < 1$，即未来价值小于当前价值，如果地方政府需要增加当前宅基地数量并用于 $t+1$ 期，则需要增加融资成本 $r(q)$，并且两个时期地方政府单位土地整理成本不变，均为 C。$t+1$ 期农户供给宅基地的最低征收价格为 t 期的征收价，即 p_t，经济含义为地方政府征收宅基地价格，只能上升。为了简化分析，只考虑 $q^e < q^m \leqslant q^E$ 的情况。

农户 t 期的供给函数表达式为：

$$p_{抵制t} = p(q_t) + f(\frac{P_t(q_t) - C - p_t(q_t)}{p_t(q_t)})q_t - G(q_t) \quad 时期为 t \quad (3.29)$$

农户 $t+1$ 期的供给函数表达式为：

$$p_{抵制t+1} = p(q_{t+1}) + f(\frac{(1+w)P_t(q_{t+1}) - C - p_t(q_{t+1})}{p_t(q_{t+1})})q_{t+1} -$$

$$G(q_{t+1}) \quad 时期为 t+1 \quad (3.30)$$

对于地方政府而言，出于利益最大化考虑，在 t 期至少会按照本期的边际收益等于边际成本的原则征收用于本期转让的宅基地数量 q^r。目前要分析的是，地方政府是否将在 $t+1$ 期供给的土地在 t 期提前征收。因为 q^r 为地方政府在 t 期征收的最少数量，所以有 $q_t \geqslant q^r$，如果有 $q_t > q^r$，则存在地方政府提前征收。现在只分析在 t 期的超额征收部分 $q_t - q^r$。考虑到

$t+1$ 期地方政府面对的土地市场需求为 $(1 + \overline{w})P$ ，通过折现的方式可以得出相当于 t 期的土地需求增加 $\gamma_{政}(1 + \overline{w})P$ 。下面分析，是什么因素促使地方政府将 $t+1$ 期的土地需求量 $q_t - q^r$ 提前到 t 期征收。

地方政府提前征收量 $q_t - q^r$ 给地方政府带来的收益增加分为两个部分：农户获得的收益部分；地方政府除掉支付给农户的补偿之外的收益。农户的收益部分变化，可以通过农户两个时期供给函数的变化来分析。设定地方政府有两种选择：一种为 t 期，只征收 q^r 数量，不增加征收数量；另一种为根据两个时期总收益最大化原则提前征收 $q_t - q^r$ 数量。

首先要比较在两种情况下支付给农户的补偿情况变化。比较公式 (3.29) 和公式 (3.30) ，并且因为 $P(q)$ 为线性函数，可以得出将 $q_t - q^r$ 数量的宅基地提前到 t 期征收节约的成本为 $t+1$ 期农户的"软抗争"成本上升。由于 $t+1$ 期土地市场需求上升，使得函数 $P(q)$ 上升到函数 $(1 + \overline{w})P(q)$ ，而使得农户的"软抗争"程度上升，即"软抗争"函数由

$$f(\frac{P_t(q) - C - p_t(q)}{p_t(q)})q$$ 上升到 $$f(\frac{(1 + \overline{w})P_t(q) - C - p_t(q)}{p_t(q)})q$$ ，还有增加

的成本为提高了 t 期的总体征收价格，造成地方政府支出增加。另一部分增加的成本为将在 $t+1$ 期支付给农户的补偿提前到 t 期支付，这体现为在地方政府 $\gamma_{政}$ 存在下，相同成本的未来值低于现值，减小的幅度为 $1 - \gamma_{政}$ 。

$$\gamma_{政}(1 + \overline{w})P(q_t - q^r) \times (q_t - q^r) - C(q_t - q^r) -$$
$$r(q_t - q^r) - \varphi G(q_t)q_t + \varphi G(q^r)q^r \tag{3.31}$$

下面分析地方政府除去支付给农户的补偿之外的收益。由于 $P(q)$ 和 $G(q)$ 均为线性函数，所以，地方政府此部分收益的函数表达形式为公式 (3.31) ，其中，$C(q_t - q^r) - r(q_t - q^r) - \varphi G(q_t)q_t + \varphi G(q^r)q^r$ 是提前征收土地后的在当期要付出的一部分成本，而 $\gamma_{政}(1 + \overline{w})P(q_t - q^r) \times (q_t - q^r)$ 部分只能在 $t+1$ 期实现，通过折现率 $\gamma_{政}$ 换算为现值。如果将 t 期提前征收的宅基地数量 $q_t - q^r$ 仍然在 $t+1$ 期征收的话，比较时期变化造成的成本变化。由于存在折现率 $\gamma_{政}$ 会降低未来收益的现值，并且其他成本都需要当前支付，还需要为提前征收支付融资产生的利息成本 $r(q)$ ，所以增加的成本主

要包括：$\gamma_{政}$导致未来收益降低和当前成本支出与未来成本相比现值更高；为提前征收增加的融资成本。

通过对地方政府两个时期征收成本收益变化的比较分析，可以得出影响地方政府提前征收宅基地（或者为圈地）的主要因素有：未来土地市场需求上升幅度$1+\varpi$；地方政府对未来收益或成本的折现率$\gamma_{政}$；融资成本r(q)。未来土地市场需求增加的幅度越高，即$1+\varpi$的数值越大，则地方政府在未来面临的农户"软抗争"造成征收价格的上升幅度越大，地方政府将更倾向于提前征收宅基地。尤其我国已经进入城镇化快速发展期，土地价格呈现出快速上涨的趋势，这就刺激了地方政府提前征收宅基地或者圈地行为。制约地方政府提前征收宅基地的因素有折现率$\gamma_{政}$和融资成本r(q)。如果折现率$\gamma_{政}$越低，融资成本r(q)越高，地方政府将会减少提前征收宅基地数量，甚至不提前征收。影响折现率$\gamma_{政}$的因素主要有：全社会的资金成本水平，即借贷资金利率水平，资金成本越高则$\gamma_{政}$越低；地方政府投资渠道和收益水平越高，则$\gamma_{政}$越低；地方政府主要官员预期在本职位任期越长，则更看重未来收益，$\gamma_{政}$值越高，如果地方政府主要官员调动频繁，则更看重当前收益，$\gamma_{政}$值越低。其中，地方政府主要官员预期任期长短是影响$\gamma_{政}$的重要因素。影响融资成本r(q)的因素主要有：全社会的资金成本水平；地方政府在借贷市场的信誉和负债水平，目前我国地方政府还没有出现债务违约的情况，并且信贷资金基本上被控制在国有性质的银行机构，获得资金的成本较低，但如果地方政府的负债率过高，引发金融机构担心其出现偿付风险，将会使融资成本大幅上升；中央政府对地方政府债务水平的控制越严格，则融资成本上升的幅度越大，有时根本无法增加融资规模。从目前来看，影响地方政府融资成本r(q)的最主要因素为中央政府对地方政府债务规模的控制程度。

下面讨论地方政府和农户收益的变化。如果地方政府不提前征收宅基地，则t期和$t+1$期实际上是相互分离的两个时期，唯一区别的是如果$t+1$地方政府面对的土地需求不增加，农户不用付出t期的"软抗争"程度就可以获得t的补偿价格，但农户还会采取"软抗争"行动，增加收益，而增加的幅度非常有限，相应地方政府的收益会有所减少。如果地方政府在 t 期提前征收一定数量的宅基地，农户 t 期的收益与不存在跨时期选择情况下农户"软抗争"政府征收和政府惩罚情况相比有所增加，增加的主要是由于征收数量上升引起的整体征收价格上升，但是在 $t+1$ 期地方政府会减少征收数量。由于在 $t+1$ 期土地价格上涨，农户的"软抗争"强度会增加，农户在 $t+1$ 期损失的收益将会大于在 t 期增加的收益。

第四节　本章小结

（一）本章结论

在农户完全顺从地方政府征收的情况下，地方政府凭借宅基地垄断征收权和城市建设用地市场的垄断供给权，获得了土地转用增值的全部。对农户宅基地流转的限制使得需求不足，闲置和半闲置宅基地由于价格低不愿意流转，就形成大量潜在供应，政府征收会以较低的价格获得大量宅基地。在地方政府对农户的"软抗争"不进行惩罚，而是只采取增加检查监督的情况下：农户会按照成本和收益最大化原则选择"软抗争"的投入水平，地方政府会按照检查监督的成本和对农户"软抗争"的抑制程度确定最优投入水平，农户的"软抗争"和地方政府检查监督存在相互作用关系并同时达到均衡；农户采取"软抗争"策略能够提高补偿水平，分享部分土地转用增值，会造成地方政府征收数量减少，地方政府收益下降和城市土地价格上涨。"软抗争"增加的成本、政府支出的监督检查成本和时间成本是社会资源的浪费。城市土地拍卖制度会进一步增加地方政府的收益水平，同时也增加了土地征收数量，农户因为土地征收数量上升补偿水平会提高，但是没有增加农户分享土地转用增值分配比例，如果农户顺从地方政府的土地征收，将不会分享到土地转用增值收益。

如果农户的"软抗争"程度与宅基地征收价格和之后的转让价格之间的差价正相关，地方政府的惩罚会随着农户"软抗争"强度的增加而增加，农户的"软抗争"会使得地方政府征收的宅基地数量减少。当农户最优"软抗争"对应的土地征收数量大于完全配合的征收数量时，地方政府征收数量下降幅度大。当农户最优"软抗争"对应的土地征收数量小于完全配合的征收数量时，地方政府征收数量下降幅度小。农户"软抗争"的强弱主要取决于土地征收价格与转让价格之间的价差，地方政府惩罚对农户成本增加的程度。

影响地方政府提前征收宅基地或囤地的主要因素为：未来土地市场需求上升幅度，地方政府对未来收益或成本的折现率，融资成本。未来土地市场需求上升的幅度越高，地方政府越倾向于提前征收宅基地；折现率越高，地方政府越倾向于提前征收宅基地；融资成本越高，地方政府越倾向于减少提前征收宅基地数量，甚至不提前征收。

（二）政策建议

（1）修改《土地管理法》中按照被征收土地的原用途补偿和对补偿总额的限制性规定，允许农民参与土地增值分配，条件成熟时取消地方政府对农村土地的垄断征收权和城市土地市场的垄断供给权，允许宅基地和其他农村建设用地直接入市。地方政府获得了所征收土地几乎全部的增值收益，农户获利水平很低，这已经成为农民与地方政府抗争和冲突的主要原因。国内的调研数据显示，农民获得的补偿占地方政府土地转让收入的比例基本上在10%左右，低的只有3%，高的也只能达到20%多，农民基本上没有参与到土地用途转换的增值分配之中。❶ 形成如此分配格局的主要原因是我国《土地管理法》中的相应规定："征收土地的，按照被征收土地的原用途给予补偿"，"土地补偿费和安置补助费的总和不得超过土地被征收前三年平均年产值的三十倍"。从我国城市化快速发展阶段和地方政府对土地财政的高度依赖情况而言，短期内让农村土地即使是宅基地直接进入城市土地市场自由交易还有较高的难度。目前，在一些地区已经开展了农村集体经营性建设用地入市的试点，试点普遍采用的是地方政府以分

---

❶ 因为没有全国数据，可以通过具体的调研数据判断全国的情况。具体参见：孙秋鹏. 农村土地征收问题研究述评与展望 ［J］. 学术探索，2019（5）. 该文的"征地补偿与土地增值分配"部分对相关文献得出的分配比例数据进行了总结。

成的方式参与土地出让收益的分配，按照土地用途不同，分成比例为20%~50%。

笔者认为，应当参考农村集体经营性建设用地入市试点的情况修改《土地管理法》，去掉按照被征收土地的原用途给予补偿和对最高补偿限额的规定，明确农民和村集体参与土地增值收益分配。对于农民和村集体参与土地增值分配的比例可以在《土地管理法实施条例》中分土地用途、分地区、分区片等进行详细分类，平均分配比例初期可以确定约为30%。明确农民和村集体参与土地分配比例的意义在于：农民能够分享土地收益；既保留了地方政府参与土地增值分配的权利，又能限制地方政府在土地征收和出让领域与民争利；可以确定农民与地方政府在土地增值分配中相对明确的利益边界；有助于地方政府转向以税收方式参与土地增值分配。条件成熟后，可以允许农村建设用地直接进入城市土地市场，地方政府则以税收的方式分享土地增值收益。

（2）保证宅基地征收过程的合法、合规、公平、透明，降低基层政府的自由裁量空间。在宅基地征收过程中引起农户抗争的一个重要原因是，一些地方政府没有按照相关的法律、法规规定进行征迁和补偿。随着中央政府对土地违法的查处力度增大，近些年土地违法事件已经呈现下降的趋势，但数量还较多，2016年新发现省、市、县、乡政府的土地违法案件1733件，涉及土地面积3284.79公顷。❶ 政府层面的土地违法案件主要发生在县、乡一级。这种情况有一定的现实原因，基层政府经济发展和财政压力都相对较大，征收并出让土地是基层政府项目落地和增加财政收入的主要方式，要合法合规地征收土地时间较长，就会出现未批先征、边申请边征收，对农户补偿低和补偿款不到位的情况。如果地方政府未按照相关的规定给予农户补偿，就很容易引起农户的抗争。即使地方政府按照规定给予足额补偿，农户也可能会以地方政府的违法违规为由要求更高的补偿，因此，保证地方政府征地合法合规，能够有效地降低相关冲突。

---

❶ 根据《中国国土资源统计年鉴2017》相关数据计算得出。

　　征收补偿不公平，征收过程不透明，暗箱操作多是引发农户不满和抗争的另一个主要原因。在征地过程中，要严格落实"告知、确认、听证"和"两公告一登记"等征地程序，充分保证被征迁农民的知情权和参与权。地方政府要全面落实补偿标准，严格执行征迁补偿款直接发放制度，确保补偿标准执行到位、补偿款发放到位。地方政府要减少宅基地征收过程中的腐败和不公情况，不仅要形成多方监督和明确相关人员的责任，而且整个征收过程要符合相关规定程序，让农户了解相关程序，保证农户的民主权利，尤其是补偿标准要严格执行，每户获得的补偿分项目列出，供全体村民监督。减少补偿不公平，征收过程不透明，暗箱操作多等问题的另一个重要措施是减少基层政府主要是县、镇、乡的自由裁量空间。省、市级政府应当对补偿标准规定得尽量详细，只有省、市级政府很难明确的补偿项目才能下放到下一级政府，尤其是乡一级政府不能拥有过大的自由裁量权，更不能将自由裁量权作为基层政府参与拆迁的激励手段，这样非常容易引发农户的不满和抗争。

　　（3）要做好宅基地征收后的后续工作，不能"一征了之"。宅基地征迁之后，如果地方政府只是付给征地补偿款，那么，就会在后期产生一系列问题。因此，2010年年底，国务院办公厅颁布的《关于进一步严格征地拆迁管理工作切实维护群众合法权益的紧急通知》中明确规定："征地涉及拆迁农民住房的，必须先安置后拆迁，妥善解决好被征地农户的居住问题，切实做到被征地拆迁农民原有生活水平不降低，长远生计有保障。"国土资源部颁布的《关于进一步做好征地管理工作的通知》也明确规定，要将被征地农民纳入社会保障，要采取多种措施保障农民的生产、生活和居住。对于城中村和城市近郊的农户，宅基地被征收后，农户会获得一大笔补偿款，但是，由于农户已经失去原有的收入来源，如果不善于理财或挥霍，几年之后又会出现部分农户返贫的情况。因此，要加强被征迁农户的职业培训，并提供更多的就业渠道。对于远郊区农户，宅地基被征收后，农户通常搬入地方政府建设的社区集中居住。由于居住地与农地距离增加，农具也无处放置，给农业生产带来诸多不便。有些农户还继续从事农业生产，有些农户则将农地通过转包的方式流转。对于继续从事农业生产的农户，要提供农具放置地点和交通便利。对于不从事农业生产的农户，要加强职业技术培训，提高再就业能力，并提供一些适合的岗位，专门用于解决这部分农民的就业问题。

（4）对于农户的个体抗争，要依据具体情况区别对待，妥善解决合理诉求，要化解不合理诉求。在公告之前对宅基地的情况进行初步调查，可以采取航拍的方式获得农户宅基地地上房屋及其他附属物的基本情况，并作为补偿的重要依据，对于抢栽、抢建、抢种的坚决不予补偿。对于"缠闹"等无赖式抗争的农户，不能对其让步，应按相关规定予以合理补偿。对于认为补偿不合理、不合规的农户，要明确其诉求是否合理，合理的诉求应当满足，不应当以各种理由拒绝，更不能采取"拖"或者"踢皮球"的处理方式。有些农户在宅基地征收中，可能提出的诉求与宅基地征收无关，只要诉求合理就需要解决，不能认为农户是以此来要挟政府的。

第四章　农户个体"硬抗争"、地方政府强弱与强拆行为

农户个体的抗争除了第三章提出的"软抗争",还有与之对应的个体"硬抗争"。"硬抗争"是一种相对激烈的抗争方式,通常,地方政府都会对"硬抗争"采取惩罚措施。农户个体"硬抗争"与"软抗争"相比不具有普遍性,只有很少一部分或者个别农户采取这种策略。本章首先介绍农户个体"硬抗争"的方式和地方政府采取的应对措施,接下来以"钉子户"为例分析"硬抗争"对宅基地征收和土地增值收益分配的影响,然后分析在农户面对强弱势不同的政府的策略选择,以及地方政府采取的策略,最后给出本章的结论和建议。

第一节　农户个体"硬抗争"与地方政府应对措施

"硬抗争"与"软抗争"相比不具有普遍性,但在多数宅基地征迁过程中也都存在这种情况。下面将简要介绍农户"硬抗争"的主要方式和地方政府采取的应对策略。

一、农户个体"硬抗争"

农户个体通过激烈的抗争获得更高的补偿,本书将这种抗争称为个体"硬抗争"。农户个体"硬抗争"主要分为体制内抗争和体制外抗争,本书研究的"硬抗争"主要是体制外抗争。

体制内抗争是指在正常的制度通道范围内采取的抗争方式,这些抗争

方式并不触犯法律，也是公民能够使用的合法手段。农户认为征地拆迁中利益受损或者为了获得更多的补偿，可以通过信访、调解、仲裁、诉讼等体制内途径表达其利益诉求。但是，由于征地拆迁面对的是地方政府，农户通过体制内抗争的方式往往面临时间长、费用高、风险大等现实。《土地管理法实施条例》规定："对补偿标准有争议的，由县级以上地方人民政府协调；协调不成的，由批准征收土地的人民政府裁决。征地补偿、安置争议不影响征收土地方案的实施。"这一规定，就使得农户在征地一级政府层面很难获得支持，因此，按照体制内的方式进行信访、调节、仲裁，很难获得公正对待。通过诉讼为主的司法救济方式，农户又要面临受理难、审判难，审判后执行难等众多障碍，成本收益严重不对等。诉讼时间周期长的特点，还会使得农户所处境况更为不利，因为征地补偿、安置争议不影响土地征收方案的实施，一旦房屋被拆迁，农户就失去与地方政府谈判的筹码。

体制外抗争也被称为非制度化抗争，是指采取制度之外的手段和渠道，以违反社会规范甚至是违反法律、法规的方式来表达利益诉求，并希望以此来影响政府的决策过程。具体表现方式有：对政府工作人员采取侮辱、谩骂，对拆迁工作人员采取"撒泼打滚"等无赖式缠闹，在房屋上悬挂国旗、打横幅、张贴标语，用身体和生命来阻挡地方政府的拆迁，通过在网络上发布相关文字、图片和视频，希望引起新闻媒体和社会公众的关注。在地方政府看来，此类抗争行为最难缠，也让地方官员最头疼。这些农户并没有违反法律，并不能采取强制措施，尤其是在 2010 年和 2011 年《国务院办公厅关于进一步严格征地拆迁管理工作切实维护群众合法权益的紧急通知》《中共中央纪委办公厅、监察部办公厅关于加强监督检查进一步规范征地拆迁行为的通知》和《国土资源部关于进一步做好征地管理工作的通知》颁布之后，暴力拆迁、野蛮拆迁被明令禁止。实际上，强拆事件还是时有发生，还会出现因强制拆迁致人死亡的恶性事件，继"江西省抚州市宜黄县强拆自焚事件"❶ 后，又发生了多起如"湖南长沙市岳麓区茶子山村非法拆除房屋致人死亡事件"❷ "9·14平邑强拆自焚事件"❸ 等，强拆导致的财产损失和人员受伤事件更是数量众多。这种抗争方式被董海军称为"作为武器的弱者身份"，抗争者使用的是弱者身份的符号，与抗争对象的强者身份形成鲜明对比，抗争者以公平正义、普适性道德观念为主要理念，来引起公众和政府的关注，期望诉求能够得到解决。❹ 这种以"作为武器的弱者身份"来抗争的成本也是多数人无法承受的，是以损失个人尊严、身心伤害甚至生命为代价，在地方政府眼中这是一种"泼皮无赖""胡搅蛮缠"式的抗争。这种抗争方式往往会获得更高的补偿，但是付出的代价也是非常高昂的。

在征地拆迁之后，农户失去了与地方政府讨价还价的最重要筹码，抗争就很难对地方政府发挥作用。农户可以采取其他体制外抗争的方式，如阻止地方政府土地整理和工程建设等，此时地方政府有充分的理由予以制止。目前我国的信访制度主要以维持稳定为主，农户以拆迁补偿没有达到要求为由上访，往往得不到相关部门的支持。农户上访会选择以征地拆迁程序违法、违规，基层发放的补偿标准不符合上一级政府和中央政府的规定，或者征地拆迁过程中村干部和地方政府主要官员存在贪污受贿或者徇私舞弊为主要理由。农户把自己的诉求夹杂在更为合理的理由之中，是希望通过向上一级政府或者中央政府反映其更为关注的问题来达到提高补偿的目的。

---

❶ "江西省抚州市宜黄县强拆自焚事件"是一个标志性的事件，该事件造成1人死亡2人重度烧伤，数十家媒体报道了该事件，受到社会公众的广泛关注。由于2010年连续发生多起强拆导致人员伤亡的恶性事件，当年国务院办公厅颁布了《关于进一步严格征地拆迁管理工作切实维护群众合法权益的紧急通知》。

❷ 长沙"强拆致居民被埋死亡案"：7名责任人被立案侦查 [R/OL]. （2016-08-02）[2019-05-28]. https：//finance. ifeng. com/a/20160802/14669224_ 0. shtml.

❸ 平邑9·14强拆事件细节公布 15名主要嫌疑人被抓 [R/OL]. （2015-09-20）[2019-05-28]. http：//www. bjnews. com. cn/news/2015/09/20/378165. html.

❹ 董海军."作为武器的弱者身份"：农民维权抗争的底层政治 [J]. 社会，2008（4）：34-58，223.

二、地方政府应对

地方政府面对农户的"硬抗争"会采取相应的策略，主要分为"花钱买签字""花钱买稳定"等容忍的方式和对农户的抗争行为采取阻吓和惩罚的方式。

（1）对于农户个体的体制内抗争行为，地方政府要么采取"花钱买稳定"，要么采取严厉的惩罚措施，或者同时使用两种方式。对于采取信访、调解、仲裁、诉讼等体制内的途径表达其利益诉求的农户，地方政府通常采取"拖"的策略。体制内抗争存在诸多困难和劣势，农户很少只采取体制内抗争的方式，尤其是在征地拆迁正在进行的时期。体制内抗争通常都是征地拆迁完成之后，农户发觉自己的利益受损，要求更多权益，但是已经"签字"，土地已被政府征用，就地抗争已经不可能，这样才会选择体制内抗争。农户会先向当地政府相关部门反映自己的利益诉求，农户的依据主要是上一级政府或者中央政府的政策规定，或者宅基地被征迁之后生活出现困难。地方政府考虑到如果答应了某一个农户或者某一部分农户的要求，会引发更多的农户索要补偿，不会轻易开口子，但是有些农户的诉求又具有一定的合理性，地方政府也不能明确回绝，明智的选择是采取"拖"的策略。在反复多次协商无果的情况下，一部分农户就会上访或寻求司法救济。因为上访和司法救济成本高，周期长，收益不确定性高，真正采取这种方式的农户数量会很少。在"维稳"的压力下，尤其是越级上访数量成为考核地方政府主要官员政绩的重要指标的情况下，地方政府就会采取"花钱买稳定"的方式对一些农户进行安抚。地方政府通常也不是以增加农户征地拆迁补偿的方式，而是通过其他方式如将农户纳入农村或城市"低保"，解决农户的现实困难或者在其他方面给予一定的"照顾"。对于仍坚持抗争的农户，地方政府采取的主要方式有紧密监视、威胁恐吓、限制自由、找茬打击、栽赃陷害等。例如，如果农户家庭中有人在体制内工作，会采取调动工作或者以其他理由停发其工资的措施，如新闻报道中的"连坐式拆迁"；如果农户从事商业经营，可以利用行政力量对农户施压等。

（2）对农户个体体制外的激烈抗争行为，各地地方政府采取的策略有一定的差异。近些年，农户采取的"作为武器的弱者身份"方式，如老人、妇女和小孩与地方政府征迁人员直接对峙，与政府工作人员或征地拆迁工作人员"撒泼打滚"等无赖式缠闹，往往不会发挥作用。地方政府并不会因为抗争者的"弱者身份"而束手无策或者采取差别对待。针对这些个体抗争者，有些地方政府在通过村干部、熟人做工作和施压无效后，会引入村中的地痞无赖、"混混"等参与工作。❶ 地痞无赖、"混混"等参与土地征迁，采取的主要是"软暴力"，他们也清楚不能直接采取武力，常用的方式是与不"签字"的农户"谈话"和长时间滞留在农户家中，或者直接威胁恐吓。地痞无赖、"混混"等在农村熟人社会中有一定的"声誉"，村民们的共识是这些人"不好惹"。在无法忍受这些地痞无赖、"混混"骚扰、纠缠、威胁、恐吓的情况下，有些农户不得不同意地方政府的补偿条件，在征地协议书上"签字"。

对于非常坚决抗争的农户，会被地方政府称为"钉子户"，通常的利益诱惑和惩罚手段，甚至地痞无赖、"混混"等也不会使他们妥协。地方政府常用的一种策略是满足"钉子户"的要求，给予他们更高的补偿。地方政府并不会一开始就满足"钉子户"的要求，往往需要进行多次博弈，甚至时间会很长，有的甚至多达几年。在这个过程中"钉子户"也付出了巨大的代价。地方政府对"钉子户"的特殊补偿不会引发更多农户效仿，因为绝大多数农户不会付出如此高昂的成本。一些地方政府还会对"钉子户"实行"断水、断电、断路"、在农户房屋附近持续施工制造噪声干扰其居住生活，迫使"钉子户"答应地方政府的拆迁要求。虽然 2010 年年底，国务院办公厅颁布的《关于进一步严格征地拆迁管理工作切实维护群

---

❶ 相关研究参见：杨华. 农村征地拆迁中的阶层冲突——以荆门市城郊农村土地纠纷为例［J］. 中州学刊，2013（2）：70-76；祝天智. 边界冲突视域中的农民内部征地冲突及其治理［J］. 北京社会科学，2014（9）：22-29；耿羽. 征地拆迁中的混混暴力市场化［J］. 中国青年研究，2016（7）：13-18.

众合法权益的紧急通知》中明确规定"对采取停水、停电、阻断交通等野蛮手段逼迫搬迁，以及采取'株连式拆迁'和'突击拆迁'等方式违法强制拆迁的，要严格追究有关责任单位和责任人的责任"，并明确禁止暴力拆迁和征地，但此类事件仍时有发生。另一种方式是变相强拆，如在夜里安排人员驾驶车辆轻微撞击房屋的某一部分，然后再以房屋危险保护人员安全的名义，将农户强行带离房屋进行强拆。地方政府为了安抚农户，通常也会在补偿上做些许提高，多数"钉子户"也就放弃抗争。

对于在房屋上悬挂国旗、打横幅、张贴标语，用身体和生命来阻挡地方政府拆迁的"钉子户"，地方政府应对起来较为困难。此类"钉子户"提出的要求地方政府很难满足，地方政府也不敢轻易采取过激行为。前些年由于拆迁引发的农民自焚和死亡事件引起中央政府、媒体和社会公众的关注，负有直接责任的官员受到了处理，有些人员还承担了刑事责任。地方政府可以申请司法强拆，但是如果遇到顽强抵抗，司法强拆也可能无法执行。有些地方政府会选择放弃征收，如果被征收的土地是用于城市建设，就要修改原有的规划"绕开"农户住房。

在地方政府征收农村宅基地只是为了获得新增城市建设用地指标的情况下，如果农户的补偿要求超过了地方政府的承受限度，或者地方政府能够以更低的成本获得指标，地方政府会选择放弃征收，农户的抗争就没有了威慑力。在全国实行"增减挂钩"的地区都出现了少量农户不同意地方政府的补偿条件，地方政府也没有提高补偿标准，而是放弃征收。对于这些农户而言，绝大多数农户已经搬离，村集体和地方政府对该地区的公共服务和基础设施投入会大幅减少，甚至不再投入，农户将会面临生产生活等多方面的不便。

第二节 "钉子户"的行为分析

在宅基地征收中，普遍存在"钉子户"，有必要从经济学角度进行分析。本节首先介绍国内外关于"钉子户"的研究成果，接下来设定农户和地方政府的收益函数；然后通过构建模型对"钉子户"和地方政府的行为进行分析。

一、国内外对"钉子户"的相关研究

国外学术界很早就对"钉子户"现象给予关注，但深入的研究主要是近三十年。当需要整合多种联合使用的资源，资源具有整体不可分割性或整合后会带来更高的价值时，就会引发"钉子户"（holdout）行为，尤其是在土地资源整合领域。土地开发和整合往往具有不可分割性，需要全部买下或者全部放弃，这就会出现"钉子户"情况，小土地所有者会索取更高价，且随着项目收益提高，"钉子户"问题会更为严重。❶ 由于担心出现"钉子户"情况，土地整理者会倾向于所有者数量少的土地，这会导致城市向郊区扩展的情况。❷ 有些研究基于博弈理论，讨论买方和卖方采用的讨价还价策略模式，得出不同策略获得的支付情况和经济绩效。❸ 近些年，有学者用博弈实验研究交易双方的交易周期和拖延成本对最终结果的影响，得出结论认为：交易双方都有积极性尽快完成交易，"钉子户"现象大为减少；买者有很强的动机去寻找那些产权单一的地块，这种行为偏好可能会导致无效的土地资源配置和城市外围过度扩张；卖者之间的竞争将降低

---

❶ Eckart W. On the land assembly problem ［J］. Journal of Urban Economics, 2006, 18 (3): 364-378; Cohen L. Holdouts and Free Riders ［J］. The Journal of Legal Studies, 1991, 20 (2): 351-362; Strange W C. Information, Holdouts, and Land Assembly ［J］. Journal of Urban Economics, 1995, 38 (3): 317-332.

❷ Miceli T J, Sirmans C F. The Holdout Problem, Urban Sprawl, and Eminent Domain ［J］. Social Science Electronic Publishing, 2006, 16 (3): 309-319.

❸ Miceli T J, Segerson K. Land Assembly and the Holdout Problem Under Sequential Bargaining ［J］. American Law and Economics Review, 2012, 14 (2): 372-390; Isaac R M, Norton D A, Swope K, et al. Contracts, Behavior, and the Land-assembly Problem: An Experimental Study ［J］. Research in Experimental Economics, 2010, 14 (29): 5942-5947; F. Plassmann, T. N. Tideman. Efficient Urban Renewal Without Takings: Two Solutions to the Land Assembly Problem ［R］. Working Papers, 2007, (2007-03-12) ［2017-6-30］, http://econ. ucsb. edu/~tedb/Courses/UCSBpf/readings/LandAssemblyTideman. pdf.

卖者的要价，一定程度上减少潜在的"钉子户"。❶

关于"钉子户"问题，国内主要是从法学和社会学角度进行探讨。经济学方面的研究成果较少，主要集中在两个方面：国外治理"钉子户"做法介绍，❷ 国内具体案例分析。在征地、拆迁中充当"钉子户"的主要是农村中的中上阶层和最边缘群体，"钉子户""上访户"的行为不一定是维权抗争，更多的是利益博弈，他们企图通过采取这种策略获得更多财富。❸有研究指出，"钉子户"产生的原因是地方政府的机会主义和"钉子户"的机会主义暴力，❹ 利益格局失衡以及"争利"，❺ 计划经济色彩的土地制度和土地开发中政府利益非中性。❻ 地方政府治理"钉子户"主要采取的是行政治理和社会治理两种机制，❼ 基层组织治理"钉子户"，已经由"株连"与"设卡"转变为进行策略主义的"摆平处理"，甚至出现引进地方"灰色势力"进行"以恶治恶"。❽ 国内关于农村宅基地征收中的"钉子

❶ Cadigan J, Schmitt P, Swope S K. An Experimental Study of the Holdout Problem in a Multilateral Bargaining Game [J]. Southern Economic Journal, 2009, 76 (2)：444-457；Cadigan J, Schmitt P, Shupp R, et al. The holdout problem and urban sprawl：Experimental evidence [J]. Journal of Urban Economics, 2011, 69 (1)：72-81.

❷ 金细簪, 虞晓芬, 胡凤培. 征地拆迁的预期意愿与行为差异研究——以浙江省杭州市为例 [J]. 中国土地科学, 2015, 29 (6)：11-17；靳相木, 陈箫. 美国土地整合中的钉子户问题及其启示 [J]. 浙江大学学报（人文社会科学版）, 2017, 47 (3)：183-193.

❸ 杨华. 农村征地拆迁中的利益博弈：空间、主体与策略——基于荆门市城郊农村的调查 [J]. 西南大学学报（社会科学版）, 2014, 40 (5)：39-49, 181.

❹ 吕德文. 媒介动员、钉子户与抗争政治——宜黄事件再分析 [J]. 社会, 2012, 32 (3)：129-170.

❺ 陈绍军, 刘玉珍. 城市房屋拆迁中"钉子户"的博弈逻辑——以 N 市被拆迁户为例 [J]. 东疆学刊, 2011, 28 (1)：100-104, 112.

❻ 熊金武, 黄义衡, 徐庆. 农地征收补偿标准的困境解析与机制设计——基于信息不对称下的一个讨价还价框架 [J]. 现代财经（天津财经大学学报）, 2013, 33 (1)：3-10.

❼ 张雪霖. 项目落地中"钉子户"治理机制的变迁 [J]. 华南农业大学学报（社会科学版）, 2016, 15 (3)：112-120.

❽ 陈锋. 从整体支配到协商治理：乡村治理转型及其困境——基于北镇"钉子户"治理的历史考察 [J]. 华中科技大学学报（社会科学版）, 2014, 28 (6)：21-27.

户"研究不仅数量少，而且多数是叙述性和叙述性外加评论的研究形式，缺乏从经济学理论，尤其是构建模型研究这一问题的文献。

二、农户和地方政府的收益函数

地方政府对土地的需求是一种由于最终市场需求而引发的引致需求，这种需求主要来自土地实际使用者，如企业、房地产开发商和居民等对土地的需要。地方政府拥有农村土地的垄断征收权和城市建设用地的垄断供给权，就可以获得高额的垄断收益。现有土地管理政策对农户转让宅基地范围和土地用途的限制，农户不能将宅基地转让给城市居民，只能在本集体经济成员范围内转让，农户更不能将宅基地直接转化为城市建设用地。基于以上限制条件，本书设定如下的农户供给宅基地的收益函数和地方政府征收宅基地的收益函数。

（一）农户供给宅基地的收益函数

农户是宅基地的实际使用者和占有者，但是农户并不拥有宅基地的全部产权。农户不能将宅基地直接转化为城市建设用地，而宅基地转化为城市建设用地后会带来大幅度的土地增值。农户能够了解到土地性质改变产生的巨额收益，虽然农户可能并不知晓具体数额，但可以明确的是，农户知道地方政府给出的征收价格应当远小于农户直接和土地需求者交易的价格。为了分析方便，本书将农户分为两种类型：一种类型是不采取"硬抗争"的农户，即"非钉子户"，不采取"硬抗争"的原因是即使不受到地方政府的惩罚，农户如果采取"硬抗争"也需要投入部分精力，这对于此部分农户也是不值得的；另一种类型是采取"硬抗争"的农户，即"钉子户"。其中"非钉子户"占农户数量的绝大部分，而采取"钉子户"抗争的只占农户数量的很小部分。

"非钉子户"农户的收益函数设定如下：

$$U_1 = U_1(p, r) \tag{4.1}$$

其中，U_1 为不采取抗争行为的"非钉子户"农户的收益函数，主要由 p，r，即宅基地集体经济内部转让价格和租金收益或者农户自用宅基地带来的收益决定。由于转让宅基地和自用宅基地之间存在替代关系，所以农户收益最大化的条件为：

$$\frac{\partial U_1(p,\ r)}{\partial p} = \frac{\partial U_1(p,\ r)}{\partial r} \qquad (4.2)$$

式（4.2）的经济含义为转让价格带来的边际收益和出租或者自用的边际收益相等时，农户的收益达到了最大化。这一点可以解释为什么城市近郊农户宅基地征收价格远高于远郊农户宅基地的价格，主要原因是近郊农户宅基地能为农户带来更高的租金收益。根据式（4.2）可以得出，不采取抗争行为的"非钉子户"农户的宅基地收益函数或供给函数为：

$$R_1 = p_1(q_1)q_1 \qquad (4.3)$$

其中，q_1 为"非钉子户"农户的宅基地供给数量，随着征收数量 q_1 的增加，p_1 也增加，即 $p_1(q_1)$ 是 q_1 的单调增函数。

采取抗争行为的"钉子户"农户的收益函数设定如下：

$$U_2 = U_2(p_2,\ f,\ h,\ G,\ r) \qquad (4.4)$$

其中，U_2 为"钉子户"农户的收益函数，p_2 为不采取"硬抗争"行为情况下农户获得的转让价格，f 为采取"硬抗争"行为后农户转让价格的增加，即"硬抗争"收益，h 为农户为了抗争政府征收而付出的时间和精力，等价于农户将此部分精力和时间用在其他领域获得的收益，G 为来自地方政府的惩罚带来的负效应。所以，农户收益最大化的条件为：

$$\frac{\partial U_2}{\partial p_2} + \frac{\partial U_2}{\partial f} + \frac{\partial U_2}{\partial h} + \frac{\partial U_2}{\partial G} + \frac{\partial U_2}{\partial r} = 0 \qquad (4.5)$$

式（4.5）的经济含义为不抗争情况下转让价格 p_2 和抗争行为增加的价格 f 给农户带来的正效应与花费时间和精力的替代收益 h 、来自政府惩罚导致的负效应 G 、自用或出租减少的负效应相等时，农户达到了收益最大化。"钉子户"的收益函数可以表示为：

$$R_2 = fq_2 - hq_2 - Gq_2 \qquad (4.6)$$

式（4.6）的经济含义为采取抗争行为的农户收益来源于两个方面：不抗争情况下的保留收益和抗争后增加的收益。如果农户采取抗争的收益

$fq_2 - hq_2 - Gq_2 \leqslant 0$，农户的收益函数为 $p_1(q_1^*)q_1^*$，其中 q_1^* 为"非钉子户"农户的最大宅基地供给量。如图 4-1 所示，"非钉子户"农户与"钉子户"农户之间差别就在于采取抗争行为农户的获得价格上升为 $f - h - G - p(q_1^*)$。之所以存在不采取抗争行为的农户，主要原因是对政府惩罚和投入精力的副收益大于获得的宅基地价格上升的正收益。

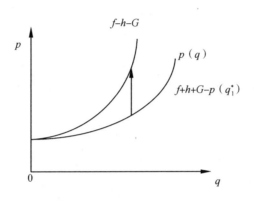

图 4-1 "非钉子户"农户与"钉子户"农户供给函数对比

（二）地方政府征收宅基地的收益函数

地方政府是农村土地的垄断征收者，也是城市土地一级市场的垄断供给者，在双边垄断情况下，地方政府有动力运用垄断力量来获得高额收益。本书设定地方政府面对的土地需求量为 $P(q)$，为土地供给数量 q 的减函数。因为是垄断供给者，地方政府可以将 $P(q)q$ 作为自己的收益函数，可以借助边际收益函数和边际供给函数来确定最大收益水平。本书设定地方政府的收益函数（假定地方政府的收益可以货币化，即货币收益最大化就是收益最大化）为如下形式：

$$R_{\text{地方}} = P(q_1 + q_2)(q_1 + q_2) - cq - c_1 - c_2 - \varphi G(q_2) \qquad (4.7)$$

其中，cq 为土地整理成本，并假定地方征收的宅基地全部用于城市一级土地市场转让，不存在中间损耗；c_1 为农户不采取抗争策略情况下，地方政府征收宅基地付出的成本，即为 $p_1(q_1)q_1$；c_2 为面对抗争的情况下，地方政府征收成本的增加部分；$\varphi G(q_2)$ 为地方政府惩罚农户支出的成本，支出的比例与农户受到惩罚程度正相关，即如果地方政府要让农户受到更大程度的惩罚，就需要支出更高的惩罚成本。

三、"钉子户"行为、地方政府惩罚与市场均衡

对于农户是否采取抗争策略，即农户是否采取"钉子户"策略，取决于农户和地方政府各自的收益函数和博弈情况，下面分几种情况讨论。

(一) 农户不采取"钉子户"策略

首先假定在地方政府不采取惩罚措施的情况下，不采取抗争策略的"非钉子户"农户最大供给量为 q_1^*，如果地方政府要征收超过 q_1^* 数量的宅基地，就要面对农户的抗争。农户之所以不采取"钉子户"的抗争策略，可能是由于以下两种情况：一种情况是地方政府征收的数量非常有限，并没有超过 q_1^* 数量的宅基地；另一种情况是农户面对的是一个强势的地方政府，任何抗争行为都是没有意义的，即 $fq_2 + hq_2 + Gq_2 \le 0$。

地方政府征收数量小于 q_1^* 时，地方政府的收益函数为：

$$R_{地方} = P(q)q - cq - p(q)q \tag{4.8}$$

式 (4.8) 的经济含义为，地方政府只在"非钉子户"农户范围内征收宅基地。式 (4.8) 的最大化条件为：

$$P'(q_1^e)q_1^e + P(q_1^e) - c - p(q_1^e) - p'(q_1^e)q_1^e = 0 \tag{4.9}$$

因为 $P'(q) < 0$，所以边际收益 $P'(q_1^e)q_1^e + P(q_1^e) - c < P(q_1^e) - c$，同时因为 $p'(q) > 0$，所以 $p(q_1^e) + p'(q_1^e)q_1^e > p(q_1^e)$，进而可以得出，地方政府征收的数量小于由市场供求直接决定的交易数量，地方政府增加土地征收数量可以增加社会福利水平。如图 4-2 所示，q_1^e 明显小于供给曲线 $p(q)$ 和需求曲线 $P(q)q - cq$ 相交决定的交易数量。农户获得的征收价格为 $p(q_1^e)$，因为交易数量小于市场自发交易数量，获得的补偿价格也低于自由交易的市场价格。土地使用者支付的价格为 $P(q_1^e)$，也显著高于市场自发交易的价格。地方政府通过征收行为可以获得的收益为 $[P(q_1^e) - c - p(q_1^e)] \times q_1^e$。

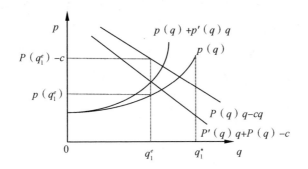

图 4-2 地方政府征收数量小于 q_1^*

当征收数量大于 q_1^* 时，地方政府是强势政府，能够有效地消除"钉子户"的抗争行为。如果农户意识到地方政府的惩罚使得农户并不能从抗争征收中增加收益，即存在 $fq_2 + hq_2 + Gq_2 \leq 0$，农户就不会采取抗争行为。农户的供给函数分为两个部分，在 $q \leq q_1^*$ 时供给曲线为 $p(q)$，当 $q > q_1^*$ 时农户的供给曲线变为一条水平线即为固定值 $p(q_1^*)$。农户获得的补偿价格统一为 $p(q_1^*)$，地方政府获得的收益为：

$$R_{\text{地方}} = P(q)q - cq - p(q_1^*)q_1^* - p(q_1^*)(q - q_1^*) \qquad (4.10)$$

整理可以得到 $R_{\text{地方}} = P(q)q - cq - p(q_1^*)q$，最大化收益条件为 $P(q) + P'(q)q - c - p(q_1^*) = 0$，地方政府依然可以获得较高的收益。这种在征收数量 q_1^* 对应的征收价格 $p(q_1^*)$ 的情况，也可以设定为地方政府给出某个征收价格，如果有农户抗争将会遭受严重的惩罚，因为是强势地方政府，所以农户选择接受地方政府给出的征收条件。

如图 4-3 所示，地方政府征收的宅基地数量超过了 q_1^*，此时由于地方政府能够有效地阻吓潜在的"钉子户"，所以超过 q_1^* 数量的宅基地征收价格仍然为 $p(q_1^*)$。地方政府面对的边际收益曲线仍然为 $P'(q)q + P(q) - c$，但是面对的边际成本曲线发生了变化，在 $q \leq q_1^*$ 区间，边际成本曲线为 $p(q) + p'(q)q$，当 $q > q_1^*$ 时，边际成本曲线变成固定数值 $p(q_1^*)$，图像显示为一条折断的边际成本曲线。因为能够有效地阻吓潜在的"钉子户"，地方政府支付的征收成本更为低廉，即增加征收数量并不引起征收价格上升。实际上，地方政府征收宅基地时，通常都会事前给出统一的征收价格，此价格可以看作本研究中的 $p(q_1^*)$。如果面对的是强势地方政府，农户意识到抗争的成本高于收益，所以农户会选择接受地方政府的征收条件，这也就出现了本研究所描述的情况。

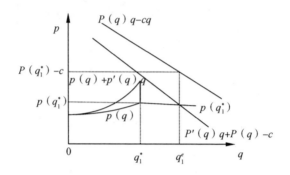

图4-3　地方政府征收数量大于 q_1^*

（二）农户采取"钉子户"策略

如果农户采取"钉子户"的抗争策略，能够增加收益，农户的理智选择是通过拖延时间或者拒绝地方政府征收宅基地。通常情况下，农户并不能够单方面终止交易，并且多数情况下农户同意地方政府的征收条件是有利的。农户采取"钉子户"策略并不是要终止交易，而是想通过抗争行为来获得更多的补偿。接下来分两种情况进行分析：地方政府无法区分哪些农户采取"钉子户"策略，对所有农户都给予相同的补偿；地方政府如何通过惩罚行为分辨出哪些农户采取了"钉子户"策略，并采取差别定价的方式来征收。

1. 地方政府无法区分哪些农户采取"钉子户"策略

地方政府的征收数量超过了 q_1^*，并且地方政府的惩罚并不能使农户接受 $p(q_1^*)$，所以地方政府要征收超过 q_1^* 数量的宅基地，就要支付更高的价格。地方政府征收宅基地的收益为：

$$R_{地方} = P(q_1^* + q_2)(q_1^* + q_2) - c(q_1^* + q_2) - [p_1(q_1^*) + f - G(q_2)]q_1^* - fq_2 + G(q_2)q_2 - \varphi G(q_2)q_2 \tag{4.11}$$

因为 q_1^* 为常数，对 q_2 求导可得到式（4.11）的最大化条件为：

$$P'(q_1^* + q_2)(q_1^* + q_2) + P(q_1^* + q_2) - c - f'q_1^* + G'(q_2)q_1^* - f'q_2 - f' +$$
$$(1 - \varphi)[G'(q_2)q_2 + G(q_2)] = 0 \qquad\qquad (4.12)$$

在式（4.12）中，地方政府的边际收益函数为 $P'(q_1^* + q_2)(q_1^* + q_2) + P(q_1^* + q_2) - c$，相应地 $-f'q_1^* + G'(q_2)q_1^* - f'q_2 - f' + (1 - \varphi)[G'(q_2)q_2 + G(q_2)]$ 为边际成本函数。由于地方政府不能区分哪些农户真正具有采取"钉子户"策略的动力，所以其边际成本函数中就出现了 $G'(q_2)q_1^* - f'q_1^*$ 部分。由于农户在地方政府征收数量范围中并没有达到最大化，即仍然采取抗争策略，所以 $G'(q_2) - f' > 0$，即边际成本函数中增加的部分 $G'(q_2)q_1^* - f'q_1^* > 0$。由于不能够区分哪些农户将采取"钉子户"策略，地方政府就要增加征收成本，这种情况多发生在地方政府急于征收一定数量宅基地或者区分"钉子户"将要支出较高的时间成本。

通过图 4-4，可以说明地方政府不能区分农户是否采取"钉子户"策略情况下，政府收益的变化情况。S_2 为地方政府面对的农户供给曲线，供给曲线由两部分组成：在 $q \leqslant q_1^*$ 区间，为 $p(q)q$，即仅为不采取"钉子户"策略农户的供给曲线；在 $q > q_1^*$ 区间，为采取"钉子户"的农户的供给曲线。地方政府将采取不加区分的方式来支付农户补偿价格 $p_1(q_1^*) + f - G$。采取"钉子户"的抗争策略产生了外部性，即不抗争的农户单位面积补偿也能够增加 $f - G$。部分农户采取"钉子户"策略后，地方政府征收宅基地收益减少了，其中有对"钉子户"惩罚支出的成本，给"钉子户"支付的单位面积提价部分，以及因为无法区分"钉子户"和"非钉子户"而增加的补偿。农户因为采取"钉子户"策略，整体收益得到提升。在农户抗争和政府惩罚过程中，有两部分社会资源浪费：农户采取"钉子户"策略而投入的资源和地方政府惩罚农户抗争投入的资源。

2. 地方政府能够区分哪些农户采取"钉子户"策略

地方政府能够区分哪些农户采取"钉子户"策略的情况相对比较简单，也是多数宅基地征收过程中普遍存在的情况。地方政府征收宅基地，通常采取先公布一个统一的征收标准，然后部分农户接受政府的条件，部分农户将会采取抗争策略。地方政府将会通过惩罚的方式区分出哪些农户

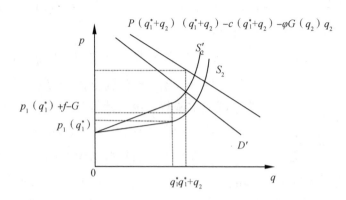

图 4-4　地方政府不能区分"钉子户"和"非钉子户"情况下的市场均衡

采取了"钉子户"策略，之后根据抗争强度确定有差别的补偿标准，即越晚拆迁的农户往往会获得更高的补偿。在此种情况下的市场均衡将分两个步骤完成：地方政府给出征收价格 $p_1(q_1^*)$，并完成征收数量 q_1^*，支付给农户的总补偿为 $p_1(q_1^*)q_1^*$；对抗争的农户采取差别定价的方式，根据抗争程度来支付更高的价格。地方政府的总收益可表示为：

$$R_{地方} = P(q_1^* + q_2)(q_1^* + q_2) - c(q_1^* + q_2) - p_1(q_1^*)q_1^* - fq_2 + G(q_2)q_2 - \varphi G(q_2)q_2 \tag{4.13}$$

式（4.13）中，$P(q_1^* + q_2)(q_1^* + q_2) - c(q_1^* + q_2)$ 为地方政府在城市土地一级市场上拥有垄断供给权获得的垄断性收益和土地整理需要支出的成本，$p_1(q_1^*)q_1^*$ 为向不采取"钉子户"策略农户征收宅基地时付出的成本，$fq_2 - G(q_2)q_2 + \varphi G(q_2)q_2$ 为地方政府在征收 q_1^* 数量基础上增加 q_2 数量宅基地时需要付出的成本。地方政府收益最大化的条件为：

$$P'(q_1^* + q_2)(q_1^* + q_2) + P(q_1^* + q_2) - c - f - f'q_2 + (1 - \varphi)[G'(q_2)q_2 + G'(q_2)] = 0 \tag{4.14}$$

比较式（4.12）与式（4.14），可以得到式（4.12）比式（4.14）多出部分为 $-f'q_1^* + G'(q_2)q_1^*$，因为农户抗争收益是单增函数，所以有 $-f' + G'(q_2) < 0$，即 $-f'q_1^* + G'(q_2)q_1^* < 0$。又由于地方政府在城市土地一级市场上是垄断供给者，所以有边际收益函数递减特性。结合以上两方

面，式（4.12）中的边际成本部分大于式（4.14）中的边际成本部分，式（4.12）中边际收益部分大于式（4.14）中的边际收益部分，这样就得出在地方政府无法区分"钉子户"情况下，征收的宅基地数量将会小于能够区分"钉子户"情况下征收的宅基地数量。这一点可以理解为，在地方政府无法区分"钉子户"情况下，抗争的农户给不抗争农户带来了正的外部性，但是增加了地方政府征收宅基地的边际成本，所以此时地方政府征收宅基地的边际成本会有更大幅度上升，进而减少征收数量。

如图 4-5 所示，S_2 为"钉子户"和"非钉子户"共同组成的市场供给曲线，S_2' 为地方政府无法区分"钉子户"和"非钉子户"情况下面对的边际成本曲线，S_2'' 为地方政府能够区分"钉子户"和"非钉子户"情况下面对的边际成本曲线。地方政府按照边际成本等于边际收益的原则确定征收数量，显然能够区分"钉子户"和"非钉子户"情况下地方政府能够征收更多的宅基地，并且能够获得更高的收益。

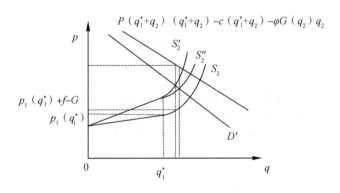

图 4-5　地方政府能够区分"钉子户"和"非钉子户"情况下的市场均衡

第三节　地方政府惩罚能力强弱、信号传递与强拆行为

本研究采用了博弈论中信号传递思想。信号传递由斯彭斯（Spence，

1973）引入博弈论研究之中，采用的是教育信号来传递生产能力的方式，但是在其假设中认为，教育对提高生产能力并没有影响，只有助于向雇主传递个人能力的信号。❶ 之后，斯蒂格利茨和韦斯（Stiglitz and Weiss，1981）对信号传递和信号甄别进行了区分。❷ 恩格尔斯（Engers，1987）、❸ 休斯（Hughes，1986)❹ 将多信号模型引入博弈论研究。费尔托维奇、里奇莫德和特德（Feltovich, Richmomd and Ted, 2002）通过构建反信号传递模型研究后认为，尽管最差的类型不会传递信号，但最好的类型也不传递信号，主要是因为最好类型对高质量类型充满信心，而中间类型则有传递信号的动力。❺ 信号传递领域的应用文献也较为众多，如威尔逊（Wilson，1980)、❻ 斯蒂格利茨（Stiglitz，1987)、❼ 格罗斯曼和卡茨（Grossman and Katz, 1983)、❽ 雷甘南（Reinganum，1988）、❾ 希尔斯特伦和里奥丹（Kihlstrom and Riordan, 1984)，❿ 米尔格罗姆和罗伯茨（Milgrom and Ro-

❶　Spence M. Job Market Signaling [J]. Quarterly Journal of Economics, 1973, 87 (3): 355-374.

❷　Stiglitz J. , A. Weiss. Credit Rationing in Markets with Imperfect Information [J]. American Economic Review, 1981, 71 (3): 393-410.

❸　Engers Maxim. Signaling with Many Signals [J]. Econometrica, 1987, 55 (3): 663-674.

❹　Hughes P. Signalling by Direct Disclosure under Asymmetric Information [J]. The Journal of Accounting and Economics, 1986, 8 (2): 119-142.

❺　Feltovich Nick, Richmomd Harbaugh and Ted To. Too Cool for School? Signaling and Counter Signaling [J]. The RAND Journal of Economics, 2002, 33 (4): 630-649.

❻　Wilson Charles. The Nature of Equilibrium in Markets with Adverse Selection [J]. Bell Journal of Economics, 1980 (11): 108-130.

❼　Stiglitz Joseph. The Cause and Consequences of the Dependence of Quality on Price [J]. The Journal of Economic Literature, 1987, 25 (1): 1-48.

❽　Grossman Gene, Michael Katz. Plea Bargaining and Social Welfare [J]. The American Economic Review, 1983, 73 (4): 749-757.

❾　Reinganum Jennifer. Plea Bargaining and Prosecutorial Discretion [J]. The American Economic Review, 1988, 78 (4): 713-728.

❿　Kihlstrom R. , M. Riordan. Advertising as a Signal [J]. Journal of Political Economy, 1984, 92 (3): 427-450.

berts，1986)❶等。本研究主要是将信号传递思想应用到宅基地征收领域地方政府与农户之间的博弈分析，在此不对此领域的文献做详细介绍。

下面通过两种情况来分析地方政府和农户的博弈行为、各方利益影响和经济绩效：（1）农户只了解地方政府惩罚成本高低的概率分布情况，地方政府清楚农户的"硬抗争"能力和收益情况；（2）地方政府向农户传递惩罚能力高低的信号的情况。

一、农户不拥有地方政府惩罚能力信息

1. 农户的收益函数

本研究设定农户的"硬抗争"强度为 $f(\frac{P(q) - C - p(q)}{p(q)})q$ ，其中 $f(\cdot)$ 为单调递增函数，$P(q) - C - p(q)$ 为单位宅基地给地方政府带来的收益，$\frac{P(q) - C - p(q)}{p(q)}$ 表示的含义为经过地方政府征收后宅基地溢价比例，比例越高则"硬抗争"强度越大。由于 $P(q)$ 和 $p(q)$ 均为自变量 q 的函数，可以将 $f(\frac{P(q) - C - p(q)}{p(q)})$ 转化为 $f(q)$ ，由于 $\frac{P(q) - C - p(q)}{p(q)}$ 是自变量 q 的减函数，所以 $f(q)$ 为 q 的减函数。由于在 $P(q) - C - p(q) = 0$ 时，地方政府不获得征收利益，农户从"硬抗争"中获得的利益为零，即农户直接与土地需求者交易确定的市场价格和数量，设定为 p^E 和 q^E ，有 $f(q^E) = 0$ ，所以 q 的取值范围为 $[0, q^E]$ 。要保证地方政府参与征收，农户"硬抗争"所能够分享的收益不能够超过地方政府征收差价，所以有 $f(q) \leq [P(q) - C - p(q)]$ 。本书设定，在农户不抗争的情况下，地方政府凭借征收市场和土地转让市场的垄断地位，征收的数量为 q^e ，支付给农户的补偿价格为 p^e ，由于地方政府拥有市场垄断力量，所以 $q^e < q^E$ ，$p^e < p^E$ ，即征收更少数量的宅基地，给予农户更低的补偿。

---

❶　Milgrom P.，Roberts J.. Relying on the Information of Interested Parties ［J］. Rand Journal of Economics，1986，17（1）：18-32.

农户可以采取"硬抗争"策略，但"硬抗争"需要付出成本，本研究设定农户"硬抗争"所面临的成本主要为来自地方政府惩罚造成价格下降的部分。农户来自地方政府惩罚的成本为 $\underline{\varphi}g(q)q$ 或者 $\bar{\varphi}g(q)q$，其中 $0 \leqslant \underline{\varphi} < \bar{\varphi}$，保证在 $q \in [0, q^E]$，$g(q)q$ 为单增函数，$\underline{\varphi}g(q)q$ 代表低惩罚能力的地方政府，$\bar{\varphi}g(q)q$ 代表高惩罚能力的地方政府。$\underline{\varphi}g(q)q$ 和 $\bar{\varphi}g(q)q$ 也代表迫于地方政府的惩罚，农户降低转让总收益中下降的部分。本书没有考虑抵农户"硬抗争"造成的其他成本支出，也可以将农户的收益函数中加入 $c_{农}q$ 等类似的函数，这只会影响农户的最大"硬抗争"程度选择，对本书的研究目的并没有太大帮助。

地方政府清楚自己的惩罚能力高低，但农户并不知道地方政府的真实惩罚能力，只知道地方政府为低惩罚能力的概率为 α，高惩罚能力的概率为 $1 - \alpha$。本书假定农户的收益同时也是地方政府要支付给农户的征收补偿。农户的收益函数可以表示为：

$$\pi_{农} = p(q)q + f(q)q - \alpha\underline{\varphi}g(q)q - (1 - \alpha)\bar{\varphi}g(q)q \qquad (4.15)$$

$$\pi_{农}^1 = p(q)q + f(q)q - \underline{\varphi}g(q)q \qquad (4.16)$$

$$\pi_{农}^2 = p(q)q + f(q)q - \bar{\varphi}g(q)q \qquad (4.17)$$

式（4.15）为农户采取平均出价策略时的收益函数，式（4.16）为农户面对低惩罚能力地方政府情况下的收益函数，式（4.17）为农户面对高惩罚能力地方政府情况下的收益函数。由于 $p(q)q$ 为农户不采取抗争行为也能够获得的收益，只有采取"硬抗争"行为后才会面临地方政府的惩罚，农户的理性选择是使"硬抗争"的净收益最大化，通过对 $f(q)q - \alpha\underline{\varphi}g(q) - (1-\alpha)\bar{\varphi}g(q)$，$f(q)q - \underline{\varphi}g(q)$ 和 $f(q)q - \bar{\varphi}g(q)$ 求 q 的一阶导数得到相应的最大值，并设最大值分别为 q^m、q_1^m 和 q_2^m，显然 $q_1^m < q^m < q_2^m$，经济含义为惩罚能力强的政府能够在征收数量更少或者更早期时，使农户不增加"硬抗争"强度。

2. 惩罚能力低的地方政府的选择

观点一：在只具有地方政府强弱势概率信息的情况下，农户按照城市土地价格与宅基地价格倍数确定"硬抗争"程度，农户如果采取平均出价策略，惩罚能力弱的地方政府不会暴露自己的信息。惩罚能力弱的地方政府最优选择是降低惩罚水平或者不惩罚。

下面分析农户采取平均出价策略时，惩罚能力低的地方政府的选择。因为只有地方政府知道自身惩罚能力高低，也就是处于农户收益函数中 $\bar{\varphi}$ 还是 $\underset{\sim}{\varphi}$，所以地方政府不会采取混合策略。在农户采取平均出价策略的情况下，惩罚能力高的地方政府不会按照农户平均出价策略下的要价支付征收补偿。而惩罚能力低的地方政府不会暴露自己的惩罚能力，则会按照农户的平均要价 $\pi_{农}$ 来支付补偿，因为这样能够增加征收收益。惩罚能力低的地方政府的收益函数为：

$$\pi^1_{地方} = P(q)q - Cq - G(q) - \pi_农$$

$$\pi^1_{地方} = P(q)q - Cq - G(q) - p(q)q -$$
$$f(q)q + \alpha\varphi g(q)q + (1-\alpha)\bar{\varphi}g(q)q \qquad (4.18)$$

其中，$G(q)$ 为地方政府惩罚农户"硬抗争"行为需要付出的成本，$G(q)$ 为单增函数，并且要求存在某一 $q^M \in [0, +\infty]$ 使得函数 $G(q) - g(q)q$ 存在极大值，当 $q > q^M$ 时，$G(q^M) - g(q^M)q^M > G(q) - g(q)q$；当 $q < q^M$ 时，$G(q^M) - g(q^M)q^M > G(q) - g(q)q$。在农户采取"硬抗争"行为时，地方政府必须权衡，惩罚致使农户转让价格压低的程度要大于惩罚成本支出，递增的惩罚成本保证了地方政府惩罚强度存在边界。本研究设定的惩罚成本 $G(q)$ 对两类政府都相同，高惩罚能力和低惩罚能力的地方政府区别在于使农户最终索取的补偿价格高低，高惩罚能力的地方政府能够在同样成本支出的情况下更大程度地压低给予农户的补偿价格。对式 (4.18) 求一阶导数，并设定存在最大值可得到：

$$P'(q)q + P(q) - C - G'(q) - p(q) - p'(q)q - f'(q)q - f(q) +$$
$$\alpha\varphi[g'(q)q + g(q)] + (1-\alpha)\bar{\varphi}[g'(q)q + g(q)] = 0 \qquad (4.19)$$

通过式 (4.19) 得出，与农户不抗争，地方政府不惩罚的情况相比，农户采取"硬抗争"行动，地方政府惩罚时，惩罚能力低的地方政府增加的边际成本为 $G'(q) + f'(q)q + f(q)$，边际收益为 $\alpha\varphi[g'(q)q + g(q)] +$

$(1-\alpha)\bar{\varphi}[g'q+g(q)]$。因为 $g(q)$ 和 $G(q)$ 都是单增函数，并且要保证地方政府会采取惩罚行为，q 值从 0 到某一区间，一定存在 $G'(q) \leqslant \alpha\varphi[g'(q)q+g(q)]+(1-\alpha)\bar{\varphi}[g'(q)q+g(q)]$。在出现农户"硬抗争"行为的情况下，对地方政府而言，"硬抗争"已经成为既定条件，地方政府就要考虑惩罚本身的边际成本和边际收益对比情况，如果不存在 q 值从 0 到某一区间使得上面不等式成立，地方政府的最优选择是不惩罚农户的"硬抗争"行为。在假定上面不等式存在的情况下，可以通过计算得出征收数量和价格，分别为 $q_{农}$ 和 $p_{农}$。

3. 惩罚能力高的地方政府的选择

观点二：惩罚能力强的地方政府不会受到农户平均出价策略的影响。惩罚能力强的地方政府会比惩罚能力弱的地方政府征收更多的宅基地。

惩罚能力高的地方政府不会按照农户平均出价策略下的要价支付。因为如果按照农户平均要价支付，将导致惩罚能力高的地方地府成本上升。农户的高要价并不是农户"硬抗争"强度高或者高惩罚能力地方政府惩罚能力弱，而是由于农户的错误判断（采取平均要价的结果）。惩罚能力高的地方政府的收益函数为：

$$\pi^2_{地方} = P(q)q - Cq - G(q) - p(q)q - f(q)q + \bar{\varphi}g(q)q \qquad (4.20)$$

对式（4.20）求 q 的一阶导数，得出满足最大化的条件为：

$$P'(q)q + P(q) - C - G'(q) - p(q) - p'(q)q -$$
$$f'(q)q - f(q) + \bar{\varphi}[g'(q)q + g(q)] = 0 \qquad (4.21)$$

惩罚能力高的地方政府和惩罚能力低的地方政府有相同的边际成本函数 $G'(q) + f'(q)q + f(q)$，因为 $\bar{\varphi} > \underline{\varphi}$，惩罚能力高的地方政府的边际收益大于惩罚能力低的地方政府边际收益，即 $\bar{\varphi}[g'(q)q + g(q)] > \alpha\underline{\varphi}[g'(q)q + g(q)] + (1-\alpha)\bar{\varphi}[g'(q)q + g(q)]$。同理，因为 $g(q)$ 和 $G(q)$ 都是单增函数，并且要保证地方政府会采取惩罚行为，q 值从 0 到某一区间，一定存在 $G'(q) \leqslant \bar{\varphi}[g'(q)q + g(q)]$。在假定上面不等式存在的情况下，可以通过计算得出征收数量和价格，分别为 $q^2_{农}$ 和 $p^2_{农}$。由于存在 $\bar{\varphi}[g'(q)q +$

$g(q)] > \alpha\underline{\varphi}[g'(q)q + g(q)] + (1 - \alpha)\bar{\varphi}[g'(q)q + g(q)]$，而惩罚能力高和惩罚能力低的地方政府的边际成本函数相同，则可得出征收的宅基地数量关系为 $q_{农}^2 > q_农$。

4. 均衡的存在性

观点三：农户的最优策略是无论地方政府惩罚能力高低，都采取面对惩罚能力低的地方政府的出价策略。由于无法区分地方政府惩罚能力，单一出价策略只能完成部分交易或者无法完成，即不存在均衡。

首先分析农户机械地按照平均出价策略供给宅基地的情况，即供给函数为 $p(q) + f(q) - \alpha\underline{\varphi}g(q) - (1 - \alpha)\bar{\varphi}g(q)$。如果农户面对的是低惩罚能力的地方政府，地方政府愿意接受农户的要价，则供给函数应为 $p(q) + f(q) - \underline{\varphi}g(q)$，因为 $p(q) + f(q) - \underline{\varphi}g(q) > p(q) + f(q) - \alpha\underline{\varphi}g(q) - (1 - \alpha)\bar{\varphi}g(q)$，对于既定的征收数量，农户会要求更多的补偿。如果农户了解地方政府惩罚能力低，则相应的地方政府征收数量和价格为 $q_农^1$ 和 $p_农^1$。由于农户采取平均出价策略，高估了地方政府的惩罚能力，结果是农户的要价偏低，但由于低惩罚能力地方政府的边际收益增加，则会征收更多的宅基地，因此有 $q_农 > q_农^1$。在地方政府具备低惩罚能力时，地方政府的征收能够完成，但农户采取平均出价策略并没有提高其收益水平，反而因为高估了地方政府的惩罚能力，而在被征收更多宅基地的情况下，获得了更低的补偿。农户损失的程度还取决于 α 值，α 越接近于 1，则表明低惩罚能力的地方政府比重越高，或可能性越高，则农户由于高估地方政府惩罚能力而造成的损失越小。

如果农户面对的是高惩罚能力的地方政府，地方政府不会接受农户提出的补偿价格。农户不知道地方政府的惩罚能力，还是机械地按照平均出价策略供给宅基地，这明显高于高惩罚能力地方政府认定的农户供给函数。由于 $p(q) + f(q) - \bar{\varphi}g(q) < p(q) + f(q) - \alpha\underline{\varphi}g(q) - (1 - \alpha)\bar{\varphi}g(q)$，地方政府不会按照农户平均出价给予支付，而只按照供给函数 $p(q) + f(q) - \bar{\varphi}g(q)$ 给予农户补偿支付，最终的结果是地方政府征收的宅基地数量仍为 $q_农^2$，支付价格仍为 $p_农^2$。面对高惩罚能力的地方政府，农户采取的平均出价

策略并没有提高农户的收益。实际上，预期差异可能会导致农户与地方政府之间产生剧烈的冲突，一种可能性是地方政府采取强硬措施完成征收，另一种可能性是农户不能接受地方政府的补偿条件，无法进行交易，但由于农户不能选择终止交易，征收过程将会演变成为双方漫长的谈判过程。

综合上述两种情况，农户采取平均要价策略时，能够按照此条件成交的可能性仅为低惩罚能力地方政府的概率 α，惩罚能力高的地方政府会按照供给函数 $p(q) + f(q) - \bar{\varphi}g(q)$ 进行支付，成交概率为 $(1-\alpha)$。农户采取按照平均出价策略得到的期望支付为 $\alpha\pi_{\bar{\mathrm{农}}} + (1-\alpha)\pi_{\mathrm{农}}^2$。

如果农户意识到采取平均出价策略并不能提高收益水平，反而降低了收益水平，农户会采取试探的方式。首先，假定农户按照平均出价给出索要的补偿标准。高惩罚能力的地方政府不会接受该出价，只有低惩罚能力的地方政府才会接受该出价。农户也意识到只有低惩罚能力的地方政府才能接受此价格。如果农户提出的价格被地方政府接受，农户的理性策略应当是继续提出更高的价格，即直接按照供给函数 $p(q) + f(q) - \underline{\varphi}g(q)$ 进行出价。这时，只有惩罚能力低的地方政府能够接受农户的出价，农户获得收益期望为 $\pi_{\mathrm{农}}^1$。

农户收益最大化的策略并不是实行按照平均价格出价，而是采取单一出价策略。农户预期的最坏结果为地方政府按照供给函数 $p(q) + f(q) - \bar{\varphi}g(q)$ 支付补偿，农户在最初就会按照供给函数 $p(q) + f(q) - \underline{\varphi}g(q)$ 出价，如果地方政府接受将获得 $\pi_{\mathrm{农}}^1$ 的补偿，如果地方政府不接受，惩罚能力高的地方政府会将农户的供给函数压低到 $p(q) + f(q) - \bar{\varphi}g(q)$，农户得到的补偿为 $\pi_{\mathrm{农}}^2$。农户采取无论地方政府惩罚能力高低都索要单一价格 $p(q) + f(q) - \varphi G(q)$ 的策略优于采取平均出价的策略。

由于农户采取只按照 $p(q) + f(q) - \underline{\varphi}g(q)$ 要价的策略，只有惩罚能力低的地方政府能够接受，这也是农户分辨出低惩罚能力地方政府的唯一方式。但如果低惩罚能力的地方政府并不直接显示惩罚能力，而是采取模仿惩罚能力高的地方政府，拒绝农户提出的补偿价格，将会出现市场无法区分地方政府的惩罚能力高低，分离均衡也就并不存在。这就需要新的信息或者方式将惩罚能力高低差异的地方政府区分出来。

5. 农户净收益变化

观点四：惩罚能力高的地方政府能够征收更多的宅基地，支付更低的补偿价格。惩罚能力低的地方政府将会征收更少的宅基地，支付更高的补偿价格。面对惩罚能力低的地方政府，农户会获得更高补偿。

为了更直观地分析，下面采取图示方式说明（见图4-6）。曲线 D 为地方的需求函数 $P(q) - C - \dfrac{G(q)}{q}$；曲线 D' 为地方政府的边际收益函数 $P'(q)q + P(q) - C - G'(q)$；曲线 S 为农户采取平均出价策略时的供给函数 $p(q) + f(q) - \alpha\varphi g(q) - (1-\alpha)\bar{\varphi}g(q)$；曲线 S' 为农户采取平均出价策略时，地方政府面对的边际成本函数 $p(q) + p'(q)q + f'(q)q + f(q) - \alpha\underline{\varphi}[g'(q)q + g(q)] - (1-\alpha)\bar{\varphi}[g'(q)q + g(q)]$；曲线 S_1 为农户面对惩罚能力低的地方政府的供给函数 $p(q) + f(q) - \underline{\varphi}g(q)$；曲线 S'_1 为农户得知地方政府惩罚能力低时，地方政府面对的边际成本函数 $p(q) + p'(q)q + f'(q)q + f(q) - \underline{\varphi}[g'(q)q + g(q)]$；曲线 S_2 为农户面对高惩罚能力地方政府时的供给函数 $p(q) + f(q) - \bar{\varphi}g(q)$；曲线 S'_2 为惩罚能力高的地方政府面对的边际成本函数 $p(q) + p'(q)q + f'(q)q + f(q) - \bar{\varphi}[g'(q)q + g(q)]$。

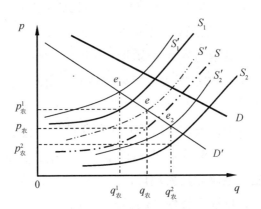

图4-6　不完全信息下农户选择与市场均衡

在地方政府具有自身惩罚能力高低信息，而农户并不拥有完全信息，只知道地方政府惩罚能力高低的概率分布的情况下，农户的最优选择是按照供给曲线 S_1 向两种类型的地方政府索要相同的补偿。如果农户面对的是惩罚能力低的地方政府，地方政府将会接受农户提出的条件。惩罚能力低的地方政府将会按照边际收益曲线 D' 与边际成本曲线 S'_1 的交点 e_1 来确定征收数量 $q_农^1$，并对应农户的供给曲线 S_1 来确定补偿价格 $p_农^1$。此时，农户处于最为有利的地位，因为另外两条供给曲线 S 和 S_2 都位于 S_1 的下方，在同等征收数量下，农户获得的补偿价格最高。如果农户面对的是惩罚能力高的地方政府，惩罚能力高的地方政府会将农户的供给曲线压低到 S_2，相应的边际成本曲线为 S_2'，由曲线 D' 和 S'_2 确定地方政府征收的宅基地数量为 $q_农^2$，对应的价格为 $p_农^2$。因为惩罚能力高的地方政府能够更好地遏制住农户的"硬抗争"行为，所以就可以支付更低的补偿价格，并且征收更多数量的宅基地。

如果农户采取平均出价方式，则农户的供给曲线为 S，地方政府面对的边际成本曲线为 S'。惩罚能力高的地方政府不会将 S' 作为自己的边际成本曲线，因为惩罚能力高的地方政府能够有效地遏制住农户的"硬抗争"行为，使边际成本曲线始终为 S'_2，S'_2 处于 S' 的下方，高惩罚能力的地方政府不会因为农户采取平均出价策略而改变自己的选择。只有惩罚能力低的地方政府才会将 S' 作为边际成本曲线，因为 S' 处于 S_1' 下方。惩罚能力低的地方政府征收宅基地的数量将为曲线 D' 和 S' 交点确定的 $q_农$，支付给农户的补偿价格为 $p_农$。通过图 4-6 可以清晰地得出，惩罚能力强的地方政府征收的宅基地数量最多，农户只采取供给曲线 S_1 出价时，惩罚能力低的地方政府征收数量最少，农户采取平均出价策略时，惩罚能力低的地方政府征收的宅基地数量位于两者之间，即 $q_农^1 < q_农 < q_农^2$。这也能够解释为什么有些地方政府能够迅速并且大规模地推进宅基地征收，而有些地方政府则征收数量较少，并且推进缓慢。惩罚能力高的地方政府能够有效地将边际成本曲线压低到 S'_2，而惩罚能力低的地方政府只能承受更高的边际成本曲线 S'_1，惩罚能力高的地方政府能够征收数量为 $q_农^2$ 的宅基地，而惩罚能

力低的地方政府只能征收数量为 $q_{农}^1$ 的宅基地。

下面分析农户的净收益变化情况。农户采取平均出价策略的期望收益为 $\alpha\pi_{农}(q_{农}) + (1-\alpha)\pi_{农}^2(q_{农}^2)$，采取按照 $p(q) + f(q) - \underline{\varphi}g(q)$ 单一出价策略的期望收益为 $\alpha\pi_{农}^1(q_{农}^1) + (1-\alpha)\pi_{农}^2(q_{农}^2)$，农户的净收益要在上述基础上去除 $p(q)q$ 部分，因为农户不采取"硬抗争"策略也能获得此部分收益。下面给出农户三种情况下的净收益：

$$\pi_{净}^1 = f(q_{农}^1)q_{农}^1 - \underline{\varphi}g(q_{农}^1)q_{农}^1 \tag{4.22}$$

$$\pi_{净}^2 = f(q_{农}^2)q_{农}^2 - \bar{\varphi}g(q_{农}^2)q_{农}^2 \tag{4.23}$$

$$\pi_{净} = f(q_{农})q_{农} - \alpha\underline{\varphi}g(q_{农})q_{农} - (1-\alpha)\bar{\varphi}g(q_{农})q_{农} \tag{4.24}$$

式（4.22）为农户按照 $p(q) + f(q) - \underline{\varphi}G(q)$ 采取单一出价时策略，惩罚能力低的地方政府接受农户出价时，农户的净收益；式（4.23）为农户面对惩罚能力高的地方政府时，农户的净收益；式（4.24）为农户采取平均出价策略，并且惩罚能力低的地方政府接受农户出价时，农户的净收益。农户会选择收益最大化的支付，所以必然满足 $\pi_{净}^1 > \pi_{净}^2$，因为如果 $\pi_{净}^1 \leqslant \pi_{净}^2$，农户将会偏好于面对惩罚能力高的地方政府，这不符合农户通过获得优势地位来增加收益的前提条件。$\pi_{净}$ 是农户采取平均出价的方式，惩罚能力低的地方政府接受情况下的净收益，因为农户并不了解地方政府的惩罚能力高低，进而高估了地方政府的惩罚能力，如果农户能够获知地方政府惩罚能力的信息，农户不会选择 $\pi_{净}$ 的收益水平，因此有 $\pi_{净}^1 > \pi_{净}$。$\pi_{净}^2$ 是农户面对高惩罚能力地方政府时获得的净收益，也是农户采取"硬抗争"策略所获得的最差收益，所以有 $\pi_{净}^1 > \pi_{净} > \pi_{净}^2$。农户采取按照 $p(q) + f(q) - \underline{\varphi}g(q)$ 单一出价策略的期望净收益高于采取平均出价策略的期望净收益，即 $\alpha\pi_{净}^1(q_{农}^1) + (1-\alpha)\pi_{净}^2(q_{农}^2) > \alpha\pi_{净}(q_{农}) + (1-\alpha)\pi_{净}^2(q_{农}^2)$。由于 $\pi_{净}^1 > \pi_{净} > \pi_{净}^2, q_{农}^2 > q_{农} > q_{农}^1$，所以下面不等式成立 $f(q_{农}^1) - \underline{\varphi}g(q_{农}^1) > f(q_{农}) - \alpha\underline{\varphi}g(q_{农}) - (1-\alpha)\bar{\varphi}g(q_{农}) > f(q_{农}^2) - \bar{\varphi}g(q_{农}^2)$，经济含义为在面对惩罚能力低的地方政府的情况下，农户的"硬抗争"行为会使单位宅基地的征收补偿价格上升额最高，而面对惩罚能力高的地方政府，单位宅基地的补偿价格将上升较少。在现实情况中，这就表现为惩罚能力低的地方政府最终付给农户的单位宅基地征收补偿更高，而惩罚能力高或强势的地方政府则给予农户较低的补偿标准。

二、信号传递与分离均衡

因为农户并不拥有完全信息，很可能会出现无论惩罚能力高或惩罚能力低的地方政府都无法顺利完成宅基地征收。惩罚能力低的地方政府并不希望农户拥有完全信息，而惩罚能力高的地方政府则需要通过信号传递或者其他方式使农户了解其惩罚能力信息。出于自身利益考虑，惩罚能力高的地方政府将会主动发出能够反映惩罚能力的信号。

（一）信号选择

要分析地方政府惩罚能力的信号发送问题，首先要确定地方政府会选择何种信号。笔者认为地方政府可选择的信号传递方式主要有征收数量、征收价格、强拆和其他领域表现的强势。通过考察可以得出强拆是较为理想的信号传递方式，下面将讨论为什么选择强拆作为地方政府信号传递的主要方式。

（1）征收价格和征收数量不能成为显示地方政府惩罚能力高低的信号。通过上面分析可以得出，惩罚能力高的地方政府会选择征收 $q_农^2$ 数量宅基地，并支付 $p_农^2$ 的补偿价格，而惩罚能力低的地方政府征收 $q_农^1$ 数量的宅基地，支付 $p_农^1$ 的补偿价格，因为有 $q_农^2 > q_农^1$，$p_农^2 < p_农^1$，理论上只要知道地方政府的征收数量或者补偿价格，就能够获知地方政府惩罚能力高低的信息。实际上，征收数量是一个总体概念，只有在征收完成之后，农户才能获知，这一变量对农户决策并没有太大帮助；征收价格可以作为地方政府传递惩罚能力高低的信号，但是所有地方政府在第一步出价时都会选择提供一个低价格，惩罚能力低的地方政府也会混同其中，政府最初的出价并不是一个显示信号；最终价格能够体现出地方政府惩罚能力高低，但这也是最终完成的结果，也只能在征收完成之后，农户才能获知，不能起到信号传递的作用。

（2）强拆成为显示地方政府惩罚能力高低的主要信号。近些年，由于土地征收引发的恶性事件时有发生，中央三令五申不允许强拆，但强拆事件仍然屡禁不止。从信号传递角度来看，强拆是能够显示地方政府惩罚能力高低的最直接方式。惩罚能力低的地方政府如果采取强拆的方式来征收宅基地，则会带来农户较为强烈的抗争。地方政府惩罚能力高低的一个重要影响因素是获得上一级政府的支持程度，获得上一级政府支持的程度越高，则惩罚能力越高，反之，则惩罚能力越低。惩罚能力高的地方政府往往能够更大程度上获得上一级政府的支持，对抗争的农户实行强拆也就会支付更低的成本。所以，能否实行强拆就是一个重要且直接显示地方政府惩罚能力高低的信号。

（3）其他显示地方政府惩罚能力高低的信号并不直接和显著。如果某一地方政府的主要领导较为强势，或者在执行某些涉及多方利益的政策或行为时，表现得比较果断、坚决，也能够显示出地方政府惩罚能力高低，但是对于本研究讨论的宅基地征收问题，这些并不是直接信号。另外，在其他方面表现较为强势的地方政府，通常面对农户的"硬抗争"，尤其是面对"钉子户"时，一般也会采取强拆的方式，所以强拆已经包含地方政府惩罚能力高低的信号，并不需要加入新的信号。

（二）地方政府信号传递与分离均衡

观点五：惩罚能力高的地方政府可以通过强拆来传递惩罚能力强弱的信号，而惩罚能力低的地方政府则不能。存在识别信号的情况下，市场能够达到分离均衡。

信号传递的主要思路是，通过机制设计使农户不采取单一出价策略，而是在面对惩罚能力高的地方政府时采取 $p(q) + f(q) - \bar{\varphi}G(q)$，面对惩罚能力低的地方政府时采取 $p(q) + f(q) - \underline{\varphi}G(q)$ 出价。这就需要惩罚能力高的地方政府主动发出信号，使其能够与惩罚能力低的地方政府区分出来。本研究设定惩罚能力高的地方政府能够通过强拆的方式来传递信号，惩罚能力低的地方政府不能够通过强拆传递信号。

如果惩罚能力高的地方政府能够不付出成本地直接将农户的供给函数

压低到 $p(q)+f(q)-\bar{\varphi}G(q)$，则没有动力来传递惩罚能力的信号，但是如果地方政府需要付出等待成本，设定为 $S(t)$，且 $S(t)$ 为 t 的增函数。要保证惩罚能力高的地方政府选择传递信号，就要保证 $S(t)$ 大于地方政府信号传递要付出的成本，$S(t)=a^2$，其中设定信号传递的成本为 a^2，数值大小代表信号强度，惩罚能力强的地方政府可以选择强度水平。采取强拆传递信号的地方政府的收益函数为：

$$\pi^3_{地方} = P(q)q - Cq - G(q) - a^2 - p(q)q - f(q)q + \bar{\varphi}g(q)q \quad (4.25)$$

式（4.25）与公式（4.20）相比只增加了传递信号成本 a^2。但是如果惩罚能力低的地方政府也能够模仿惩罚能力高的地方政府行为，则惩罚能力高的地方政府也没有动力来付出成本传递信号，因为如果能够模仿的话，不仅要付出传递信号的成本，并且仍然要付出等待成本。如果惩罚能力低的地方政府采取模仿惩罚能力高的地方政府行为，为了分析方便假定惩罚能力低的地方政府并不需要付出等待成本，则收益函数为：

$$\pi^4_{地方} = P(q)q - Cq - G(q) - \delta a^2 - p(q)q - f(q)q + \bar{\varphi}g(q)q$$

$$(4.26)$$

其中，$\delta > 1$，δa 代表要通过强拆方式传递与惩罚能力高的地方政府相同强度的信号，要付出更高的成本。要保证惩罚能力低的地方政府不会模仿惩罚能力高的地方政府，就要保证惩罚能力低的地方政府模仿的收益低于不模仿的收益，可表示为：

$$P(q)q - Cq - G(q) - p(q)q - f(q)q + \underline{\varphi}g(q)q \geqslant \pi^4_{地方} \quad (4.27)$$

将式（4.26）代入式（4.27），整理得到：

$$a \geqslant \sqrt{\frac{(\bar{\varphi} - \underline{\varphi})g(q)q}{\delta}} \quad (4.28)$$

式（4.28）的含义为惩罚能力低的地方政府通过强拆的方式模仿惩罚能力高的地方政府的成本要大于收益。惩罚能力高的地方政府通过使强拆强度或强拆成本达到和超过 a 来达到阻止惩罚能力低的地方政府模仿其行为。a 的大小取决于惩罚能力高的地方政府相比惩罚能力低的地方政府能够迫使农户降低补偿价格的程度，差值越大则 a 越大；a 的大小还取决于惩罚能力低的地方政府传递相同程度信号的成本支出倍数 δ，δ 越低则说明惩罚能力低的地方政府模仿惩罚能力高的地方政府的成本越低，则 a 越大。

同时，也要保证惩罚能力高的地方政府不会偏好惩罚能力低的地方政府的行为，即存在：

$$P(q)q - Cq - G(q) - p(q)q - f(q)q + \varphi g(q)q \leq \pi^3_{地方} \quad (4.29)$$

将式（4.29）代入式（4.26）整理得到：

$$a \leq \sqrt{\bar{\varphi}g(q)q - \underline{\varphi}g(q)q} \quad (4.30)$$

因为 $\delta > 1$，所以 $\bar{\varphi}g(q)q - \underline{\varphi}g(q)q > \dfrac{(\bar{\varphi} - \underline{\varphi})g(q)q}{\delta}$，进而可以得出 a

$\in \left[\sqrt{\dfrac{(\bar{\varphi} - \underline{\varphi})g(q)q}{\delta}}, \sqrt{\bar{\varphi}g(q)q - \underline{\varphi}g(q)q} \right]$，如果存在 $S(t) < \bar{\varphi}g(q)$

$q - \underline{\varphi}g(q)q$，则 a 的取值范围缩小为 $a \in \left[\sqrt{\dfrac{(\bar{\varphi} - \underline{\varphi})g(q)q}{\delta}}, \sqrt{S(t)} \right]$。惩

罚能力高的地方政府会将 a 设定为略高于 $\sqrt{\dfrac{(\bar{\varphi} - \underline{\varphi})g(q)q}{\delta}}$，为分析方便

取等式成立。将式（4.28）以等式形式代入式（4.25），得到：

$$\pi^3_{地方} = P(q)q - Cq - G(q) - \frac{\bar{\varphi}g(q)q - \underline{\varphi}g(q)q}{\delta} - p(q)q - f(q)q +$$

$$\bar{\varphi}g(q)q \quad (4.31)$$

式（4.30）与式（4.20）相比增加 $\dfrac{\bar{\varphi}g(q)q - \underline{\varphi}g(q)q}{\delta}$，因为

$\dfrac{\bar{\varphi}g(q)q - \underline{\varphi}g(q)q}{\delta} > 0$，地方政府征收宅基地的边际收益降低，导致征收的宅基地数量减少，支付给农户的补偿价格降低。设存在信号传递情况下，惩罚能力高的地方政府的征收数量和价格分别为 $q_{信}$ 和 $p_{信}$，则存在 $q_{信} < q^2_{农}$

和 $p_{农}^2 > p_{信}$。但是，惩罚能力高的地方政府选择传递信号的条件为，因为农户无法识别地方政府的惩罚能力高低，可能会出现农户延长交易时间，地方政府则需要付出等待成本，采用传递信号的方式则能够节省此部分成本，所以与存在等待成本情况相比，征收数量有所增加。

对于惩罚能力低的地方政府而言，由于采取强拆方式传递信号的成本较高，将会接受农户的出价 $p（q）+f（q）-\bar{\varphi}G（q）$，征收的宅基地数量和价格并没有发生变化。但是由于惩罚能力高的地方政府可以通过强拆这种方式来传递信号，使农户能够获得充分信息，也就不存在由于信息不完全而造成的征收时间拖延。

通过图 4-7 可以简要说明信号传递中的分离均衡。$\pi_{信净}^1$ 为惩罚能力低的地方政府选择通过强拆方式传递信号的净收益曲线。在惩罚能力高的地方政府不传递信号的情况下，惩罚能力低的地方政府的模仿净收益为 $\bar{\varphi}g(q)q - \underline{\varphi}g(q)q$，即曲线 $\pi_{信净}^1$ 与纵轴的交点。如果惩罚能力高的地方政府传递信号，惩罚能力低的地方政府必须也要采取模仿行为传递信号，当

$$a = \sqrt{\frac{(\bar{\varphi} - \underline{\varphi})g(q)q}{\delta}}$$ 时，模仿行为的收益为 0，惩罚能力低的地方政府在

选择模仿和不模仿之间无差异，$a > \sqrt{\dfrac{(\bar{\varphi} - \underline{\varphi})g(q)q}{\delta}}$ 时，惩罚能力低的地方政府采取模仿的收益小于不模仿的收益，惩罚能力低的地方政府不会选择传递信号的方式。

$\pi_{信净}^2$ 为惩罚能力高的地方政府选择通过强拆方式传递信号的净收益曲线。由于在没有信号传递的情况下，惩罚能力高的地方政府要付出等待成本 $S（t）$，为了使图形更为直观，设定惩罚能力高的地方政府不传递信号则收益为 0。随着信号传递强度增加，惩罚能力高的地方政府要付出成本

a，但是由于 $a < \sqrt{\dfrac{(\bar{\varphi} - \underline{\varphi})g(q)q}{\delta}}$ 并没有阻止惩罚能力低的地方政府的模仿行为，所以惩罚能力高的地方政府要付出的成本不仅有等待成本 $S（t）$，

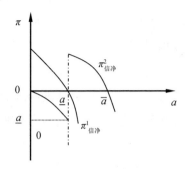

图4-7 信号传递情况下的分离均衡

还有付出成本 $\underline{a}$，图形中表示为 0 到 $\underline{a}$ 的曲线部分。当 $a \geq$

$\sqrt{\dfrac{(\bar{\varphi} - \underline{\varphi})g(q)q}{\delta}}$，即 $a \geq \underline{a}$ 时，惩罚能力低的地方政府不再模仿惩罚能力

高的地方政府的行为，惩罚能力高的地方政府不需要付出等待成本 $S(t)$，

所以 $\pi^2_{信净}$ 在 $\underline{a}$ 位置出现跳跃，跳跃的净高度为 $S(t)$，$\underline{a}$ 点对应的收益为

$S(t) - \dfrac{(\bar{\varphi} - \underline{\varphi})g(q)q}{\delta}$。当 $a = \sqrt{S(t)}$ 时，即达到 $\bar{a}$ 时，惩罚能力高的地方

政府传递信号的净收益为 0，也就没有动力通过强拆来传递信号，明智的

选择是付出等待成本。

分离均衡的结果为：惩罚能力高的地方政府的明智选择是使信号传递

成本达到 $\underline{a}$，获得信号传递的净收益 $S(t) - \dfrac{(\bar{\varphi} - \underline{\varphi})g(q)q}{\delta}$；惩罚能力低

的地方政府不传递信号，接受农户 $p(q) + f(q) - \bar{\varphi}G(q)$ 的出价条件。

第四节 本章小结

（一）本章结论

通过对"钉子户"的分析得到如下结论：如果面对强势的地方政府，

农户获得土地增值收益的比例将会很低，强势的地方政府能够有效地阻吓农户的抗争行为；在地方政府无法区分"钉子户"和"非钉子户"的情况下，"钉子户"会对"非钉子户"产生正的外部性，提高"非钉子户"获得的补偿价格；在地方政府能够区分"钉子户"和"非钉子户"的情况下，地方政府将会采取差别化定价，对"非钉子户"只提供其最大供给量对应的保留价格，并对"钉子户"给予更高的补偿标准；与不能够区分农户是否为"钉子户"情况相比，能够区分的地方政府将会征收更多数量的宅基地，并获得更高收益，如果没有"钉子户"为"非钉子户"提供正外部性，"非钉子户"获得的收益将减少。

对地方政府惩罚能力强弱的分析得到如下结论：在农户不具备判断地方政府惩罚能力高低的完全信息情况下，平均出价并不是农户的最优策略选择，而是采取无论地方政府类型都按照面对惩罚能力低的政府时的单一出价策略；在没有信号传递的情况下，惩罚能力低的地方政府有隐瞒信息和传递虚假信息的动力，分离均衡并不存在；惩罚能力高的地方政府可以通过选择强拆信号的强度来阻止惩罚能力低的地方政府模仿其行为，进而使得分离均衡能够存在；由于地方政府和农户采取的策略以及分离均衡的存在，也从一个角度解释了中央政府一再强调不能实行强拆，而强拆却屡禁不止的原因。

（二）本章建议

（1）对于农民的个体抗争，要依据具体情况区别对待，妥善解决合理诉求，化解不合理诉求。对于提出过高要求的"钉子户"，要按照相关法规处理。对于"要挟式"或"谋利式"抗争的不合理诉求，不宜采取直接回绝的方式，首先要分析产生不合理诉求的原因，农户如果有现实的困难和问题，可以通过帮助解决困难和问题来化解抗争，但要明确的是解决的困难和问题与拆迁补偿是严格区分开的。对于提出过高要求的"钉子户"和"上访专业户"，不能"花钱买稳定"、对其要求一味妥协，要将其合理诉求和非合理诉求区分开。对于在房屋上悬挂国旗、打横幅、张贴标语，用身体和生命来阻挡地方政府拆迁的"钉子户"，在解决其合理诉求和多次做工作无效后，申请司法强拆，通过合法合规的方式解决问题。在强拆之前，要制订应急处理预案，在强拆过程中要注意方式、方法的运用，防止出现人员伤亡情况。

（2）对于地方政府的非法强拆行为，要坚决制止并予以惩罚。地方政府非法强拆的根本原因是要在短时间内完成征地。如果地方政府非法强拆的收益大于成本，就会出现屡禁不止的情况。遏制地方政府的非法强拆，就要使非法强拆面临更为严厉的惩罚。中央政府已经严令禁止非法强拆和暴力强拆，并出台了相应的规定，这就使地方政府非法强拆的成本大幅上升。虽然非法强拆已经大幅减少，但由于存在执行不到位和处罚不到位的情况，非法强拆还是时有发生。

第五章　群体抗争、地方政府应对与租金分配

农村宅基地征收过程中，很容易出现农户群体抗争的情况，有些群体抗争甚至演变成群体事件。群体抗争需要多方努力进行化解，其中地方政府是化解群体抗争的主要力量，地方政府能否采取适合的措施和方法，往往影响甚至决定群体抗争的走向。要形成合理有效的群体抗衡化解措施和机制，就要对宅基地征迁中群体抗争各主体的行为和利益诉求进行分析，并分析各主体行为对事态发展的影响，以及最终利益分配情况。本章将主要研究群体抗争、地方政府应对措施对土地征收效率和土地转用增值分配的影响，最后给出化解群体抗争的建议。

第一节　群体抗争与地方政府应对措施

一、群体抗争

宅基地征收具有涉及面广、利益诉求多、复杂性高等特点，如果处理不当，很容易出现多数农户抗争，即群体抗争的情况。群体抗争主要有两种类型：一种是分散的、自发的、群龙无首的群体抗争；另一种是有明确的组织形式，有一定的规章制度、职能分工和人员分工，有能够发挥带领和组织作用的"抗争精英"的群体抗争。引发群体性抗争的原因主要有以下几点：一是征收后福利或收入水平下降；二是征收补偿低不足以弥补损失；三是没有得到公平对待，补偿水平低于以往或邻近相似情况或地区的补偿水平；四是地方政府征收后再出让

获得高额收益，而农户获益的比例太低；五是为了获得更高的补偿；六是地方政府补偿标准执行不到位、补偿款挪用节流等发放不到位；七是地方政府违法违规征地拆迁；八是地方政府工作简单粗暴，或者存在野蛮拆迁、暴力拆迁的情况。

具备上面第一条和第二条，就可能引发群体抗争。由于地方政府给予农民的补偿无法保证基本生存，或者无法弥补农民的损失，农民就会自发地展开抵抗。2010 年国土资源部颁布的《关于进一步做好征地管理工作的通知》要求各地要全面实施征地补偿新标准，并要求每 2 ~ 3 年对征地补偿标准进行调整，逐步提高征地补偿水平，要求采取多元安置途径，保障被征地农民生产生活，解决好住房拆迁后农民居住问题。因此，近些年已经很少发生因为第一条和第二条引发的群体抗争。目前，导致群体抗争的主要原因是补偿不公，补偿标准执行不到位、补偿款挪用节流等发放不到位，也有一部分是因为地方政府工作简单粗暴，在拆迁中与农户发生冲突，或者由于违法违规征地拆迁。另外，也存在一些农户是为了获得更多的补偿而采取群体抗争方式。

多数群体抗争能够出现并产生影响、发挥作用，是因为有能够发挥组织和带头作用的人，这类人被学术界称为"带头者""抗争精英""草根动员者"或"行动精英"等，被地方政府称为"别有用心者""刁民""搅屎棍"等。这类组织者和带头者一般来自乡村中的精英阶层。身份特征和个人经历表现为，在任村干部或者曾经担任过村干部，具有一定的文化水平，见过一些世面，如乡村教师、转业军人、担任过企业管理者或开办过企业或者曾经在城镇打工。这类人通常有如下特征：头脑灵活、思维清晰、能说会道，具有较强的学习能力，对国家的大政方针和法律法规较为了解，敢闯敢干同时又思虑周详，在村民中有一定的威信。通常，这类人还有与地方政府官员斗争的经验和成功案例。❶ 有此类"抗争精英"的组织和带领，农户的群体性抗争才能被真正发动起来。大多数"抗争精英"在组织和发动群体抗争时都是非常理性的。他们采取的抗争方式主要是体制外的，通常秉行的原则是游走于法律边缘但不触犯法律，即"踩线不越线"。他们不仅要尽力带领群体抗争取得成功，也要保障自己的安危。他们采取的抗争手段主要是"依法抗争"，依据法律法规、上一级政府或中央政府的政策来对抗基层政府实行的具体政策，并通过上访，希望引起上一级政府或中央政府的关注来影响和改变基层政府的决策。❷ "抗争精英"也会采取在党政机关门前静坐，拉横幅、打标语、喊口号，甚至使用表演式剧目等方式；在网络论坛和手机上发布信息等方式引起公众和媒体的关注，进而对基层政府形成压力，并引起上一级和中央政府的重视，将他们的诉求纳入政府的议事程序。司法手段也会被"抗争精英"们所使用，但通常不是主要手段，只是他们"工具箱"中的一个备选工具而已。尽管"抗争精英"普遍会克制，尽量不让群体抗争失控，但在特定的时期、场所、氛围以及政府采取的策略等因素的综合作用下，也可能出现群体抗争失控、演变成群体事件的情况。❸

---

❶ 于建嵘在《农民有组织抗争及其政治风险——湖南省 H 县调查》一文中提到了"减负上访代表"和应星《从"讨个说法"到"摆平理顺"——西南一个水库移民区的故事》和《在草根动员与农民群体利益的表达机制——四个个案的比较研究》提到的"抗争精英"和"草根动员者"就是这种类型。参见：于建嵘. 农民有组织抗争及其政治风险——湖南省 H 县调查 [J]. 战略与管理，2003（3）：1-16；应星. 从"讨个说法"到"摆平理顺"——西南一个水库移民区的故事 [D]. 北京：中国社会科学院研究生院，2000；应星. 草根动员与农民群体利益的表达机制——四个个案的比较研究 [J]. 社会学研究，2007（2）：1-23，243.

❷ 李连江，欧博文. 当代中国农民的依法抗争 [C] //吴国光. 九七效应. 香港：太平洋世纪研究所，1997.

❸ 应星通过运用"气"和"气场"的概念解释了群体事件发生的机制和内部关联，比较深入详细地解释了群体抗争如何转化为群体事件甚至是恶性群体事件。参见：应星. "气"与中国乡村集体行动的再生产 [J]. 开放时代，2007（6）：106-120；"气场"与群体性事件的发生机制——两个个案的比较 [J]. 社会学研究，2009，24（6）：105-121，244-245.

二、地方政府应对

地方政府对于分散的、自发的、群龙无首的群体抗争，通常不会给予高度重视，也不会积极地采取应对策略。初期，农户会自发地三五成群地向地方政府相关部门反映情况和表达诉求，地方政府通常采取"拖"或"踢皮球"策略。农户在向当地政府多次反映没有得到解决后，会有一部分农户向上一级政府反映，但通常也不会得到解决。随着时间的推移，有些群体抗争就会偃旗息鼓或者转化为个体抗争。虽然群体抗争已经消退，但并不等于没有发生，更不意味着已经得到解决，而是埋藏得更深。这会导致村民对地方政府的信任下降，使当地农村社会弥漫着怨气和愤怒。这种怨气和愤怒很可能成为一颗颗随时被引爆的炸弹，某个突发事件就可能成为导火索。正如应星的《"气场"与群体性事件的发生机制——两个个案的比较》对突发性群体事件的分析中指出的，"无利益相关者的群体性事件是孤立于维权行动的，其'气场'是弥散在一个较大范围的地域的，其利益纠纷、人格冲突和不满情绪是长期的、多重的"。❶ 有些初期分散的、自发的、群龙无首的群体抗争并不会削减，而是转化为有组织、有分工、有策划、有目标、有"抗争精英"的群体抗争。

对于有组织、有分工、有策划、有目标、有"抗争精英"的群体抗争，地方政府会高度重视，也会积极采取策略应对和化解。地方政府首先采取的也是"拖"的策略，通过"拖"来识别群体抗争的强度和持续性。如果确定群体抗争并不是"一时之气"或组织涣散、不堪一击，就会采取收买、多方面施压等瓦解的策略。地方政府会通过收买的方式或者在群体抗争组织内部拉拢一小部分农户充当"内奸"。这些农民的作用在于获得群体抗争内部的信息，主要包括哪一位或哪几位是"带头的"，哪些是"积极分子"，何时何地采取何种抗争策略，等等。从抗争组织内部瓦解是地方政府惯用的策略。地方政府通常会"先礼后兵"，先与"抗争精英"

---

❶ 应星. "气场"与群体性事件的发生机制——两个个案的比较 [J]. 社会学研究, 2009, 24 (6).

协商并给予更多的利益进行"收买"，如果"收买"不成，会使用一些打击报复等惩罚措施。在地方政府的"威逼利诱"下，一些"抗争精英"就会选择退出。如果没有出现新的"抗争精英"，"积极分子"和普通农户很难组织起有效的抗争，群体抗争也就会随着时间的推移逐渐偃旗息鼓。

不妥协的"抗争精英"会被地方政府视为"眼中钉""肉中刺"，地方政府通常会对其进行打击报复。如果群体抗争中出现违法情况，地方政府就有足够的理由和证据追究"抗争精英"的责任，他们可能会遭到严重惩罚，甚至是牢狱之灾。地方政府通常将群体抗争定调为"一群不明真相的群众被某些少数别有用心的人利用"，多数群体抗争的"跟随者"是被"蒙蔽""欺骗"和"利用"的群众，他们也是"受害者"。对于"跟随者"，地方政府的处理方式是解决他们一部分或者全部实际困难或者利益诉求。对于一些"中坚力量"或"积极分子"，地方政府的处理方式是"批评教育"等争取方式。对于发挥组织和带领作用的"抗争精英"，地方政府通常将他们定性为"首恶"，必要时会以"危害国家安全罪""扰乱公共秩序罪""寻衅滋事罪"和"妨碍公务罪"等名义追究刑事责任。因此，"抗争精英"不仅要尽量争取抗争取得成果，也要时刻保持谨慎和警醒，控制和引导群体抗争不要逾越法律的"红线"，还要在其他方面小心谨慎，防止给地方政府找到对其进行处理和报复的借口。有"抗争精英"的群体抗争是愿意与地方政府进行沟通和协商的，虽然形式上存在抗争，但是并没有政治上和体制上变革的诉求，更不会以危害社会和公众安全为目标和手段。这类农户的群体抗争只要能够满足其合理诉求，并采用合适的方式进行疏导，通常能够较好地予以化解。但是，有些地方政府采取的措施是对"抗争精英"进行严厉打击，甚至对其采取治安措施和刑事措施，这就使得有些群体抗争因为没有了"抗争精英"对群体行为的控制而演变成恶性群体事件。

第二节　主要假设与争夺的租金

宅基地征收中经常会出现群体抗争的情况，与农户个体抗争相比，群体抗争显著地提高了农民与地方政府的谈判能力。如果不考虑抗争群体内部的组织协调成本和组织的稳定性，可以将群体抗争看作一个整体，抗争群体与地方政府之间就土地转用增值的争夺可以看作一个讨价还价过程，并应用讨价还价理论进行分析。采用现代经济学视角分析讨价还价问题始于纳什（Nash）的经典论文《讨价还价问题》。纳什建立了公理性讨价还价模型，并给出了具体的策略模型和主要的概念界定。❶ 鲁宾斯坦（Rubinstein）建立了完全信息和单边不完全信息轮流出价讨价还价模型。鲁宾斯坦通过引入行为人贴现因子的方式给出了无限期完全信息动态博弈的唯一子博弈精炼纳什均衡。❷ 在鲁宾斯坦研究的基础上，讨价还价理论有了深入发展。富登伯格和蒂罗尔（Fudenberg and Tirole）建立了两类购买者和两类消费者的两阶段讨价还价模型，探讨了不对称信息问题。❸ 迈尔森和萨特斯维特（Myerson and Satterthwaite）分析了不完全信息情况下一个时间阶段讨价还价问题。❹ 阿布鲁和格尔（Abreu and Gul）建立了双边不完全信息、多种类型行为人和基于声誉的讨价还价模型。❺ 经过半个多世纪的研究，讨价还价理论已经获得了极大的丰富和发展，成为博弈论研究的一个重要领域。国内学者主要是将讨价还价理论应用到对中国现实问题的研究之中，其中应用到对土地征收问题研究的成果相对较少。晋洪涛等将鲁

---

❶ Nash J F, Jr. The Bargaining Problem [J]. Econometrica, 1950, 18 (2): 155-162; Nash J. Non-Cooperative Games [J]. Annals of Mathematics (Second Series), 1951, 54 (2): 286-295; Nash J. Two-Person Cooperative Games [J]. Econometrica, 1953, 21 (1): 128-140.

❷ Rubinstein A. Perfect Equilibrium in a Bargaining Model [J]. Econometrica, 1982, 50 (1): 97-109; Rubinstein, Ariel. A Bargaining Model with Incomplete Information About Time Preferences [J]. Econometrica, 1985, 53 (5): 1151-1172.

❸ D. Fudenberg, J. Tirole. Sequential Bargaining with Incomplete Information [J]. Review of Economic Studies, 1983, 50 (2): 221-247.

❹ Myerson R B, Satterthwaite M A. Efficient mechanisms for bilateral trading [J]. Journal of Economic Theory, 1983, 29 (2): 265-281.

❺ D. Abreu, F. Gul. Bargaining and Reputation [J]. Econometrica, 2000, 68 (1): 85-117.

宾斯坦的轮流出价讨价还价模型应用到征地制度的研究后得出，地方政府运用各种手段削弱农民的耐心，并利用"先发优势"和"后动优势"使农民在征地中处于不利地位。❶ 郑鸿和郑庆昌也使用轮流出价讨价还价模型分析得出，地方政府了解农民信息时，能够给出双方都接受的方案，不会发生冲突；地方政府不了解农民信息时，则可能会发生冲突。❷ 王培志和杨依山则使用"鹰鸽博弈"模型和讨价还价模型分析了政府、企业和农民如何分配土地增值收益。❸ 王欢和杨学成使用讨价还价模型分析得出，农村集体经济组织的风险规避系数越高，与用地企业谈判中越处于劣势地位。❹ 目前国内使用讨价还价理论对土地征收中地方政府与农民之间土地增值分配问题研究的成果仅有少数几篇，并且研究成果仅仅是对讨价还价理论的简单应用，分析不够深入。国内不仅没有从讨价还价角度，也没有从经济学角度来研究群体抗争对土地增值收益分配影响的相关研究成果。

一、主要假设

为了简化分析，本书对参与博弈的地方政府和农民抗争群体（以下简称抗争群体）做如下假设。

（一）地方政府

（1）本书所指的地方政府是从事宅基地征收，并且宅基地在城市土地一级市场转让形成的收益全部留存于该级政府。地方政府土地征收的收益完全来自土地转让收益，不考虑其他收益。

（2）地方政府征地过程完全符合法律法规的相关规定，地方政府不存

❶ 晋洪涛，史清华，俞宁．谈判权、程序公平与征地制度改革 [J].中国农村经济，2010（12）：4-16.

❷ 郑鸿，郑庆昌．征地补偿安置协商：一个不完全信息讨价还价动态博弈模型 [J].福建农林大学学报（哲学社会科学版），2012，15（3）：47-51.

❸ 王培志，杨依山．被征农地增值分配的动态合作博弈研究——一个讨价还价理论的视角 [J].财经研究，2013，39（3）：87-98.

❹ 王欢，杨学成．城乡统一建设用地市场土地交易价格模型初探 [J].经济与管理评论，2015，31（5）：42-47.

在违法违规征地行为。实际上，一些地方政府在宅基地征收过程中或多或少地存在违法违规的行为，该假设的作用在于考察由于制度和程序的原因使地方政府在征地中获得的优势地位。

（3）将地方政府公布的宅基地征收补偿标准视为地方政府的第一轮出价，第一轮出价按照省级政府公布的区片综合地价和地方附属物补偿标准，但补偿标准并不是固定不变的，地方政府能够调高和调低补偿标准。

（4）地方政府能够单方面终止宅基地征收，抗争群体只能提高补偿要价，但不能单方面终止土地征收。

（二）抗争群体

（1）抗争群体能够一致行动，也能够做好内部的组织和协调，抗争群体能够像单一经济主体一样与地方政府进行博弈。

（2）抗争群体的收益仅来自征地补偿，本书暂不考虑征地补偿在抗争群体内部的具体分配。

（3）抗争群体的抗争行为是理性行为，不违反相关的法律法规，不存在因为情绪、气氛等引发的非理性行为。

（4）时间具有价值，拖延土地征收时间会对交易双方的收益产生影响。

二、争夺的土地增值收益

观点一：抗争群体能够与地方政府争夺的土地转用收益，只是一定时期内本地块与未征收土地中增值最高地块之间土地转用增值的差额，并不是全部土地转用增值收益。

宅基地转用收益为宅基地转变为城市建设用地的价值减去宅基地原有价值和其他相关土地整理成本，即宅基地在城市土地一级市场转让的价值减去宅基地在本经济组织内部转让的价值和中间费用。有些学者认为，农民与地方政府之间要争夺或分配的价值就是这部分土地转用增值，但实际上，可供两者之间分配的价值只是土地增值收益的一部分。一定时期内，地方政府根据成本收益选择要征的宅基地和其他农村土地的数量，但是受征地指标、资金实力、融资条件、人力资源等限制，地方政府往往不能达到收益最大化的土地征收数量，地方政府就会按照各个地块的收益水平从高到低征收，这样就能够在既定约束条件下获得最大收益。如果某一地块由于群体抗争使得收益减少到未征收地块的收益水平，地方政府的理性选择是放弃征收该地块。假定地方政府可征收的土地为 N 块，每块土地大小相同，征收每个地块都能够给地方政府带来正收益，按照被征收土地转让后收益率从高到低进行排序，就形成序列 $N = (n_1, n_2, \cdots, n_s, \cdots, n_m, n_{m+1}, \cdots n_n)$，其中 n 为具体的地块，下标为该地块收益率在所有地块中的排序。在一定期限内（例如五年），地方政府因为受到既定资源约束的限制，只能征收其中的 m 个地块，地方政府收益最大化的选择是征收收益率靠前的 m 个地块，即征收 $(n_1, n_2, \cdots, n_s, \cdots, n_m)$ 地块。假定在征收 n_s 地块中发生了群体抗争，设定征收 n_s 地块能够给地方政府带来收益 π，n_{m+1} 地块是地方政府未征收土地中收益率最高的地块，该地块征收后能给地方政府带来收益 d_1。抗争群体与地方政府争夺的土地转用增值并不是全部的 π，而只是 π 的一部分，因为如果群体抗争使得地方政府征收 n_s 地块获得的收益低于 d_1，地方政府就会放弃对 n_s 地块的征收，转而征收 n_{m+1} 地块。因此，抗争群体能够获得的土地转用增值上限为 $\pi_H = \pi - d_1$，π_H 也就是抗争群体和地方政府之间真正争夺或分配的土地转用增值收益。

通过图 5-1 能够给出更为直观的说明。图 5-1 中，梯度曲线代表收益率从高到低地块的量价对应关系，$\bar{p}$ 为征收土地支付的平均成本。政府征收第 i 个地块的成本为 $p_i = \bar{p} \pm \Delta p_i$，$\Delta p_i$ 为第 i 个地块成本与平均成本 $\bar{p}$ 的差额，将第 i 个地块的转让价格 $\pm \Delta p_i$ 就形成了图 5-1 转让价格与平均成本 $\bar{p}$ 之间的对应关系。图形中第 i 个地块对应的转让价格为 $P_i \pm \Delta p_i$。在图 5-1 中，地方政府征收 n_s 地块的收益为 π，n_{m+1} 地块的收益为 d_1，两个地块之间的收益差为 $\pi_H = \pi - d_1$。如果在征收 n_s 地块的过程中，地方政府遇到农民的群体抗争，抗争群体索要的土地转用增值收益超过 π_H，地方政府将会放弃对 n_s 地块的征收，转而征收 n_{m+1} 地块。抗争群体与地方政府之间讨价还价或者争夺的收益不能大于 π_H。

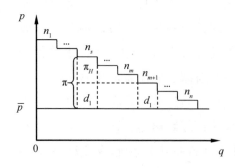

图 5-1　抗争群体与地方政府争夺的土地增值收益

第三节　讨价还价过程：基于纳什讨价还价理论

本节主要依据纳什讨价还价理论对地方政府和抗争群体之间的讨价还价进行分析。地方政府和抗争群体获得的收益比例主要取决于无协议收益水平、讨价还价能力、风险厌恶程度等因素。

一、无出价顺序的讨价还价

观点二：按照纳什讨价还价理论，在分配宅基地转用增值过程中，抗争群体和地方政府分配的比例多少取决于相对讨价还价能力、次优选择收益水平、相对风险厌恶程度。相对讨价还价能力越强，次优选择的收益越高，相对风险厌恶程度越低，能够获得的土地转用增值收益比例越高。

依据所研究的问题可以做如下设定：参与人为 $i = 1$，2，参与人 1 为地方政府和参与人 2 为抗争群体，两个参与人就 n_s 地块宅基地转用增值收益 π 进行讨价还价；地方政府获得的收益为 x_1，抗争群体获得的收益为 $x_2 = \pi - x_1$；如果没有达成宅基地征收协议，地方政府会选择征收 n_{m+1} 地块并获得收益 d_1，抗争群体的收益为 0，则征收的 n_s 地块的无协议点或破裂点为 $d = (d_1, d_2) = (d_1, 0)$。纳什讨价还价解可以表示为求式（5.1）的最大化解为：

$$\underset{x_1, x_2}{\text{Max}}(x_1 - d_1)^{\tau}(x_2 - d_2)^{1-\tau}$$
$$st. \ \ x_1 + x_2 \leqslant \pi \tag{5.1}$$

其中 $\tau \in [0, 1]$ 代表地方政府的讨价还价能力，$1 - \tau$ 代表抗争群体的讨价还价能力。对式（5.1）求最大化，可以得到地方政府和抗争群体的讨价还价解 (x_1^*, x_2^*) 为：

$$x_1^* = d_1 + \tau(\pi - d_1) \tag{5.2}$$
$$x_2^* = (1 - \tau)(\pi - d_1) \tag{5.3}$$

通过式（5.2）可以得出，地方政府获得的宅基地转用增值收益分为两个部分，一部分是地方政府放弃征收 n_s 地块的次优选择征收 n_{m+1} 地块能够获得的收益 d_1，另一部分是 $\pi - d_1$，即 π_H。地方政府能够获得的 π_H 的比例取决于 τ，τ 越接近于 1，获得的比例越高，当地方政府拥有完全的讨价还价能力 $\tau = 1$，抗争群体没有任何讨价还价能力时，地方政府将会得到全部的土地转用增值收益 $\pi = d_1 + \pi_H$。抗争群体只能参与 π_H 的分配，分配比例取决于 $1 - \tau$，τ 越接近于 1，代表地方政府的讨价还价能力越强，抗争群体的讨价还价能力越弱，获得的收益比例越低。如果地方政府和抗争群体具有相同的讨价还价能力，则 $\tau = 1/2$，地方政府与抗争群体将平分 π_H。

与抗争群体相比，地方政府具有讨价还价优势，将会获得 π_H 中的绝大部分比例。地方政府是一个地区的行政管理者，可以使用行政权力对群体抗争进行打压。首先，在宅基地征收前期的宣传和解释阶段，通过村内广播、宣传栏、村民大会、入户访谈等多种形式，在村民中形成征地势不可当，是地方政府必须进行的工作的印象。如果抵制征地拆迁，就是与地方政府作对，就是在阻碍本地经济发展和损害公共利益，使得农民的群体抗争缺乏正义性并在心理上处于劣势地位。如果农民真的组织起群体抗争，地方政府也可以通过拥有的行政权力，在不违背法律法规和上级政府政策的情况下，通过对抗争群体进行分化、打击和瓦解来降低抗争群体的讨价还价能力。与农户相比，地方政府具有丰富的征地拆迁经验。经过长期的积累和多次从事征地拆迁工作，一些地方政府已经形成一套相对成熟的征地拆迁经验，其中包括如何区分各种类型的农户，并采取何种差别化的政策，如何应对和化解农户的抗争，如果出现群体抗争如何削弱抗争力量，如何分化和瓦解抗争组织，如何与群体抗争组织进行谈判，等等。虽然农民通过群体抗争的方式提高了与地方政府谈判的能力，但是依然不具有与地方政府对等的讨价还价能力，农民依然处于劣势地位。

相对风险厌恶程度也决定了土地转用增值收益分配的比例关系，风险厌恶程度越高，则分配的比例越低。地方政府和抗争群体的风险厌恶程度可以通过设定 x_1^α 和 x_2^β 来描述，其中 $0 < \alpha \leq 1, 0 < \beta \leq 1$，$\alpha$ 和 β 越接近于 1，代表参与人越趋于风险中性；等于 1 就是完全风险中性；反之，越趋向于 0 则越厌恶风险。可以在式（5.1）的基础上加入抗争群体和地方政府的风险厌恶程度，则纳什讨价还价解可以通过求式（5.4）得到：

$$\underset{x_1, x_2}{\text{Max}}(x_1^d - d_1)^\tau (x_2^B - d_2)^{1-\tau}$$
$$s.t. \quad x_1 + x_2 \leq \pi \tag{5.4}$$

将式（5.4）的约束条件 $s.t. \ x_1 + x_2 \leq \pi$ 取等式，并对式（5.4）求解，可以得到地方政府和抗争群体的讨价还价解 (x_1^e, x_2^e) 为：

$$x_1^e = d_1 + \frac{\alpha\tau}{\alpha\tau + \beta - \beta\tau}(\pi - d_1) \tag{5.5}$$

$$x_2^e = \frac{\beta - \beta\tau}{\alpha\tau + \beta - \beta\tau}(\pi - d_1) \tag{5.6}$$

通过式（5.5）和式（5.6）可以得出，地方政府和抗争群体分配 π_H 的比例取决于各自的系数 $\frac{\alpha\tau}{\alpha\tau + \beta - \beta\tau}$ 和 $\frac{\beta - \beta\tau}{\alpha\tau + \beta - \beta\tau}$。由于系数中存在 τ，直接比较两个系数并不能直观地得出风险厌恶程度对 π_H 分配比例的影响。可以假定地方政府和抗争群体的讨价还价能力相同，即 $\tau = 1/2$，并将 $\tau = 1/2$ 代入两个系数，得到两个系数分别为 $\frac{\alpha}{\alpha + \beta}$ 和 $\frac{\beta}{\alpha + \beta}$。地方政府和抗争群体之间分配的 π_H 比例为 $\alpha : \beta$，经济含义为相对风险厌恶程度。如果 $\alpha = \beta$，代表两个参与人风险厌恶程度相同，两个参与人将会平均分配 π_H；如

果 $\alpha > \beta$，代表抗争群体比地方政府更厌恶风险，地方政府将能够获得 π_H 中的更高比例。多数情况下，与地方政府相比，抗争群体更厌恶风险，抵御风险的能力更弱，在分配中获得的比例就会低于地方政府。情况也可能发生逆转，由于群体事件和上访数量已经成为考核地方政府政绩的主要指标，如果农户采取了较为激烈的群体抗争方式，如静坐、游行示威、群体上访等，地方政府将会面临来自上一级政府的惩罚。在这种情况下，地方政府的风险厌恶程度会高于抗争群体，抗争群体获得 π_H 中的比例将高于地方政府。这也能够解释为什么在征地拆迁中，普遍存在"大闹大解决""小闹小解决"和"不闹不解决"的情况。

二、政府强弱与惩罚力度

观点三：抗争群体获得土地转用增值的比例取决于所面对的地方政府的强弱程度和受到的惩罚程度，地方政府越强势，惩罚越严厉，抗争群体获益越低。

为了简化分析，假设地方政府只有两种类型，强势政府和弱势政府。抗争群体无法区分地方政府的类型，只知道强势政府的概率为 γ，弱势政府的概率为 $1 - \gamma$。如果抗争群体面对的是弱势政府，将会按照上文分析的分配 π_H，如果面对的是强势政府，将会面临 ν 比例的惩罚，其中 $\nu > 0$，罚金数值为 $\nu\pi_H$，这部分罚金将转为地方政府的收益。抗争群体面对强弱势政府的差别就在于是否会被惩罚。假定强势政府惩罚农户的群体抗争不需要支出成本，抗争群体面对强势地方政府时的讨价还价解 (x_1^{e1}, x_2^{e1}) 可表示为：

$$x_1^{e1} = d_1 + \frac{\alpha\tau}{\alpha\tau + \beta - \beta\tau}(\pi - d_1) + \nu(\pi - d_1) \qquad (5.7)$$

$$x_2^{e1} = \frac{\beta - \beta\tau}{\alpha\tau + \beta - \beta\tau}(\pi - d_1) - \nu(\pi - d_1) \qquad (5.8)$$

为了便于分析，假定抗争群体和地方政府都是风险中性，并且讨价还价能力相同，则在式（5.7）和式（5.8）中，$\alpha = \beta = 1$，$\tau = 1/2$。抗争群体面对强势地方政府情况下，地方政府和抗争群体的讨价还价解为 $x_1^{e1} = d_1 + (\frac{1}{2} + \nu)(\pi - d_1)$ 和 $x_2^{e1} = (\frac{1}{2} - \nu)(\pi - d_1)$；抗争群体面对弱势地方政府情况下，地方政府和抗争群体的讨价还价解为 $x_1^{e1} = d_1 + \frac{1}{2}(\pi - d_1)$ 和 $x_2^{e1} = \frac{1}{2}(\pi - d_1)$。抗争群体从抗争中得到的期望收益为：

$$E(x_2^e) = \gamma(\frac{1}{2} - \nu)(\pi - d_1) + \frac{1}{2}(1 - \gamma)(\pi - d_1) \tag{5.9}$$

将 $\pi_H = \pi - d_1$ 代入式（5.9），并整理得到：

$$E(x_2^e) = (\frac{1}{2} - \gamma\nu)\pi_H \tag{5.10}$$

通过式（5.10）可以得出，抗争群体分配 π_H 的比例取决于系数 $\frac{1}{2} - \gamma\nu$，γ 的数值越大，代表地方政府是强势的概率越高，ν 代表抗争群体受到惩罚程度越大，$\gamma\nu$ 的值就越大，抗争群体能够获得的 π_H 比例越低。只要 $\frac{1}{2} - \gamma\nu > 0$，抗争群体的理性选择是采取群体抗争策略，如果 $\frac{1}{2} - \gamma\nu < 0$，即 $\gamma\nu > \frac{1}{2}$ 时，群体抗争的收益为负，农户将会放弃抗争。地方政府要阻止农户的群体抗争，如果不能够提高农户对其是强势政府的先验概率，可以提高群体抗争的罚金率。

第四节　讨价还价过程：基于鲁宾斯坦轮流出价理论

依据宅基地征收的实际情况，可以对抗争群体和地方政府讨价还价程序设定如下：参与人的出价顺序是地方政府先提出分配方案，抗争群体接受或者拒绝；如果接受，则达成协议，讨价还价过程结束。如果拒绝，则抗争群体在下一期提出分配方案，地方政府可以选择接收或拒绝；如果拒绝，则再进入下一期出价，即在 1，3，5，7……奇数期，地方政府提出分配方案，2，4，6，8……偶数期，抗争群体提出分配方案；参与人就土地转用增值 π_H 进行讨价还价，地方政府 t 期获得 x_A，抗争群体 t 期获得 $x_B = \pi_H - x_A$，分配方案为 (x_A, x_B)；地方政府的贴现因子为 δ_A，t 期获得 x_A 的贴现值为 $\delta_A^{t-1} x_A$，抗争群体的贴现因子为 δ_B，t 期获得 x_B 的贴现值为 $\delta_B^{t-1} x_B$。按照讨价还价周期，地方政府和抗争群体的讨价还价类型可划分为三种：只有一期的讨价还价；大于一期的有限期讨价还价；无限期讨价还价。

一、一期讨价还价

观点四：在只有一期的讨价还价博弈中，地方政府会采取"最后通牒"策略。由于农民没有交易终止权，地方政府将获得全部土地转用增值收益。在征地拆迁中，地方政府普遍采用的"一把尺子量到底"就是一期博弈的"最后通牒"策略。

在只有一期的讨价还价过程中，地方政府会采取"最后通牒"策略，地方政府给出的分配方案为 $(\pi_H, 0)$。如果抗争群体不接受地方政府给出宅基地征收的补偿标准，地方政府将放弃征收，此时地方政府和抗争群体的收益都为 0；如果抗争群体接受地方政府的方案，地方政府将获得 π_H，抗争群体获益仍为 0。地方政府采取了"最后通牒"，意味着抗争群体在接受和拒绝之间是无差异的，只要地方政府给予抗争群体接近于 0 的极小的 ε 正收益，抗争群体的理性选择是接受地方政府的出价。

在宅基地征收中，地方政府"最后通牒"策略具体实施方式是，根据相关文件规定的区片综合地价、农作物和地上附属物补偿标准来确定要征收地块的补偿标准，并明确指出补偿标准一视同仁，不会变动，即"一把尺子量到底"，即使遇到农户抵制也不会做出调整。如果农民拥有交易终止权，即使在地方政府拥有出价权而农民没有出价权的情况下，农民也能够获得部分土地转用增值收益。实验经济学的相关研究指出，在已经进行的"最后通牒"实验显示，出价接受者的平均分配额在 25% ~50%，如果低于 25% 左右的数值，出价接受者将会拒绝，这可以被看作否决权收益。❶农户没有讨价还价的余地，也没有终止征收的权利，如果抵制地方政府的征收还会受到惩罚，农户也就无法获得否决权收益。但是，多数情况下地方政府的"最后通牒"还是能够发挥作用的。因为农村土地不能直接转变成为建设用地，宅基地只能在农村集体经济内部转让，不能转让给城市居民，宅基地的转让价值很低，地方政府给出的征收补偿标准普遍高于宅基地的流转价格。即使农民不能参与土地转用增值分配，获得的补偿已经高于在现有宅基地管理制度下的变现价值，多数农民能够获得正收益。因此，"最后通牒"也就成为地方政府经常使用的策略。

二、大于一期的有限期讨价还价

观点五：有限期的讨价还价博弈中，地方政府拥有的优先出价权和交易终止权使得地方政府能够获得更多收益。

地方政府与抗争群体之间的有限期讨价还价是指，超过一期、但是仍然存在固定期限的讨价还价博弈，即在时间上存在 $1 < t < \infty$。有限期讨价还价博弈过程如下，地方政府在第 1 期给出土地征收补偿标准或称为分配方案，抗争群体可以选择接受或拒绝，如果接受，博弈结束，如果拒绝，抗争群体在第二期给出分配方案，地方政府可以选择接受或拒绝，按照此种方式进行讨价还价，但无论是否达成协议，博弈必须在第 t 期之前达成协议。第 t 期是奇数期，地方政府提出分配方案，无论抗争群体接受还是拒绝，博弈结束。通过逆推法可以得出，地方政府拥有的交易终止权和优先出价权使得地方政府能够获得更多的收益。在第 t 期，地方政府最后出价，抗争群体和地方政府都清楚第 t 期为讨价还价最后一期，如果第 t 期没

---

❶ Camerer, C. and Fehr, E. Measuring Social Norms and Preferences Using Experimental Games: A Guide for Social Scientists ［M］. in Foundations of Human Sociality: Economic Experiments and Ethnographic Evidence from Fifteen Small-Scale Societies, eds. Joseph Henrich et al., Oxford, Oxford University Press, 2004: 55 – 95; Camerer C. Behavioral game theory: experiments in strategic interaction ［J］. Cuadernos De Economía, 2004, 23（41）: 229-236.

有达成协议，地方政府将会终止土地征收。基于自身利益最大化，第 t 期地方政府给出的分配方案将会为 $(\pi_H, 0)$，抗争群体意识到地方政府在第 t 期给出的分配方案，为了保证地方政府在第 $t-1$ 期获得与第 t 期等价的收益，抗争群体给出的分配方案将会为 $(\delta_A\pi_H, 1-\delta_A\pi_H)$，按照此规则逐期逆推。在第一期，地方政府只要保证提供给抗争群体第二期分配收益的贴现值即可，剩余部分将全部归地方政府所有。地方政府在讨价还价中拥有两个优势：交易终止权带来的优势，优先出价权带来的优势。

可以通过具体数值来说明，在有限期讨价还价博弈中，地方政府优势地位导致抗争群体通常只能获得较少的份额。为了简化分析，本研究假定有限期讨价还价博弈只进行 5 期，在第五期，地方政府可以终止土地征收。采取逆推法可以得到唯一的子博弈完美均衡解。第五期地方政府终止土地征收，将提出分配方案 $(\pi_H, 0)$，抗争群体意识到地方政府的第五期出价情况会在第四期提出分配方案 $(\delta_A\pi_H, 1-\delta_A\pi_H)$，以此类推，每一期的讨价还价过程已经由表 5-1 列出，可以得到第一期的分配比例，即第五期讨价还价的均衡解为 $\left[(1-\delta_B+\delta_A\delta_B-\delta_A\delta_B^2+\delta_A^2\delta_B^2)\pi_H, (\delta_B-\delta_A\delta_B+\delta_A\delta_B^2-\delta_A^2\delta_B^2)\pi_H\right]$。通过表 5-1 还可以得出 3 期的讨价还价均衡解为 $\left[(1-\delta_B+\delta_A\delta_B)\pi_H, \delta_B(1-\delta_A)\pi_H\right]$。

表 5-1　有限期讨价还价过程

阶段	地方政府的份额	抗争群体的份额	出价者
第一期	$(1-\delta_B+\delta_A\delta_B-\delta_A\delta_B^2+\delta_A^2\delta_B^2)\pi_H$	$(\delta_B-\delta_A\delta_B+\delta_A\delta_B^2-\delta_A^2\delta_B^2)\pi_H$	地方政府
第二期	$(\delta_A-\delta_A\delta_B+\delta_A^2\delta_B)\pi_H$	$(1-\delta_A+\delta_A\delta_B-\delta_A^2\delta_B)\pi_H$	抗争群体
第三期	$(1-\delta_B+\delta_A\delta_B)\pi_H$	$\delta_B(1-\delta_A)\pi_H$	地方政府
第四期	$\delta_A\pi_H$	$(1-\delta_A)\pi_H$	抗争群体
第五期	π_H	0	地方政府

影响两个参与人分配比例的主要因素是交易终止权、优先出价权和贴现率。地方政府拥有的交易终止权和优先出价权增加了其总体分配比例。在贴现率相同的情况下，讨价还价期数越多，交易终止权优势和优先出价

权优势会逐渐递减，但地方政府依然能够获得一半以上的份额。表5-2给出了3期和5期讨价还价情况下，依据表5-1的子博弈完美均衡解计算的不同贴现率下抗争群体能够获得的 π_H 比例情况。其中，括号内数值为抗争群体3期讨价还价能够获得的 π_H 比例，括号上方的数值为5期讨价还价能够获得的 π_H 比例，深灰色区域为抗争群体在3期和5期博弈能够获得的比例都大于等于50%的分布，浅灰色区域为抗争群体在5期能够获得的比例大于等于50%，而在3期能够获得的比例小于50%的分布。通过表5-2可以清晰得出，由于地方政府拥有交易终止权和优先出价权，使得抗争群体处于极为不利的交易地位。在5期讨价还价博弈中，抗争群体只有31%的可能性获得 π_H 一半及以上的份额，在3期讨价还价博弈中，抗争群体获得 π_H 一半及以上份额的可能性进一步下降到21%。在抗争群体和地方政府拥有相同贴现率的情况下，5期讨价还价博弈和3期讨价还价博弈中，抗争群体的获益比例均低于50%。其中，在5期讨价还价博弈中，抗争群体最高获益比例为33%；在3期讨价还价博弈中，最高获益比例则下降到25%。地方政府的交易终止权优势和优先出价权优势会随着博弈周期 t 的增加而递减，从表5-2的数据也能看出，相同贴现因子下抗争群体在5期博弈中获得的收益份额都大于等于在3期博弈中获得的收益份额，即括号上方的数值都大于等于括号内的数值。

表5-2　不同贴现因子下有限期博弈抗争群体的获益比例

		抗争群体的贴现因子										
		0.00	0.10	0.20	0.30	0.40	0.50	0.60	0.70	0.80	0.90	1.00
地方政府的贴现因子	0.00	0.00 (0.00)	0.10 (0.10)	0.20 (0.20)	0.30 (0.30)	0.40 (0.40)	0.50 (0.50)	0.60 (0.60)	0.70 (0.70)	0.80 (0.80)	0.90 (0.90)	1.00 (1.00)
	0.10	0.00 (0.00)	0.09 (0.09)	0.18 (0.18)	0.28 (0.27)	0.37 (0.36)	0.47 (0.45)	0.57 (0.54)	0.67 (0.63)	0.78 (0.72)	0.88 (0.81)	0.99 (0.90)
	0.20	0.00 (0.00)	0.08 (0.08)	0.17 (0.16)	0.25 (0.24)	0.35 (0.32)	0.44 (0.40)	0.54 (0.48)	0.64 (0.56)	0.74 (0.64)	0.85 (0.72)	0.96 (0.80)
	0.30	0.00 (0.00)	0.07 (0.07)	0.15 (0.14)	0.23 (0.21)	0.31 (0.28)	0.40 (0.35)	0.50 (0.42)	0.59 (0.49)	0.69 (0.56)	0.80 (0.63)	0.91 (0.70)

（续表）

		抗争群体的贴现因子										
		0.00	0.10	0.20	0.30	0.40	0.50	0.60	0.70	0.80	0.90	1.00
地方政府的贴现因子	0.40	0.00 (0.00)	0.06 (0.06)	0.13 (0.12)	0.20 (0.18)	0.28 (0.24)	0.36 (0.30)	0.45 (0.36)	0.54 (0.42)	0.63 (0.48)	0.73 (0.54)	0.84 (0.60)
	0.50	0.00 (0.00)	0.05 (0.05)	0.11 (0.10)	0.17 (0.15)	0.24 (0.20)	0.31 (0.25)	0.39 (0.30)	0.47 (0.35)	0.56 (0.40)	0.65 (0.45)	0.75 (0.50)
	0.60	0.00 (0.00)	0.04 (0.04)	0.09 (0.08)	0.14 (0.12)	0.20 (0.16)	0.26 (0.20)	0.33 (0.24)	0.40 (0.28)	0.47 (0.32)	0.55 (0.36)	0.64 (0.40)
	0.70	0.00 (0.00)	0.03 (0.03)	0.07 (0.06)	0.11 (0.09)	0.15 (0.12)	0.20 (0.15)	0.26 (0.18)	0.31 (0.21)	0.37 (0.24)	0.44 (0.27)	0.51 (0.30)
	0.80	0.00 (0.00)	0.02 (0.02)	0.05 (0.04)	0.07 (0.06)	0.11 (0.08)	0.14 (0.10)	0.18 (0.12)	0.22 (0.14)	0.26 (0.16)	0.31 (0.18)	0.36 (0.20)
	0.90	0.00 (0.00)	0.01 (0.01)	0.02 (0.02)	0.04 (0.03)	0.05 (0.04)	0.07 (0.05)	0.09 (0.06)	0.11 (0.07)	0.14 (0.08)	0.16 (0.09)	0.19 (0.10)
	1.00	0.00 (0.00)	0.00 (0.00)	0.00 (0.00)	0.00 (0.00)	0.00 (0.00)	0.00 (0.00)	0.00 (0.00)	0.00 (0.00)	0.00 (0.00)	0.00 (0.00)	0.00 (0.00)

三、无限期讨价还价

观点六：在无限期讨价还价博弈中，地方政府可以凭借其拥有的优先出价权优势获得更多收益。

在无限期讨价还价中，地方政府首先给出土地征收补偿标准，抗争群体可以选择接受或拒绝。如果接受，博弈结束，如果拒绝，则抗争群体提出分配方案，地方政府可以选择接受或拒绝，以此类推。如果没有达成协议，博弈将一直进行下去。无限期博弈并不是博弈不能完成，博弈存在子博弈完美均衡解，只是博弈没有具体的结束期限。在无限期讨价还价博弈中，地方政

府和抗争群体分配 π_H 的子博弈完美均衡解为（ $\dfrac{1-\delta_B}{1-\delta_A\delta_B}\,\pi_H$ ， $\dfrac{\delta_B(1-\delta_A)}{1-\delta_A\delta_B}\,\pi_H$ ）。❶

在无限期讨价还价博弈中，地方政府凭借拥有的优先出价权获得了土地转用增值分配的优势地位。

（1）当地方政府的贴现因子大于等于抗争群体的贴现因子时，地方政府将获得 π_H 一半以上的份额。证明如下，当 $0 < \delta_B \leqslant \delta_A < 1$ 时， $\dfrac{1-\delta_B}{1-\delta_A\delta_B} > \dfrac{1-\delta_B}{1-\delta_B^2} = \dfrac{1-\delta_B}{(1-\delta_B)(1+\delta_B)} = \dfrac{1}{(1+\delta_B)} > \dfrac{1}{2}$ ，因此，当地方政府的贴现因子大于等于抗争群体的贴现因子时，地方政府将获得 π_H 一半以上的份额。

（2）当地方政府和抗争群体都完全没有耐心时，地方政府将获得全部 π_H 。当 $\delta_A = \delta_B = 0$ 时， $\dfrac{1-\delta_B}{1-\delta_A\delta_B} = 1$ ，地方政府将获得全部 π_H 。

（3）当地方政府拥有完全耐心，只要抗争群体没有完全耐心，地方政府将会获得全部 π_H 。当 $\delta_A = 1$ 且 $\delta_B \neq 1$ 时， $\dfrac{1-\delta_B}{1-\delta_A\delta_B} = \dfrac{1-\delta_B}{1-\delta_B} = 1$ ，地方政府将会获得全部 π_H 。

（4）即使地方政府完全没有耐心，也能够获得部分收益。当 $\delta_A = 0$ 且 $\delta_B \neq 0$ 时， $\dfrac{1-\delta_B}{1-\delta_A\delta_B} = 1 - \delta_B$ ，在完全没有耐心的情况下，地方政府也能获得 $(1-\delta_B)\pi_H$ 的份额。

（5）只要抗争群体完全没有耐心，地方政府将获得全部 π_H 。当 $\delta_B = 0$ 且 $0 \leqslant \delta_A \leqslant 1$ 时， $\dfrac{1-\delta_B}{1-\delta_A\delta_B} = 1$ ，地方政府将获得全部 π_H 。

---

❶ 关于无限期讨价还价的子博弈完美均衡解的证明过程由沙科德（Shaked）和萨顿（Sutton）给出，具体参见：Shaked, A. and Sutton, J. Involuntary Unemployment as a Perfect Equilibrium in a Bargaining Model ［J］. Econometrica, 1984, 52（6）: 1351–1364.

（6）只要抗争群体的贴现因子小于 0.5，地方政府就能够获得 π_H 的一半以上份额。当 $0 \leq \delta_B < 0.5$ 且 $0 \leq \delta_A \leq 1$ 时，有 $1 - \delta_B > 0.5$ 和 $1 - \delta_A$ $\delta_B \leq 1$，因此存在 $\dfrac{1 - \delta_B}{1 - \delta_A \delta_B} > \dfrac{1}{2}$，地方政府获得 π_H 一半以上的份额。

（7）即使地方政府的耐心低于抗争群体的耐心，也存在获得 π_H 份额大于抗争群体获得份额的可能性。当 $0 \leq \delta_A < \delta_B < 1$ 时，令地方政府的份额大于抗争群体的份额，$\dfrac{1 - \delta_B}{1 - \delta_A \delta_B} > 1 - \dfrac{1 - \delta_B}{1 - \delta_A \delta_B}$，整理得到 $\delta_A > 2 - \dfrac{1}{\delta_B}$，其中，如果 $\delta_B < 0.5$，则有 $2 - \dfrac{1}{\delta_B} < 0$，无论 δ_A 取任何值，地方政府都能获得一半以上的份额。即使 $0.5 \leq \delta_B < 1$，只要存在 $\delta_A > 2 - \dfrac{1}{\delta_B}$，地方政府就能获得一半以上的份额。❶

四、地方政府和抗争群体耐心对比

观点七：在讨价还价博弈过程中，抗争群体比地方政府更有耐心，但地方政府可以通过多种方式来削弱抗争群体的耐心，使得抗争群体在征地拆迁中处于劣势地位。抗争群体的耐心有随时间递减的特征，进一步降低其获利水平。

理论上，抗争群体比地方政府更具有耐心，能够获得更多的土地转用增值收益，但是地方政府可以采取收买、分化、瓦解、恐吓和惩罚等方式来削弱抗争群体的耐心，使多数抗争群体处于劣势地位，只有少数的抗争群体能够取得成功。在大于一期的有限期博弈和无限期博弈中，地方政府因为制度安排的原因拥有的优先出价权和终止交易权，使其在土地转用增值收益分配中获得优势地位。除此之外，另外一个决定收益分配比例的因

---

❶ 本部分的分析参考了晋洪涛等的研究成果，关于无限期讨价还价博弈中不同贴现因子农民的收益份额在该文中已经列出，详细分析参见：晋洪涛，史清华，俞宁. 谈判权、程序公平与征地制度改革 [J]. 中国农村经济，2010（12）：4-16.

素为：地方政府和抗争群体之间的耐心差异，即 δ_A 和 δ_B 具体值的差异。数值越高，代表参与人越具有耐心，反之，则代表越缺乏耐心。

如果参与人地位相等，不能使用非市场化的力量，农民将会更具有耐心。首先，农民土地的时间价值是确定的，即土地能够给农民带来的产出价值和使用价值是相对固定的，即使存在技术进步或者市场情况变化，也是相对缓慢的，所以未来收益率也可以预期，并且波动较小。其次，农民可投资的渠道较少，投资收益率低。影响参与人贴现率 δ 的一个重要因素是可选投资的收益率水平，如果未来投资率水平高，则贴现率低。多数农民投资渠道非常有限，除了农业投资之外，几乎没有其他投资渠道。再次，由于农民的土地并不能直接转化为城市建设用地，不能出售给城市居民，土地用途的限制也降低了土地未来的收益率。最后，当得知地方政府要征收土地时，尤其是形成抗争群体后，延长土地征收时间成为农民与地方政府争夺土地转用增值收益的一种重要手段。在地方政府合法合规征地拆迁的情况下，抗争群体通过司法途径或上访的方式来增加补偿是很难得到支持的，拖延征地拆迁的时间就成为抗争群体的重要策略。

与农民和抗争群体相比，地方政府则相对缺乏耐心。从农村低价征收土地后在城市土地一级市场转让，地方政府获得的收益主要有增加财政收入和增加本级官员的政绩，这些都具有时间紧迫性。近些年，地方财政对土地出让收入的依赖度越来越高，不仅政府投资性支出依赖于土地出让收入，而且一些经常性支出也需要土地出让收入支持。如果土地征收环节时间过长，将会影响地方政府后续相关建设，并对地方财政造成压力。地方政府官员任期的有限性和对政绩需求的迫切性，也使得地方政府在土地征收上缺乏耐心。地方政府官员之间的晋升竞争和政绩压力，迫使地方政府在任期内需要做出成绩，表象化的经济指标和政绩工程受到地方政府官员的青睐。这些指标主要为经济增长速度、招商引资规模、建设重点工程和大型工程、加强城市基础设施建设和提升城市面貌等。地方政府官员要出政绩或在晋升竞争中胜出，都需要土地出让收入提供资金支持和农村土地为项目建设提供落地支持，这就使得地方政府在征收土地上缺乏耐性。

地方政府可以通过多种方式来削弱农民和抗争群体的耐心。农民和抗争群体比地方政府更有耐心，是建立在谈判主体之间具有对等地位、地方政府不能使用行政力量基础上的。实际上，谈判主体之间并不对等，地方政府可以使用多种方式和手段来削弱农民和抗争群体的耐心。地方政府可以通过威胁、打压、惩罚和收买的方式来瓦解和分化抗争群体。虽然群体抗争有发挥领导作用和组织作用的"抗争精英"和"积极分子"，有相应的内部分工和制度规定，有相对明确的目标，但仍然是自发性的松散组织，与地方政府完备的组织相比，完全处于劣势。地方政府可以通过对"抗争精英"和"积极分子"进行"威逼利诱"。"威逼"的方式主要有，寻找机会"抓辫子"，在其他方面施压，频繁"做思想工作"和骚扰等。❶"利诱"的方式主要有，给予更多的征地补偿，承诺提供征地拆迁的相关工程、提供低保和工作机会等其他好处等。一旦"抗争精英"和"积极分子"迫于地方政府的"威逼利诱"而退出，抗争群体也就被瓦解了，农民的抗争能力也会被大大削弱。地方政府对抗争群体的"跟随者"，通常采取收买的方式。绝大多数农民是风险规避者，群体抗争可能会带来更多收益，但具有不确定性。如果地方政府对能够早签协议的农民提供更多补偿，一些农民就可能脱离抗争群体。随着同意地方政府征地拆迁条件的农民增多，抗争群体的耐心和力量都会被削弱。抗争群体通过拖延时间的方式来增加地方政府征地成本本身也是一把双刃剑。随着时间的推移，抗争群体内部会出现分化和动摇，尤其是当出现受到地方政府打击却没有做好相关应对的情况时，农民和抗争群体的耐心会迅速下降。有时候也会出现地方政府的耐心被抗争群体削弱的情况，因为群体事件和群体上访已经成为考核地方政府政绩的一个重要指标，抗争群体可以利用这一点迫使地方政府妥协，部分或者全部地接受抗争群体的诉求，但实际上能够获得成功的仅仅是少数。

---

❶　本书没有讨论地方政府违法违规的"威逼"方式。实际上，有些地方政府在征地拆迁中存在违规使用警力和行政力量、采取暴力征地拆迁的情况，有些甚至在征地拆迁过程中引入地痞流氓和黑恶势力。如此分析主要是为了说明即使是地方政府合法合规征地拆迁，依然能够削弱农民和抗争群体的耐心，地方政府依然处于优势地位。

五、谈判破裂

观点八：即使土地征收对双方都有利，但抗争群体和地方政府之间的讨价还价也可能会导致交易失败。

在不完全信息情况下，地方政府和抗争群体之间的讨价还价可能会导致交易无法完成，即使是交易对双方都有利。设定地方政府有两种类型：强势政府和弱势政府，抗争群体无法区分地方政府的类型，只知道强势政府的概率为 γ，弱势政府的概率为 $1 - \gamma$。如果抗争群体面对的是强势政府，获得的补偿价格为 p_s，如果面对的是弱势政府，获得的补偿价格为 p_w，其中 $0 < p_s < p_w$。抗争群体的出价策略可以选择 p_s 和 p_w 两种，如果不考虑抗争成本，p_w 的出价代表强度更高的抗争。抗争群体采取 p_s 出价策略的预期收益为：

$$E(p_s) = \gamma p_s + (1 - \gamma)p_s \qquad (5.11)$$

抗争群体采取 p_w 出价策略的预期收益为：

$$E(p_w) = \gamma(0) + (1 - \gamma)p_w \qquad (5.12)$$

式（5.11）表示，无论地方政府属于何种类型，抗争群体都按照面对强势政府的补偿标准出价获得的预期收益，也可以理解为抗争群体只选择最低水平的抗争获得的预期收益。式（5.12）表示，抗争群体只按照面对弱势地方政府采取的出价获得的预期收益，如果面对的是强势政府，土地将不会被征收，获得的收益将为 0。令式（5.11）等于式（5.12），整理后得到：

$$\gamma = 1 - \frac{p_s}{p_w} \qquad (5.13)$$

式（5.13）表示，抗争群体采取 p_s 和 p_w 两种出价策略收益无差异的情况下，地方政府为强势政府的概率，达到均衡时地方政府强势的概率与 $\frac{p_s}{p_w}$ 负相关，$\frac{p_s}{p_w}$ 值越大，说明 p_s 与 p_w 的差价越小，均衡时为强势政府的概率越低，反之，则越高。式（5.13）给出的是，抗争群体采取混合策略时地方政府为强势政府的概率，但是如果 $\gamma < 1 - \dfrac{p_s}{p_w}$，则存在 $E(p_w) > E(p_s)$，抗争群体应当采取的是出价 p_w 的单一策略。在抗争群体采取出价 p_w 的单一策略时，如果面对的是强势地方政府，交易将无法达成，强势地方政府的出价只能是 p_s，$p_s < p_w$，强势地方政府是不会接受 p_w 的出价的。如果抗争群体能够区分出强势政府，采取 p_s 的出价策略，抗争群体和强势地方政府都能够获得正收益，如果不能区分，则参与人都只能获得零收益。也可以通过假设抗争群体存在强弱势之分，采取上面的分析思路，也能得到相同的结论。通过上面的分析可以部分解释，为什么在一些征地拆迁中，抗争群体和地方政府之间无法达成协议，甚至是地方政府主动放弃，其中一个重要原因就是谈判双方存在对对方类型的错误判断。

第五节　本章小结

（一）本章结论

本章主要运用讨价还价理论分析抗争群体与地方政府如何分配土地转用增值收益，通过研究得到如下结论。

（1）抗争群体能够与地方政府争夺的土地转用收益，只是一定时期内本地块与未征收土地中增值最高地块之间土地转用增值的差额，并不是全部土地转用增值收益，即地方政府次优选择决定了抗争群体能够争取的最大收益的上限。

（2）按照纳什讨价还价理论，在分配宅基地转用增值中，抗争群体和地方政府分配的比例多少取决于相对讨价还价能力、次优选择收益水平、相对风险厌恶程度。相对讨价还价能力越强，次优选择的收益越高，相对风险厌恶程度越低，能够分割到的土地转用增值收益比例越高。抗争群体获得土地转用增值的比例还取决于所面对的地方政府的强弱程度和受到的惩罚程度，地方政府越强势、惩罚越严厉，抗争群体获益越低。

（3）讨价还价只有一期，地方政府会采取"最后通牒"策略，地方政府将获得全部土地转用增值收益。有限期的讨价还价博弈中，地方政府拥有的优先出价权和交易终止权使得地方政府能够获得更多收益，抗争群体处于劣势地位。在无限期的讨价还价博弈中，地方政府可以凭借拥有的优先出价权优势获得更多收益。抗争群体比地方政府更有耐心，但地方政府可以通过多种方式来削弱抗争群体的耐心，使得抗争群体在征地拆迁中处于劣势地位。抗争群体的耐心有随时间递减的特征，进一步降低其获利水平。

（4）由于存在信息不对称，可能出现抗争群体对地方政府类型的误判，也可能出现地方政府对抗争群体类型的误判，这就会出现即使土地征收对双方都有利，但抗争群体和地方政府之间的讨价还价也可能会导致交易长时间拖延和交易失败的情况。

（二）政策建议

（1）打破地方政府对农村土地的垄断征收，允许符合条件的农村土地直接进入城市建设用地市场。现有的城乡土地制度赋予地方政府农村土地的垄断征收权和城市一级土地市场的垄断权，地方政府凭借双边垄断获得了巨额的土地转用增值收益。首先就要打破地方政府的双边垄断出让权，允许在满足规划和相关规定的情况下，符合转变为城市建设用地条件的土地直接上市交易，地方政府不再以交易者的身份参与土地增值收益分配，而是以税收的方式来分享土地增值收益。

（2）修改相关不平等交易制度，赋予农户平等的市场交易权利。在短期很难打破地方政府对农村土地垄断征收的情况下，应修改使农民处于不平等交易地位的相关制度规定，提高农民与地方政府之间的谈判能力。《土地管理法实施条例》规定，"市、县人民政府土地行政主管部门根据经批准的征收土地方案，会同有关部门拟订征地补偿、安置方案，在被征收土地所在地的乡（镇）、村予以公告，听取被征收土地的农村集体经济组织和农民的意见"，"征地补偿、安置争议不影响征收土地方案的实施"。这两项规定就赋予了地方政府优先出价权和交易终止权，农民则没有优先出价权，也不能单方面终止土地征收。应当赋予农民优先出价权，在补偿方案制订过程中，农民可以参与其中，农民也可以首先提出征地补偿安置方案。赋予农民交易终止权，农民可以拒绝地方政府的征地，尤其是非公益性征地，农民拒绝后地方政府不能强行征地。

（3）允许农户自由选择代理人，与地方政府就征地拆迁事项进行谈判。在征地拆迁过程中，单个农民与地方政府相比，无论是经验知识、谈判能力、风险承受能力和获得信息的能力都存在巨大差异，农民处于严重的劣势地位，应当允许农民联合起来或者委托专业人士与地方政府进行谈判，这样才能提高农民的谈判地位和谈判能力。群体抗争就是农民为了提高谈判地位和谈判能力的自发联合，是农民维护正当权益的理性选择。但是，由于没有相关的制度支持，并受到地方政府的破坏和打击，群体抗争的过程非常艰难，即使取得成功，也付出了昂贵的代价。应当通过法律法规等正式制度，赋予农户自由选择代理人的权利，并允许农民以群体方式与地方政府进行谈判，农民群体代理人应当以农民自愿的方式产生，不能简单采取由村委会或村干部直接代表的方式。

（4）对群体抗争不能采取打击报复的处理方式，应妥善地化解矛盾和冲突。通常情况下，群体抗争产生的原因多是地方政府在征收补偿过程中存在问题，如果存在问题，就要及时纠正并对农户的诉求妥善解决。有些地方政府认为，如果通过威逼利诱、软硬兼施、内外施压等策略"拔掉""抗争精英"，就能够化解群体抗争。即使群体抗争暂时被平息了，但是问题没有解决，只是被暂时地压制了，随着不断地积累，可能会以其他形式爆发。有些地方政府甚至罗列罪名对"抗争精英"实行打击报复，结果将协商的通道关闭，使得"抗争精英"彻底与地方政府势不两立。有些群体抗争就是因为地方政府对"抗争精英"的打击报复而演变成群体事件的。

参考文献

[1] Cadigan J, Schmitt P, Shupp R, et al. The holdout problem and urban sprawl: Experimental evidence [J]. Journal of Urban Economics, 2011, 69 (1): 72-81.

[2] Cadigan J, Schmitt P, Swope S K. An Experimental Study of the Holdout Problem in a Multilateral Bargaining Game [J]. Southern Economic Journal, 2009, 76 (2): 444-457.

[3] Cadlgan, J., Sehmltt, P Shupp, R. and Swope, R. An experimental study of the holdout problem In a multilateral bargaining Game [J]. Southern Economic Journal, 2009, 76 (2): 444-457.

[4] Camerer, C. Behavioral game theory: experiments in strategic interaction [J]. Cuadernos De Economía, 2004, 23 (41): 229-236.

[5] Camerer, C, Fehr, E. Measuring Social Norms and Preferences Using Experimental Games: A Guide for Social Scientists [M] //Joseph Henrich et al. Foundations of Human Sociality: Economic Experiments and Ethnographic Evidence from Fifteen Small-Scale Societies. Oxford: Oxford University Press, 2004: 55-95.

[6] Cohen L. Holdouts and Free Riders [J]. The Journal of Legal Studies, 1991, 20 (2): 351-362.

[7] D. Abreu, F. Gul. Bargaining and Reputation [J]. Econometrica, 2000 (68): 85- 117.

[8] D. Fudenberg, J. Tirole. Sequential Bargaining with Incomplete Information

[J]. Review of Economic Studies, 1983 (50): 221-247.

[9] Eckart W. On the land assembly problem [J]. Journal of Urban Economics, 2006, 18 (3): 364-378.

[10] Engers Maxim. Signaling with Many Signals [J]. Econometrica, 1987, 55 (3): 663-674.

[11] F. Plassmann, T. N. Tideman. Efficient Urban Renewal Without Takings: Two Solutions to the Land Assembly Problem [R/OL]. Working Papers, 2007 (2007-03-12) [2017-6-30]. http://econ. ucsb. edu/~tedb/ Courses/UCSBpf/readings/LandAssemblyTideman. pdf.

[12] Feltovich Nick, Richmomd Harbaugh, Ted To. Too Cool for School? Signaling and Counter Signaling [J]. The RAND Journal of Economics, 2002, 33 (4): 630-649.

[13] Grossman Gene, Michael Katz. Plea Bargaining and Social Welfare [J]. The American Economic Review, 1983 (4): 749-757.

[14] Hughes P J. Signalling by Direct Disclosure under Asymmetric Information [J]. The Journal of Accounting and Economics, 1986, 8 (2): 119-142.

[15] Isaac R M, Norton D A, Swope K, et al. Contracts, Behavior, and the Land-assembly Problem: An Experimental Study [J]. Research in Experimental Economics, 2010, 14 (29): 5942-5947.

[16] J. Cadigan, P. Schmitt, R. Shupp, et al. The holdout problem and urban sprawl: Experimental evidence [J]. Journal of Urban Economics, 2011, 69 (1).

[17] Kihlstrom R., M. Riordan. Advertising as a Signal [J]. Journal of Political Economy, 1984, 92 (3): 427-450.

[18] L. Cohen. Holdouts and Free Riders [J]. The Journal of Legal Studies, 1991, 20 (2).

[19] Lin G CS, Ho S P S. The State, Land System, and Land Development Processes in Contemporary China [J]. Annals of the Association of Amer-

ican Geographers, 2005, 95 (2): 411-436.

[20] Miceli T J, Segerson K. Land Assembly and the Holdout Problem Under Sequential Bargaining [J]. American Law and Economics Review, 2012, 14 (2): 372-390.

[21] Miceli T J, Sirmans C F. The Holdout Problem, Urban Sprawl, and Eminent Domain [J]. Social Science Electronic Publishing, 2006, 16 (3): 309-319.

[22] Milgrom P, Roberts J. Relying on the Information of Interested Parties [J]. Rand Journal of Economics, 1986, 17 (1): 18-32.

[23] Myerson R B, Satterthwaite M A. Efficient mechanisms for bilateral trading [J]. Journal of Economic Theory, 1983, 29 (2): 265-281.

[24] Nash J. Non-Cooperative Games [J]. Annals of Mathematics (Second Series), 1951, 54 (2): 286-295.

[25] Nash J. Two-Person Cooperative Games [J]. Econometrica, 1953, 21 (1): 128-140.

[26] Nash J F, Jr. The Bargaining Problem [J]. Econometrica, 1950, 18 (2): 155-162.

[27] R. M. Isaac, D. A. Norton, K. Swope, et al. Contracts, Behavior, and the Land-assembly Problem: An Experimental Study [J]. Research in Experimental Economics, 2010, 14 (29).

[28] Reinganum Jennifer. Plea Bargaining and Prosecutorial Discretion [J]. The American Economic Review, 1988, 78 (4): 713-728.

[29] Riley, John G. Silver Signals: Twenty-Five Years of Screening and Signaling [J]. Journal of Economic Literature, 2001, 39 (2): 432-478.

[30] Rubinstein A. Perfect Equilibrium in a Bargaining Model [J]. Econometrica, 1982, 50 (1): 97-109.

[31] Rubinstein, Ariel. A Bargaining Model with Incomplete Information About Time Preferences [J]. Econometrica, 1985, 53 (5): 1151-1172.

［32］ Samuel, P. S. Ho, George, C. S. Lin. Emerging Land Markets in Rural and Urban China: Policies and Practices ［J］. The China Quarterly, 2003 (175): 681-707.

［33］ Spence M. Job Market Signaling ［J］. Quarterly Journal of Economics, 1973, 87 (3): 355-374.

［34］ Stiglitz J, A. Weiss. Credit Rationing in Markets with Imperfect Information ［J］. American Economic Review, 1981, 71 (3): 393-410.

［35］ Stiglitz Joseph. The Cause and Consequences of the Dependence of Quality on Price ［J］. The Journal of Economic Literature, 1987, 25 (1): 1-48.

［36］ Strange W C. Information, Holdouts, and Land Assembly ［J］. Journal of Urban Economics, 1995, 38 (3): 317-332.

［37］ T. J. Miceli, K. Segerson. Land Assembly and the Holdout Problem Under Sequential Bargaining ［J］. American Law & Economics Review, 2012, 14 (2).

［38］ TJ. Miceli, CF. Sirmans. The holdout problem, urban sprawl, and eminent domain ［J］. Journal of Housing Economics, 2006, 16 (3).

［39］ W. Eckart. On the Land Assembly Problem ［J］. Journal of Urban Economics, 1985, 18 (3).

［40］ WC. Strange. Information, Holdouts, and Land Assembly ［J］. Journal of Urban Economics, 1995, 38 (3).

［41］ Wilson Charles. The Nature of Equilibrium in Markets with Adverse Selection ［J］. Bell Journal of Economics, 1980 (11): 108-130.

［42］ Xiaolin Guo. Land Expropriation and Rural Conflicts in China ［J］. China Quarterly, 2001 (2): 422-439.

［43］ Cai Y. Collective Ownership or Cadres' Ownership? The Non-Agricultural Use of Farmland in China ［J］. The China Quarterly, 2003 (2): 662-680.

［44］ 鲍海君，方妍，雷佩. 征地利益冲突：地方政府与失地农民的行为选择机制及其实证证据［J］. 中国土地科学，2016，30（8）：21-27，37.

［45］ 鲍海君，吴次芳. 关于征地补偿问题的探讨［J］. 价格理论与实践，2002（6）：28-30.

［46］ 鲍海君. 城乡征地增值收益分配：农民的反应与均衡路径［J］. 中国土地科学，2009，23（7）：32-36.

［47］ 蔡国立，徐小峰. 地方宅基地退出与补偿典型模式梳理与评价［J］. 国土资源情报，2012（7）：37-41.

［48］ 蔡继明. 农村建设用地流转模式的比较与选择［J］. 经济学动态，2009（9）：64-67.

［49］ 蔡玉胜，王安庆. 城乡一体化进程中土地利用存在的问题与对策——以"宅基地换房"模式为例［J］. 经济纵横，2010（1）：79-81.

［50］ 蔡玉胜. 农地流转"宅基地换房"模式的深层思考［J］. 城市，2009（3）：50-52.

［51］ 常敏. 农村集体建设用地隐性流转的现状和归因分析［J］. 中国农村经济，2013（11）：34-45.

［52］ 车蕾，杜海峰. 就地就近城镇化进程中"农转非"居民的收入获得——基于陕西汉中的经验研究［J］. 当代经济科学，2018，40（5）：36-46，125.

［53］ 陈柏峰. 农村宅基地限制交易的正当性［J］. 中国土地科学，2007（4）：44-48.

［54］ 陈柏峰. 乡村"混混"介入的基层治理生态［J］. 思想战线，2018，44（5）：114-127.

［55］ 陈锋. 从整体支配到协商治理：乡村治理转型及其困境——基于北镇"钉子户"治理的历史考察［J］. 华中科技大学学报（社会科学版），2014，28（6）：21-27.

［56］ 陈国富，卿志琼. 财政幻觉下的中国土地财政——一个法经济学视角

[J]. 南开学报（哲学社会科学版），2009（1）：69-78.

[57] 陈江龙，曲福田，陈雯. 农地非农化效率的空间差异及其对土地利用政策调整的启示 [J]. 管理世界，2004（8）：37-42，155.

[58] 陈荣清，张明，陈宏斐. 基于农户视角的农村宅基地流转实证分析 [J]. 资源与产业，2011，13（5）：67-71.

[59] 陈绍军，刘玉珍. 城市房屋拆迁中"钉子户"的博弈逻辑——以 N 市被拆迁户为例 [J]. 东疆学刊，2011，28（1）：100-104，112.

[60] 陈小君，蒋省三. 宅基地使用权制度：规范解析、实践挑战及其立法回应 [J]. 管理世界，2010（10）：1-12.

[61] 陈修玲. 完善我国农村宅基地置换制度的策略思考 [J]. 实事求是，2010（1）：33-35.

[62] 陈莹，杨芳玲. 农用地征收过程中的增值收益分配研究——以湖北省 17 个地市（州）为例 [J]. 华中科技大学学报（社会科学版），2018，32（6）：119-126.

[63] 成生权，吴丽娜，马增辉. 农村宅基地退出补偿机制的博弈论分析 [J]. 西安科技大学学报，2013，33（4）：499-504.

[64] 党国英. 当前中国农村土地制度改革的现状与问题 [J]. 华中师范大学学报（人文社会科学版），2005（4）：8-18.

[65] 丁关良. 1949 年以来中国农村宅基地制度的演变 [J]. 湖南农业大学学报（社会科学版），2008（4）：9-21.

[66] 范剑勇，莫家伟. 地方债务、土地市场与地区工业增长 [J]. 经济研究，2014，49（1）：41-55.

[67] 冯蓉晔. 我国典型宅基地置换模式比较 [J]. 江西农业学报，2015，27（1）：113-118.

[68] 高进云，乔荣锋，张安录. 农地城市流转前后农户福利变化的模糊评价——基于森的可行能力理论 [J]. 管理世界，2007（6）：45-55.

[69] 耿羽. 征地拆迁中的混混暴力市场化 [J]. 中国青年研究，2016（7）：13-18.

[70] 顾汉龙，刚晨，王秋兵，等.重庆市地票交易的空间分布特征及其影响因素分析 [J].中国土地科学，2018, 32 (2): 48-54.

[71] 郭贯成，李金景.经济欠发达地区农村宅基地流转的地域差异研究——以河北省张家口市为例 [J].资源科学，2014, 36 (6): 1229-1234.

[72] 郭亮.土地征收中的"行政包干制"及其后果 [J].政治学研究，2015 (1): 114-125.

[73] 国土资源部征地制度改革研究课题组.征地制度改革研究报告 [J].国土资源通讯，2003 (11): 48-53, 55.

[74] 韩康，肖钢.积极探索建立有中国特色的农村宅基地市场——启动农村宅基地市场化改革研究 [J].理论前沿，2008 (13): 5-9.

[75] 韩璐，鲍海君，邓思琪，等.征地冲突中多元利益主体决策行为的演化博弈模型与实证研究 [J].广东农业科学，2018, 45 (12): 131-136.

[76] 贺雪峰.三项土地制度改革试点中的土地利用问题 [J].中南大学学报 (社会科学版), 2018, 24 (3): 1-9.

[77] 贺雪峰.现行土地制度与中国不同地区土地制度的差异化实践 [J].江苏社会科学，2018 (5): 21-30, 273.

[78] 洪开荣，刘清.农地征收利益主体策略选择的演化博弈研究——基于利他偏好视角 [J].数学的实践与认识，2018, 48 (7): 84-94.

[79] 洪开荣，孙丹，赵旭.参与方情绪对土地征收补偿策略的影响研究——基于 RDEU 演化博弈视角 [J].现代财经 (天津财经大学学报), 2017, 37 (9): 40-51.

[80] 洪开荣，孙丹.农村征地冲突的 RDEU 鹰鸽博弈均衡分析 [J].中南大学学报 (社会科学版), 2017, 23 (5): 95-104.

[81] 胡传景，沈士芹，张洪武.建立农村宅基地使用权自由流转制度的构想 [J].广东土地科学，2007 (5): 21-25.

[82] 胡显莉，陈出新.重庆宅基地地票交易中的农民权益保护问题分析 [J].重庆理工大学学报 (社会科学), 2011, 25 (11): 57-61.

[83] 华生. 破解土地财政, 变征地为分地——东亚地区城市化用地制度的启示 [J]. 国家行政学院学报, 2015 (3): 13-17.

[84] 黄晶晶, 张坤, 魏朝富. 重庆市农村建设用地流转模式比较 [J]. 中国人口·资源与环境, 2013, 23 (S2): 376-379.

[85] 黄琦, 李沁昕, 王宏志, 等. 土地征收动态博弈获利模式及地域差异研究 [J]. 华中师范大学学报 (自然科学版), 2014, 48 (4): 606-612.

[86] 黄荣贵, 郑雯, 桂勇. 多渠道强干预、框架与抗争结果——对 40 个拆迁抗争案例的模糊集定性比较分析 [J]. 社会学研究, 2015, 30 (5): 90-114, 244.

[87] 黄卓, 蒙达, 张占录. 基于"涨价归公"思想的大陆征地补偿模式改革——借鉴台湾市地重划与区段征收经验 [J]. 台湾农业探索, 2014 (3): 14-19.

[88] 黄祖辉, 汪晖. 非公共利益性质的征地行为与土地发展权补偿 [J]. 经济研究, 2002 (5): 66-71, 95.

[89] 姜海, 李武星, 雷昊, 等. 基于博弈实验的上级政府干预对征地交易成本影响分析 [J]. 中国土地科学, 2018, 32 (4): 36-43.

[90] 蒋省三, 刘守英. 农村集体建设用地进入市场势在必行 [J]. 安徽决策咨询, 2003 (10): 18-19.

[91] 金细簪, 虞晓芬, 胡凤培. 征地拆迁的预期意愿与行为差异研究——以浙江省杭州市为例 [J]. 中国土地科学, 2015, 29 (6): 11-17.

[92] 金细簪. 国外关于土地征收中"钉子户"决策行为研究的借鉴与启示 [J]. 经济论坛, 2013 (11): 150-152.

[93] 晋洪涛, 史清华, 俞宁. 谈判权、程序公平与征地制度改革 [J]. 中国农村经济, 2010 (12): 4-16.

[94] 靳相木, 陈箫. 美国土地整合中的钉子户问题及其启示 [J]. 浙江大学学报 (人文社会科学版), 2017, 47 (3): 183-193.

[95] 靳相木, 陈箫. 土地征收"公正补偿"内涵及其实现——基于域外经

验与本土观的比较［J］.农业经济问题，2014，35（2）：45-53，111.

［96］柯小兵，何高潮.从三层博弈关系看土地征收制度改革——基于某大学城征地案例的分析［J］.中国土地科学，2006（3）：14-18.

［97］李明月，张志鸿，胡竹枝.土地出让金支出结构合理化研究［J］.南方经济，2018（7）：113-124.

［98］李宁，陈利根，龙开胜.农村宅基地产权制度研究——不完全产权与主体行为关系的分析视角［J］.公共管理学报，2014，11（1）：39-54，139.

［99］李文谦，董祚继.质疑限制农村宅基地流转的正当性——兼论宅基地流转试验的初步构想［J］.中国土地科学，2009，23（3）：55-59.

［100］李勇，杨卫忠.农村土地流转制度创新参与主体行为研究［J］.农业经济问题，2014，35（2）：75-80，111-112.

［101］梁流涛，李俊岭，陈常优，等.农地非农化中土地增值收益及合理分配比例测算：理论方法与实证——基于土地发展权和要素贡献理论的视角［J］.干旱区资源与环境，2018，32（3）：44-49.

［102］梁亚荣，朱新华，邓明辉.农村宅基地使用权流转的理论与实践探析［J］.河南省政法管理干部学院学报，2008（3）：151-155.

［103］廖阳，刘晓君.农村宅基地统筹型流转模式实证研究——基于关中地区294户农户调查［J］.西安建筑科技大学学报（自然科学版），2012，44（4）：572-577.

［104］刘东，张良悦.土地征用的过度激励［J］.江苏社会科学，2007（1）：47-53.

［105］刘靖羽，尹奇，陈文宽.集体建设用地流转中集体经济组织行为分析——基于鹰鸽博弈理论［J］.四川农业大学学报，2015，33（4）：458-463.

［106］刘靖羽，尹奇，匡玥.集体经营性建设用地入市中政府行为的博弈分析［J］.河南农业大学学报，2016，50（6）：844-850.

[107] 刘靖羽，尹奇，唐宏，等.农村集体经营性建设用地入市中村委会寻租行为的监督博弈模型 [J].中国科学院大学学报，2018，35 (6)：805-813.

[108] 刘李峰.农村宅基地使用权制度面临的问题及对策 [J].城市发展研究，2008 (4)：53-56，75.

[109] 刘栋子，陈悦.转户农民宅基地的有偿退出机制：重庆个案 [J].改革，2015 (10)：143-148.

[110] 刘庆，张军连，张凤荣.解决城市化进程中农村宅基地问题——北京农村宅基地问题透视 [J].国土资源，2004 (1)：31-33.

[111] 刘守英.农村宅基地制度的特殊性与出路 [J].国家行政学院学报，2015 (3)：18-24，43.

[112] 刘守英.中国的二元土地权利制度与土地市场残缺——对现行政策、法律与地方创新的回顾与评论 [J].经济研究参考，2008 (31)：2-12.

[113] 刘探宙，杨德才.农村三项土地制度改革的推进模式与叠加效应研究——基于泸县的实证研究 [J].农村经济，2018 (8)：12-17.

[114] 刘艺，李新举.农村集体经营性建设用地使用权流转产生过程博弈分析 [J].山东农业大学学报 (自然科学版)，2013，44 (4)：556-561.

[115] 柳建文，孙梦欣.农村征地类群体性事件的发生及其治理——基于冲突过程和典型案例的分析 [J].公共管理学报，2014，11 (2)：101-114，143-144.

[116] 龙凤，赵伟，张智红，等.农村集体建设用地流转驱动力的博弈分析 [J].西南大学学报 (自然科学版)，2015，37 (3)：151-157.

[117] 陆林.地票制度指标落地环节存在的问题及其改进路径——基于开发商参与地票和土地竞拍的模型 [J].管理世界，2016 (10)：178-179.

[118] 吕德文.媒介动员、钉子户与抗争政治 宜黄事件再分析 [J].社会，

2012, 32 (3)：129-170.

[119] 吕图, 刘向南, 刘鹏. 程序公正与征地补偿：基于程序性权利保障的影响分析 [J]. 资源科学, 2018, 40 (9)：1742-1751.

[120] 吕彦彬, 王富河. 落后地区土地征用利益分配——以 B 县为例 [J]. 中国农村经济, 2004 (2)：50-56.

[121] 马凯, 钱忠好. 农村集体非农建设用地直接上市：市场失灵与其政策矫正 [J]. 中国土地科学, 2010, 24 (3)：65-69, 80.

[122] 马凯, 钱忠好. 中国农村集体非农建设用地市场长期动态均衡分析 [J]. 中国土地科学, 2009, 23 (3)：66-71.

[123] 毛春悦, 上官彩霞, 冯淑怡. 农村宅基地置换模式的差异性及其机理分析 [J]. 干旱区资源与环境, 2017, 31 (10)：31-37.

[124] 毛燕玲, 曾文博, 余国松, 等. 基于改进区间 Shapley 值的农村宅基地退出收益分配方法 [J]. 中国地质大学学报 (社会科学版), 2015, 15 (5)：104-114.

[125] 么贵鹏, 李昌宇. 深圳市宅基地作价入股的经验借鉴及创新 [J]. 经济前沿, 2008 (Z1)：64-67.

[126] 孟祥远. 城市化背景下农村土地流转的成效及问题——以嘉兴模式和无锡模式为例 [J]. 城市问题, 2012 (12)：68-72.

[127] 莫晓辉, 林依标, 吴永高. 鼓励农民勇于放弃——浙江省嘉兴市"两分两换"试点调查 [J]. 中国土地, 2008 (8)：50-52.

[128] 穆向丽, 巩前文. 城乡建设用地增减挂钩中农民宅基地增值收益形成及估算 [J]. 华中农业大学学报 (社会科学版), 2014 (3)：110-116.

[129] 齐晓瑾, 蔡澍, 傅春晖. 从征地过程看村干部的行动逻辑 以华东、华中三个村庄的征地事件为例 [J]. 社会, 2006 (2)：115-135, 208.

[130] 钱忠好, 马凯. 我国城乡非农建设用地市场：垄断、分割与整合 [J]. 管理世界, 2007 (6)：38-44.

[131] 钱忠好, 曲福田. 中国土地征用制度: 反思与改革 [J]. 中国土地科学, 2004 (5): 5-11.

[132] 钱忠好. 土地征用: 均衡与非均衡——对现行中国土地征用制度的经济分析 [J]. 管理世界, 2004 (12): 50-59.

[133] 曲福田, 冯淑怡, 俞红. 土地价格及分配关系与农地非农化经济机制研究——以经济发达地区为例 [J]. 中国农村经济, 2001 (12): 54-60.

[134] 上官彩霞, 冯淑怡, 吕沛璐, 等. 交易费用视角下宅基地置换模式的区域差异及其成因 [J]. 中国人口·资源与环境, 2014, 24 (4): 107-115.

[135] 邵挺, 崔凡, 范英, 等. 土地利用效率、省际差异与异地占补平衡 [J]. 经济学 (季刊), 2011, 10 (3): 1087-1104.

[136] 佘明龙, 翁胜斌, 李勇. 农村土地制度创新的成本收益分析——以浙江省嘉兴市 "两分两换" 为例 [J]. 农业经济问题, 2013, 34 (3): 33-39.

[137] 沈飞, 朱道林, 毕继业. 政府制度性寻租实证研究——以中国土地征用制度为例 [J]. 中国土地科学, 2004 (4): 3-8.

[138] 沈俊. 优化土地使用制度的改革探索——以嘉兴市 "两分两换" 试点工作为例 [J]. 浙江国土资源, 2009 (8): 42-45.

[139] 盛荣, 许惠渊. 城乡一体化背景下农村宅基地制度改革探索 [J]. 国土资源, 2004 (10): 32-34.

[140] 盛荣, 许惠渊. 农村宅基地制度改革探索 [J]. 城乡建设, 2004 (12): 28-29.

[141] 施建刚, 黄晓峰, 王万力. 对发达地区农村宅基地置换模式的思考 [J]. 农村经济, 2007 (4): 26-28.

[142] 史清华, 晋洪涛, 卓建伟. 征地一定降低农民收入吗: 上海 7 村调查——兼论现行征地制度的缺陷与改革 [J]. 管理世界, 2011 (3): 77-82, 91.

[143] 宋戈，徐四桂，高佳.土地发展权视角下东北粮食主产区农村宅基地退出补偿及增值收益分配研究 [J].自然资源学报，2017，32（11）：1883-1891.

[144] 孙秋鹏.地方政府征收宅基地过程中的利益分配问题探讨——基于马克思地租理论的视角 [J].马克思主义研究，2013（11）：69-77.

[145] 孙秋鹏.农村建设用地征收中的收益分配与效率损失研究——兼评反对自由流转观点 [J].北京社会科学，2016（5）：4-11.

[146] 孙秋鹏.宅基地流转中的主体行为分析——兼论农民利益保护 [J].经济评论，2013（5）：52-60.

[147] 孙秋鹏.宅基地征收中"钉子户"与地方政府行为分析 [J].北京社会科学，2018（10）：109-118.

[148] 谭术魁，齐睿.中国征地冲突博弈模型的构建与分析 [J].中国土地科学，2010，24（3）：25-29，59.

[149] 谭术魁，涂姗.征地冲突中利益相关者的博弈分析——以地方政府与失地农民为例 [J].中国土地科学，2009，23（11）：27-31，37.

[150] 谭术魁，赵毅，刘旭玲.防范征地冲突中地方政府与村委会的委托代理关系研究 [J].华中农业大学学报（社会科学版），2018（3）：130-136，159-160.

[151] 谭术魁.中国频繁暴发土地冲突事件的原因探究 [J].中国土地科学，2009，23（6）：44-50.

[152] 谭术魁.中国频繁暴发征地冲突的原因分析 [J].中国土地科学，2008（6）：44-50.

[153] 谭术魁.中国土地冲突的概念、特征与触发因素研究 [J].中国土地科学，2008（4）：4-11.

[154] 唐健，李珍贵，王庆宾，等.留地安置：征地补偿方式的探索之路 [J].中国土地，2014（3）：6-13.

[155] 陶然，陆曦，苏福兵，等.地区竞争格局演变下的中国转轨：财政激励和发展模式反思 [J].经济研究，2009，44（7）：21-33.

[156] 陶然, 汪晖. 中国尚未完成之转型中的土地制度改革: 挑战与出路 [J]. 国际经济评论, 2010 (2): 93-123, 5.

[157] 陶然, 王瑞民. 城中村改造与中国土地制度改革: 珠三角的突破与局限 [J]. 国际经济评论, 2014 (3): 4-5, 26-55.

[158] 陶然, 袁飞, 曹广忠. 区域竞争、土地出让与地方财政效应: 基于 1999~2003 年中国地级城市面板数据的分析 [J]. 世界经济, 2007 (10): 15-27.

[159] 汪晖, 陈萧. 土地征收中的农民抗争、谈判和补偿——基于大样本调查的实证分析 [J]. 农业经济问题, 2015, 36 (8): 63-73, 112.

[160] 汪晖, 黄祖辉. 公共利益、征地范围与公平补偿——从两个土地投机案例谈起 [J]. 经济学 (季刊), 2004 (4): 249-262.

[161] 汪晖. 城乡结合部的土地征用: 征用权与征地补偿 [J]. 中国农村经济, 2002 (2): 40-46.

[162] 汪庆. 我国农村荒旧宅基地资源复垦现状分析与建议 [J]. 科技创业月刊, 2005 (7): 14-15.

[163] 汪秀峰. 宅基地退出过程中利益各方的博弈行为分析 [J]. 安徽农学通报, 2017, 23 (10): 6-11, 117.

[164] 王斌, 高波. 土地财政、晋升激励与房价棘轮效应的实证分析 [J]. 南京社会科学, 2011 (5): 28-34.

[165] 王林梅, 段龙龙. 农村集体建设用地入市改革: 基本导向、认识误区与未来趋势 [J]. 财经科学, 2018 (12): 29-40.

[166] 王湃, 刘梦兰, 黄朝明. 集体经营性建设用地入市收益分配重构研究——兼与农村土地征收制度改革的对比 [J]. 海南大学学报 (人文社会科学版), 2018, 36 (5): 77-85.

[167] 王培刚. 当前农地征用中的利益主体博弈路径分析 [J]. 农业经济问题, 2007 (10): 34-40, 111.

[168] 王培志, 杨依山. 被征农地增值分配的动态合作博弈研究——一个讨价还价理论的视角 [J]. 财经研究, 2013, 39 (3): 87-98.

[169] 王守军，杨明洪.农村宅基地使用权地票交易分析 [J].财经科学，2009（4）：95-101.

[170] 王小映，贺明玉，高永.我国农地转用中的土地收益分配实证研究——基于昆山、桐城、新都三地的抽样调查分析 [J].管理世界，2006（5）：62-68.

[171] 王延强，陈利根.基于农民权益保护的宅基地权益分析——从不同流转模式对农户集中居住影响的角度 [J].农村经济，2008（3）：6-10.

[172] 王兆林，杨庆媛，王娜.重庆宅基地退出中农民土地收益保护研究——基于比较收益的视角 [J].中国土地科学，2016，30（8）：47-55.

[173] 魏后凯，刘同山.农村宅基地退出的政策演变、模式比较及制度安排 [J].东岳论丛，2016，37（9）：15-23.

[174] 魏西云，唐健.新形势下的农村宅基地管理 [J].中国土地，2006（4）：38-39.

[175] 文兰娇，张安录.地票制度创新与土地发展权市场机制及农村土地资产显化关系 [J].中国土地科学，2016，30（7）：33-40，55.

[176] 吴苓.以宅基地换房——解决大城市近郊区城市化建设中资源瓶颈的新探索 [J].宏观经济研究，2007（2）：41-43.

[177] 吴义茂.建设用地挂钩指标交易的困境与规划建设用地流转——以重庆"地票"交易为例 [J].中国土地科学，2010，24（9）：24-28.

[178] 肖屹，曲福田，钱忠好，等.土地征用中农民土地权益受损程度研究——以江苏省为例 [J].农业经济问题，2008（3）：77-83，111-112.

[179] 肖轶，王爱民，尹珂."宅基地换住房、承包地换社保"流转模式的生成动因研究——基于重庆城乡统筹试验区的实证研究 [J].农村经济，2012（7）：26-28.

[180] 谢新. 指标控制下城乡土地流转微观机制分析——以成渝地票实践为例 [J]. 中国农村经济, 2012 (12): 17-31.

[181] 熊金武, 黄义衡, 徐庆. 农地征收补偿标准的困境解析与机制设计——基于信息不对称下的一个讨价还价框架 [J]. 现代财经 (天津财经大学学报), 2013, 33 (1): 3-10.

[182] 熊金武. 钉子户的类型及其形成机制之经济学分析 [J]. 现代财经 (天津财经大学学报), 2011, 31 (7): 94-100.

[183] 徐保根, 杨雪锋, 陈佳骊. 浙江嘉兴市"两分两换"农村土地整治模式探讨 [J]. 中国土地科学, 2011, 25 (1): 37-42.

[184] 徐忠, 许亮, 郑建明. 征地补偿、征地意愿与农户资本投入——未失地农户的视角 [J]. 农村经济, 2018 (10): 44-50.

[185] 许恒周. 基于农户受偿意愿的宅基地退出补偿及影响因素分析——以山东省临清市为例 [J]. 中国土地科学, 2012, 26 (10): 75-81.

[186] 严金海. 农村宅基地整治中的土地利益冲突与产权制度创新研究——基于福建省厦门市的调查 [J]. 农业经济问题, 2011, 32 (7): 46-53, 111.

[187] 杨华, 罗兴佐. 农民的行动策略与政府的制度理性——对我国征地拆迁中"闹大"现象的分析 [J]. 社会科学, 2016 (2): 77-86.

[188] 杨华. 农村征地拆迁中的阶层冲突——以荆门市城郊农村土地纠纷为例 [J]. 中州学刊, 2013 (2): 70-76.

[189] 杨华. 农村征地拆迁中的利益博弈: 空间、主体与策略——基于荆门市城郊农村的调查 [J]. 西南大学学报 (社会科学版), 2014, 40 (5): 39-49, 181.

[190] 杨建军, 阮丽芬. 农村宅基地置换模式比较与分析——以上海佘山镇、天津华明镇、重庆九龙坡区为例 [J]. 华中建筑, 2011, 29 (2): 112-115.

[191] 杨明洪. 城郊结合部征地中农民利益保护问题的理论与实证分析 [J]. 四川大学学报 (哲学社会科学版), 2005 (1): 10-16.

［192］叶静怡，韩佳伟.征地、经济利益与村民自治参与——基于 CFPS 数据的实证研究［J］.东南学术，2018（3）：123-131.

［193］叶艳妹，彭群，吴旭生.农村城镇化、工业化驱动下的集体建设用地流转问题探讨——以浙江省湖州市、建德市为例［J］.中国农村经济，2002（9）：36-42.

［194］易成非，姜福洋.潜规则与明规则在中国场景下的共生——基于非法拆迁的经验研究［J］.公共管理学报，2014，11（4）：18-28，140.

［195］易舟，段建南.农村闲置宅基地整理参与主体利益博弈分析［J］.农业科技管理，2013，32（2）：47-51，76.

［196］尹锋，李慧中.建设用地、资本产出比率与经济增长——基于1999~2005 年中国省际面板数据的分析［J］.世界经济文汇，2008（2）：13-27.

［197］尹奇，李俊龙，陈昱洁.集体建设用地流转中的村委会行为分析——基于委托代理理论［J］.中国土地科学，2015，29（7）：48-53.

［198］于华江，王瑾.我国农村宅基地管理调查分析——基于陕西、浙江和河南等地的农户问卷调查［J］.中国农业大学学报（社会科学版），2008（2）：155-162.

［199］袁枫朝，燕新程.集体建设用地流转之三方博弈分析——基于地方政府、农村集体组织与用地企业的角度［J］.中国土地科学，2009，23（2）：58-63.

［200］张广辉，魏建.土地产权、政府行为与土地增值收益分配［J］.广东社会科学，2013（1）：45-52.

［201］张红星，桑铁柱.农民利益保护与交易机制的改进——来自天津"宅基地换房"模式的经验［J］.农业经济问题，2010，31（5）：10-16，110.

［202］张红星.城郊土地交易中的政府功能与农民利益保护——对天津

"宅基地换房"模式的思考 [J]. 城市, 2009 (4): 50-53.

[203] 张莉, 徐现祥, 王贤彬. 地方官员合谋与土地违法 [J]. 世界经济, 2011, 34 (3): 72-88.

[204] 张梦琳. 农村宅基地流转模式演进机理研究 [J]. 农村经济, 2017 (5): 13-18.

[205] 张清勇. 改革开放四十年征地制度的演进与展望 [J]. 财经智库, 2018, 3 (6): 44-63, 142.

[206] 张全景, 欧名豪, 王万茂. 中国土地用途管制制度的耕地保护绩效及其区域差异研究 [J]. 中国土地科学, 2008 (9): 8-13.

[207] 张蔚文, 李学文, 吴宇哲. 基于可转让发展权模式的折抵指标有偿调剂政策分析——一个浙江省的例子 [J]. 中国农村经济, 2008 (12): 50-61.

[208] 张秀智, 丁锐. 经济欠发达与偏远农村地区宅基地退出机制分析: 案例研究 [J]. 中国农村观察, 2009 (6): 23-30, 94-95.

[209] 张雪霖. 项目落地中"钉子户"治理机制的变迁 [J]. 华南农业大学学报 (社会科学版), 2016, 15 (3): 112-120.

[210] 张祎娴, 王仲谷. 上海郊区宅基地置换试点运作模式研究 [J]. 苏州科技学院学报 (工程技术版), 2008, 21 (4): 56-61.

[211] 张勇, 彭长生, 包婷婷. 农村宅基地利用、农户宅基地退出补偿意愿调查与启示——基于安徽省 821 户农户问卷 [J]. 国土资源科技管理, 2017, 34 (2): 9-19.

[212] 张元庆. 基于利益集团冲突模型的征地问题研究——一个贝克尔模型的应用与修正 [J]. 技术经济与管理研究, 2016 (4): 19-23.

[213] 张远索, 谢文阳, 张占录. 我国"宅基地换房"利益主体博弈分析 [J]. 经济与管理, 2013, 27 (2): 22-28.

[214] 张正峰, 杨红, 吴沅箐, 等. 上海两类农村居民点整治模式的比较 [J]. 中国人口·资源与环境, 2012, 22 (12): 89-93.

[215] 章波, 唐健, 黄贤金, 等. 经济发达地区农村宅基地流转问题研

究——以北京市郊区为例 [J]. 中国土地科学, 2006 (1)：34-38.

[216] 赵哲远, 戴韫卓, 沈志勤, 等. 农村居民点土地合理利用初步研究——以浙江省部分县市为例 [J]. 中国农村经济, 1998 (5)：69-74.

[217] 赵之枫. 城市化背景下农村宅基地有偿使用和转让制度初探 [J]. 农业经济问题, 2001 (1)：42-45.

[218] 郑风田, 傅晋华. 农民集中居住：现状、问题与对策 [J]. 农业经济问题, 2007 (9)：4-7, 110.

[219] 郑润梅. 论农村宅基地有偿使用的运行机制 [J]. 山西农业大学学报, 1992 (4)：333-335, 373.

[220] 郑思齐, 孙伟增, 吴璟, 等. "以地生财, 以财养地" ——中国特色城市建设投融资模式研究 [J]. 经济研究, 2014, 49 (8)：14-27.

[221] 郑晓茹, 陈如. 征地冲突中农民的 "套路式" 抗争行为：一个解释的框架 [J]. 湖北社会科学, 2017 (2)：34-39.

[222] 周诚. 土地增值分配应当 "私公共享" [J]. 中国改革, 2006 (5)：77-78.

[223] 周飞舟. 大兴土木：土地财政与地方政府行为 [J]. 经济社会体制比较, 2010 (3)：77-89.

[224] 周飞舟. 生财有道：土地开发和转让中的政府和农民 [J]. 社会学研究, 2007 (1)：49-82, 243-244.

[225] 周京奎, 吴晓燕, 胡云霞. 集体建设用地流转模式创新的调查研究——以天津滨海新区东丽区华明镇宅基地换房为例 [J]. 调研世界, 2010 (7)：24-26.

[226] 周立群, 张红星. 农村土地制度变迁的经验研究：从 "宅基地换房" 到 "地票" 交易所 [J]. 南京社会科学, 2011 (8)：72-78.

[227] 周其仁. 农地产权与征地制度——中国城市化面临的重大选择 [J]. 经济学 (季刊), 2004 (4)：193-210.

[228] 周志湘. 山东省农村宅基地使用制度改革初探 [J]. 中国土地科学,

1991, 5 (3): 10-16, 22.

[229] 朱从谋, 苑韶峰, 李胜男, 夏浩. 基于发展权与功能损失的农村宅基地流转增值收益分配研究——以义乌市"集地券"为例 [J]. 中国土地科学, 2017, 31 (7): 37-44.

[230] 朱静辉, 马洪君. 村社消解背景下失地农民的日常抗争——以征地型社区为例 [J]. 南京农业大学学报 (社会科学版), 2014, 14 (6): 1-11.

[231] 朱新华, 柴涛修, 陈利根. 宅基地使用权流转制度改革的制度经济学解析 [J]. 中国土地科学, 2009, 23 (4): 34-37, 42.

[232] 朱兴祥. 法律突破与利益均衡——农村土地使用权"两分两换"制度路径探索 [J]. 法治研究, 2009 (8): 20-26.

[233] 诸培新, 曲福田, 孙卫东. 农村宅基地使用权流转的公平与效率分析 [J]. 中国土地科学, 2009, 23 (5): 26-29.

[234] 诸培新, 唐鹏. 农地征收与供应中的土地增值收益分配机制创新——基于江苏省的实证分析 [J]. 南京农业大学学报 (社会科学版), 2013, 13 (1): 66-72.

[235] 祝天智. 边界冲突视域中的农民内部征地冲突及其治理 [J]. 北京社会科学, 2014 (9): 22-29.

[236] 祝天智. 边界模糊的灰色博弈与征地冲突的治理困境 [J]. 经济社会体制比较, 2014 (2): 97-108.

[237] 庄开明, 黄敏. 农村宅基地自愿退出中的要价博弈均衡分析 [J]. 经济体制改革, 2017 (5): 83-87.

[238] 邹秀清, 钟骁勇, 肖泽干, 等. 征地冲突中地方政府、中央政府和农户行为的动态博弈分析 [J]. 中国土地科学, 2012, 26 (10): 54-60.